從希望感模式論學業挫折
之調適與因應

正向心理學提供的「第三種選擇」

國立臺灣師範大學　唐淑華　著

作者簡介

唐淑華

學歷：美國雪城大學心理系哲學博士

國立臺灣師範大學教育心理與輔導研究所碩士

國立臺灣師範大學教育學系學士

經歷：美國康乃迪克大學教育心理學系訪問教授

國立東華大學教育研究所教授

國立東華大學教育研究所所長

國立東華大學教育研究所副教授

國立東華大學教育研究所助理教授

國立臺東師範學院初等教育學系副教授

臺北市立誠正國中專任教師

現職：國立臺灣師範大學教育學系（所）教授

目次

第一部分　學業面向情意教育的迫切性

第二部分　以希望感模式探究學業面向情意教育

Contents

表 次

圖 次

前　言

　　問問每一個在臺灣受過教育的人，他們最大的惡夢是什麼？恐怕大多數人的回答都是「做夢夢見考試題目看不懂」、「做夢夢見作業沒寫完」等等。拿到博士學位並在大學教書超過十餘年的我，雖然已邁入中年，偶而仍會因這類惡夢而在半夜驚醒。這是臺灣學子的共同悲哀，恐怕也是我們下一代子女要繼續承受的痛苦。

　　沒有人希望自己的惡夢複製在下一代身上，因此有一些人用「腳」表達抗議，企圖透過讓子女遠赴國外就學以逃離這個惡夢；更多的人則是尋求教育改革，冀望透過改變體制以終結這個惡夢。然而，前者在追求外國夢時，並非不需付出昂貴代價——不論是金錢上的或是精神上的。因此即便已不斷有社會知名人士寫書讚揚國外教育的開放與自由（如尹萍、簡媜、李艷秋、蔡穎卿、陳之華等人）[1]，但更多沒寫出來的，恐怕還包括小留學生在語言與文化適應上的困難，以及各國公立教育（尤指 K-12 年級）素質參差不齊的問題。

　　而那些投入教改的人，若想只求速效，甚至一味仿傚歐美等國的改革方案，則他們很快也會發現，那些移植過來的做法並無助於解決本土的問題。因為任何制度與政策都是立基於該國固有之文化、歷史背景、特殊資源等狀況下而產生，如果我們在不了解脈絡的情況下，便想冒然借重他國經驗，則恐怕「橘越淮為枳」的感嘆只會一再出現了。

　　事實上，家家有本難唸的經。以位居世界龍頭老大的美國為例，近年來他們對其公立教育品質低落的情形亦大感困擾而亟思改革。尤其 K-12 年級的學生在數理、科學等能力上的落後表現，不但讓美國在幾項大型國

---

[1]　如《出走紐西蘭——一個母親的教育經驗》（尹萍，1995）、《老師的十二樣見面禮——一個小男孩的美國遊學誌》（簡媜，2007）、《走一條快樂學習的路——李艷秋母子的教育手記》（李艷秋、李志邦，2007）、《媽媽是最初的老師——一位母親的十年教養札記》（蔡穎卿，2007）、《沒有資優班——珍視每個孩子的芬蘭教育》（陳之華，2008）等書。

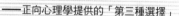

際競賽中感到相當難堪，也使他們深刻反思該如何學習他國作法——尤其希望師法亞洲國家的教育方式，以扳回當前的劣勢。而 Thomas Friedman 在其《世界是平的》（*The World is Flat*）（楊振富、潘勛譯，2005）一書中，更對美國基礎教育提出嚴重批判。他在書中大聲疾呼：美國人民要好好拚教育，努力提升自己的競爭力，否則當世界愈來愈抹平，飯碗很快就要被亞洲國家，如中國或印度的小孩搶走了！

由於沒有一個國家的條件是相同的，因此雖然他山之石的確可以攻錯，但每個國家仍得找到自己的解決之道。臺灣亦復如是——談到臺灣的教育問題，最恐怖的，莫過於令人喘不過氣的升學壓力。很多人都說競爭自然是要付出代價的，更何況臺灣是如此蕞爾小國、地小人稠，高度競爭當然是免不了的。但是，真的是這樣嗎？根據教育部最新公布的統計資料（教育部統計處，2009）[2]，臺灣 97 學年度國中畢業生之平均升學率[3] 為 95.38%，高中畢業生為 88.64%，高職畢業生為 86.18%。再就國中畢業生的就學機會率[4] 而言，則是高達 105.07%。此外，目前全臺共有 164 所大專校院；如此小的島嶼，大學的密度卻如此之高，高等教育的普及化在世界上幾乎沒有幾個國家能比。換句話說，目前在臺灣要考上一所高中或大學，其實並不困難。然而問題是，高升學率並不代表低升學壓力。當大多數父母都想要自己的孩子念明星學校時，再高的數據也無法安撫這些父母的焦心，因此補習班仍是一家一家的開，學生也依然焚膏繼晷地為升學競爭而打拚。

弔詭的是，我們一方面希望臺灣成為一個更具多元價值的社會，另一

---

[2] 有興趣的讀者可在教育部統計處網站檢索到相關資料（http://www.edu.tw/files/site_content/B0013/98edu_1.pdf）。

[3] 國中畢業生升學率＝高中、高職（含進修學校，實用技能學程）、五專新生中屬國中應屆畢業者／國中畢業生人數×100；高中畢業生升學率＝大專、二專、三專（含大專進修學校／院，空大）一年級新生中屬高中應屆畢業者／高中畢業生人數×100；高職畢業生升學率＝大專、二專、三專（含大專進修學校／院，空大）一年級新生中屬高職應屆畢業者／高職畢業生人數×100。

[4] 國中畢業生就學機會率＝高中、高職（含進修學校，實用技能學程）、五專一年級學生人數／國中畢業生人數×100。

方面卻又不願意揚棄單一的價值觀。整個社會似乎瀰漫著一種「教改已死」的氣氛，不但要求歷屆教育部長應該出來公開承認政策錯誤，以及究竟誰該負責任等云云之類的話，甚至一些縣市首長也帶頭出來反抗中央的教改政策，認為走回老路也未必是壞事[5]。然而在改革的同時，如果我們又抗拒改變，那麼我們付出的代價恐怕將不止是原地踏步，而是讓臺灣愈來愈登不上國際性的競爭舞台了。

在全球化的競爭之下，我們實在不能不把眼光放遠，因為任何無法提升國民整體素質的國家，便沒有本錢參與這場國際性的競爭。而教育是最快改造國家體質的做法，臺灣勢必得在教育上尋求改善之道。尤其如果我們看到有多少臺灣學子因為學業壓力而耗盡其所有青春精力在應付升學考試，以致於等到真正進入大學之後（此時才是正要開始充實個人專業能力之時），卻一心只想好好玩四年，這才是真正令人怵目驚心的問題。所謂「輸在起跑點上」，輸的其實不是分數，而是學習的胃口與學習的態度。當一個孩子只在乎分數，卻對於學習毫無興趣，甚至缺乏好奇心與求知慾時，那麼他已經在人生的下一場競賽中退居末位了。

該如何改善這個棘手的問題呢？毫無疑問，這將是一場全民有責的運動。首先針對在大學教書的老師而言（同時也是位居「生產線」末端品管工作的人），應該反省：為什麼我們讓大學生以為念大學是如此輕鬆容易的一件事呢？如果我們不努力提升教學品質並好好把關，學生又如何會覺得進入某個專業領域不但是一個殊榮，也是一項需要全力以赴的承諾？因此，大學老師除了專注於自己的學術研究工作之外，更應該積極重視教學工作，將培育下一代專業人才視為最優先考慮的事。

其次，對在中小學教書的老師而言（這代表了「生產線」始端的人），亦應反省：這個階段的學生正處在一個「充滿著各種可能性」的年齡，老師對於他們的影響，不僅是知識上的啟蒙者，也是情意態度上的楷模。他們人生的夢想可以畫多大，有很大一部分乃是決定於老師的視野有

---

[5]　最具體的例子應屬最近由臺北市長郝龍斌所主導之「一綱一本」教科書政策，由於考試內容將僅從一本教科書來命題，因此教改團體擔憂國中基測很有可能又回復至傳統老路。

多遠。因此老師不但應該以身作則，時時不忘進修成長，讓自己的生命處於流動的狀態，更應該積極改進自己的教學方法，以培養學生終有一天能夠「飛得出去」的能力。

最後則是社會上的每一份子，尤其對於子女正處於中小學階段的父母，應反省：這個社會的價值觀是由你我來形塑，我們不應互相推卸責任，更不能再以為用同一套方式來教育子女便是最安全的做法。當下一代的競爭場域已經不僅限於在這個小島時，他們最需要的是具有與全世界競爭的能力，而非停留在與鄰座同學比賽誰才是第一名。望子成龍、望女成鳳的想法固然沒有時代差異，但所謂「龍」、「鳳」的定義，則實在需要有新時代的解讀。我們唯有放開傳統去遠眺遠方，讓下一代盡其可能地拓展其個人潛能，臺灣的未來才會有希望。

本書就是為了上述這些目的而寫，尤其本書的主要讀者是設定在中小學服務的老師。一個理由除了是因為私人的緣故（筆者的兩個子女正處於這個學習階段），最主要的原因則是因為，在學理上中小學階段正是人格與價值觀形塑的重要階段，因此在這個階段進行情意教育也最為有效。筆者希望可以透過此書與中小學老師分享個人閱讀心得與研究發現，以對臺灣教育貢獻一些綿薄之力。

有關學業面向的情意教育課題（包括如何培養「樂在學習」的態度、如何培養「適度的挫折容忍力」等議題），一直是個人特別關注的議題。自 2003 年開始，筆者更聚焦在「希望感」之研究，並已進行一系列量化取向與質化取向的國科會研究。這些研究的共同點乃皆環繞在探討青少年學業方面的挫折調適與因應問題，而理論架構則主要源自正向心理學（positive psychology）中的「希望感理論」（Hope theory）。有感於正向心理學為目前心理學界與教育學界一個新興的研究領域，但國內迄今則尚未有專書採此角度探討學習議題，因此本書除了提供中小學老師參考之用外，另一個目的則是將個人在此議題上的探索與心得做更系統化的彙集整理，以作為與此領域研究社群之同好相互討論溝通之用。

此外，由於筆者於 2007～2008 年間，以富爾布萊特學者（Fulbright Scholar）身分與國科會補助在美國進行一年研究，除了參訪美國幾所大

學，並蒐集國外最新文獻外，由於適逢美國 NCLB（*No Child Left Behind*）法案的緣故，美國教改議題沸沸揚揚，尤其有關弱勢低成就學生的輔導，學界與民間都有相當多值得臺灣借鏡的做法，因此本書亦將所見所聞納入其中。再加上此次參訪時，兩個學齡子女亦隨同前往，並在美國公立學校就學一年，身為家長常常可以看到不同於教育學者的風貌，因此本書亦希望透過家長身分書寫第一手的觀察心得。

綜合上述，筆者近年的情意教學研究已由廣義的「人與己」、「人與他人」等議題，聚焦到「學業方面的情意教育」，觀點也由「情感與意志教育」漸漸轉移到「希望感」此角度。目前亦已完成四個相關的國科會計畫，雖然已陸續將若干研究成果發表於期刊及相關學術會議中，但為更有系統的將成果彙集，則有必要以專書方式進行整理，因此乃申請國科會專書寫作計畫，將研究成果集結成書。此除了可以充實個人對此議題的了解，亦期許能對國內情意教育之研究有更實質的貢獻。

本書共分三個部分，第一部分乃針對學業面向情意教育的迫切性而寫，共包括兩章：第一章主要說明臺灣學子有哪些學業挫折經驗？以及它們的負面影響為何？第二章則針對國內教育環境進行體檢，以說明在學業面向情意教育上，我們的政策、課程、教材及課堂中的教學分別做了什麼？

本書第二部分則是有關希望感模式的文獻回顧，此部分的論述主要在說明為什麼以希望感模式進行學業面向情意教育是一個可行的做法，內容共包括三章：第三章主要在介紹希望感模式之內涵，以及模式中的幾個重要變項；此模式乃筆者綜合 C. R. Snyder 的「希望感理論」與 Carol Dweck 等人之「目標導向理論」而成。第四章則介紹如何以敘事方式（narrative）提升希望感；由於在 Snyder 等人所設計的教學方案中，他們特別推崇以敘事的方式來了解學生內心的想法，因此本章亦針對相關研究進行文獻回顧。第五章則處理有關希望感測量的議題，此乃因為在進行情意教學時，由於隨著學生的個別差異，「希望感」的教學重點也會有所不同，因此首先應診斷出學生的優勢能力與其弱勢能力，以作更有效的介入；本章將分別介紹如何以量化方式與質化方式評量希望感。

本書最後一個部分則提供實徵研究以作為佐證。由於筆者曾分別於 2005 與 2006 年國科會計畫中，以希望感模式在國中進行教學研究，因此乃分別藉由這兩個例子，對教育現場老師說明可如何以獨立方式（名人傳記討論團體）與融入方式（融入數學科的行動研究）進行希望感的情意教學（第六章）[6]。第七章則以家庭為著眼點，探討關心子女教育的父母可以如何透過教養方式以提升孩子的希望感。最末一章則針對學業面向情意教育的未來方向提出個人看法，此章亦作為本書之結語（第八章）。

寫書是一個跟自己對話很好的機會，透過此過程，不僅可以好好回顧過去幾年做的東西，另外也能產生不少新的點子，讓自己對下一階段的研究又再次產生希望感。筆者感謝這個過程中每個參與的人，尤其感謝國科會與富爾布萊特基金會的贊助，使得在國外休假這一年可以專心寫作。尤其要感謝康乃迪克大學對訪問學者的優厚待遇，不但免費提供圖書館的使用管道，在館際借書與期刊全文檢索效率上，更提供了第一流的服務品質。康大的圖書館是最讓筆者捨不得回臺灣的一個理由，當人躲在設備簡陋的研究小間（Research Carrel）內，卻感覺世界彷彿就在自己的手中。尤其它的空間僅只有臺灣研究室的四分之一不到，論寬敞及舒適實在無法與臺灣比擬，但透過網路無遠弗屆的方便之門，筆者卻能在幾秒之內就從 e-journal 上找到想讀的全文資料。這種坐擁書城的感覺，是何其富有與幸福！做學問可以如此方便，不但令人甘願為學術「為依消得人憔悴，衣帶漸寬終不悔」，也不禁要感慨：這是否就是國外學術研究平均進度可以超前我們十年的原因？（順便一提：筆者強力建議每個打算申請研究休假一年的人，都應該認真的找個主題來寫一本書。尤其最重要的是，一定要記得跟國科會申請專書寫作計畫。因為唯有透過這種形式的承諾，才會讓你在不需教學、可以盡情閱讀與思考時，不致於像個貪吃的孩子，忘記自己也有生產知識的責任。相信筆者，它會讓你產生足夠的罪惡感，持續提醒你每天都應該老老實實地坐在電腦前打出一些東西來！）

---

[6] 有關獨立式與融入式情意教學之定義已在拙著《情意教學——故事討論取向》（唐淑華，2004b）中介紹過，有興趣的讀者可參見該書。

　　看著 New England 四個季節充滿戲劇化的變化，暸然一年很快就要過去，我們一家四口也該收拾行囊準備回臺灣了！除了感慨時間的流逝是如此不捨晝夜，也不禁想到 Emily Dickinson 說的，*"Hope is the thing with feathers."*。是呀！當秋天滿山的楓紅美得讓人目不暇給時，我們多麼希望冬天不要來，但寒冬終究義無反顧地來了；而當冬天靄靄白雪下到連孩子們都開始對老天爺詛咒時，我們甚至懷疑春天是不是永遠不會來了，但春天竟然就悄悄地來了。生命是一連串的變化，不論悲歡離合，只要我們不失去信心，再怎麼痛苦的事終會結束。而當我們乘著希望的翅膀，我們就會產生力量，繼續有勇氣再去面對各種挑戰。非常高興自己一路上能夠搭載著「希望感」的羽翼，因為透過閱讀許多前人精彩的文獻，不但幫助筆者克服自己生命中的許多低潮，也提醒筆者要成為這個學術社群中有貢獻的一份子。衷心希望本書能有這樣的貢獻！

唐淑華

初稿寫於康大 Homer Babbidge Library，Room 4-174 Research Carrel
修改於花蓮壽豐，國立東華大學
完稿於臺北，國立臺灣師範大學

如何閱讀這本書

　　雖然本書的最初寫作動機，是在將個人這幾年所進行有關「希望感」的國科會研究成果，作一個較為完整的集結（此乃國科會專書寫作計畫的宗旨），但針對不同類型的讀者，筆者卻非常希望大家可以各取所需，以一種更有彈性的態度來閱讀此書。尤其如果您是實務工作者，那麼在讀完本書第一章之後，您無妨跳過中間的章節，逕行參閱本書第三部分。在第六章，您將看到理論與實務之間的對話，這是筆者這幾年進入中小學現場嘗試將「希望感」理論轉化為具體教學行動的故事。而如果您是一位關心子女教育的家長，那麼在第七章您也將看到筆者如何幫助自己的孩子走出低成就與缺乏希望感的泥沼。相信這些故事性的內容，將會幫助您跨越較難消化的理論基礎，而直接進入希望感的堂奧。

　　當然，如果您是對希望感此議題感到興趣的學者或研究生，那麼我已在本書第一部分針對臺灣學子的學業挫折問題做一個現況分析，透過幾份調查資料的比對，您將了解這個議題實在非常值得我們重視與進行相關研究；而在第二部分，筆者亦將希望感此領域的文獻做一個頗為完整的整理，相信這些內容都會讓您更快速、更清晰地對希望感有一個基礎性的理解。

　　在此需稍做澄清的是，由於「希望感」是一個我們在生活中如此頻繁使用的詞彙，以致於它很容易干擾了我們在學術操作上的理解，例如：對於有民俗信仰的人而言，去廟裡上一炷香、求一個籤文、請求神明保佑平安等，這些都是他們認為提高「希望感」的有效方法；而基督徒認為，透過禱告、信靠主耶穌並對未來有所盼望，亦將使他們產生無窮的希望感。然而這些想法，基本上與本書在看待「希望感」時所採取的觀點是迥然不同的。正向心理學中的「希望感」，是將救治關鍵放在正向觀念的植入，以及執行務實的因應策略。因此對於身處挫折情境的人而言，得到性靈上的撫慰固然是一種美好的經驗，然而心理學家則會更認真思考：應該如何做，才能真正「增能」這個人，亦即：如何使他／她對於所設定的「目

標」有更明確的掌握，如何幫助他／她習得更多達成目標的「方法」，以及如何才能逐步增強其「意志力」與「主體性」。

當然，儘管生活語言與學術用語大不相同，但他們卻是可以相互增益、達到殊途同歸的效果。畢竟人生在世，無非希望可以離苦得樂，因此在生活中每個人都應該找到一個屬於自己的安身立命之道。然而在教育上，我們應該試圖找到更具普世性的科學方法，因為教育所關注的對象是更多更廣的。尤其針對臺灣獨特的教育生態，學業挫折這個議題相當迫切與重要，正向心理學的確提供了我們一個很好的角度來思考這個議題，其中希望感模式更是具體可行，因此若能針對希望感模式中的每個構念來理解學生問題與進行後續輔導，筆者相信當能更有效地幫助那些在教室中充滿挫折經驗的孩子，找到調適與因應之道。

第一部分

學業面向情意教育的迫切性

第一章

正視臺灣學子的學業挫折經驗及其負面影響

　　本章主要說明，為什麼我們需要正視臺灣學子的學習挫折經驗，以及學業挫折經驗對他們有何負面影響。筆者首先以自己服務的大學為例 [7]，說明挫折經驗原就是生命中的常態，因此學習如何面對挫折乃是每個人無可逃避的人生課題。唯有及早培養孩子們挫折調適與因應的能力，才能夠真正幫助他們在面對未來人生挑戰時有更佳的準備度。為了提供論述的證據，筆者亦以三份近年來針對臺灣兒童與青少年為對象所進行的調查研究資料，說明臺灣教育雖經歷了教改的洗禮，但目前臺灣學子的學習挫折經驗仍然相當嚴重，尤其這些問題對他們所造成的負面影響實不容我們忽視。本章最末則以美國近年的 NCLB 法案與其教育改革相關政策為例，說明學業挫折經驗並不是臺灣特有的現象。尤其近年來美國教育界極力重視以測驗成績作為績效（accountability）指標，美國學童亦產生類似的學習適應問題；此乃因為當考試成為評量學習最主要（甚至是唯一）的工具時，對表現不佳的學生最直接的影響便是挫折感與其學習動機的低落。由

---

[7] 雖然本書完成時，筆者已離開這個學校，但為了傳神表達當時寫作此章時的心情，此處仍以「現在式」的語法來寫。筆者也相信這些學生的問題並非特例，應該普遍存在於臺灣各個大學中。

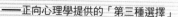

於臺灣學子所承受的課業壓力比起其他國家相對更為嚴重，因此我們更應積極加強臺灣學子的心理適應強度，以培養具有全球競爭力的下一代，筆者認為，此乃臺灣教育工作者無法逃避的一個選擇。

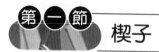

第一節 楔子

筆者在一所以培養碩士生為主的大學服務已超過十年，每一年秋季總會看到一群意氣風發的研究生進入研究所就讀。說他們「意氣風發」，是因為他們的確都是披荊斬棘、通過競爭相當激烈的考試才能夠名列榜單，因此他們當然有足夠的理由可以為自己的表現感到驕傲。然而幾乎無一例外的，當這些學生到了研究所一年級下學期開始進行論文撰寫時，他們的意氣風發便似乎都不復可見——因為此時真正的考驗才要一一揭幕。由於研一下的課業壓力開始加重，再加上此時他們需要開始尋找論文題目，因此這些學生的挫折感普遍升高。然而若仔細觀察這些學生，便可發現這批學經歷皆頗為類似的學生，在面對相同挫折時，卻有著截然不同的因應方式與後續表現。有一類學生雖然剛開始時亦頗為消沉，但經過一陣子之後他們會變得比較虛心，也願意面對自己的弱點做逐步的改善。在學習態度上，他們會轉變成更為積極主動，包括重新培養自己的專業能力（如增進自己文獻搜尋的能力、加強自己的英文閱讀能力），積極調整自己的論文規模（從眼高手低的野心慢慢縮小論文格局，好讓題目的難度是在自己可以掌握的範圍內），並主動與指導教授定期討論他們的論文進度。

相反的，有另一類的學生則不但採取愈來愈逃避的方式面對論文，他們甚至會找尋各種理由與指導教授避不見面。基本上，這些學生既不願意面對自己的困境，也不願意尋求協助，更不願意積極培養自己的能力。最後的結局則往往是：一再更換指導教授、申請延長畢業年限，或甚至最後根本無法完成論文，白白浪費了許多時間與社會資源。

值得注意的是，上述這些研究生並非都是大學應屆的畢業生，有些已在職場中工作多年，有些甚至是教學現場中的現職老師或是資深的行政人

員。然而為什麼這麼一群在各項競爭中表現突出的佼佼者，卻在面對論文時突然變成另一個人呢？依筆者個人看法，事實上這些人並沒有「變成」另一個人，只是現在才有機會讓他們真正「顯現」個性上的弱點罷了。就如同這些學生入學時的自我描述，他們從小便是在拿縣長獎、市長獎等成功經驗中長大的，因此以往所面對的挑戰，就難度而言都在他們的能力可以掌握的範圍內──而一個從來沒有真正體驗過挫折感的人，又怎麼會有機會去檢視自己在面對挫折時的因應方式是需要調整的呢?!然而，進入學術領域並需要獨立完成一份研究論文，則又是另一回事了。對大多數人而言，這可能是他們有生之中第一次遇到如此手足無措與曖昧不明（ill-defined）的問題情境。尤其在人文社會科學領域，從尋找論文題目、批判相關文獻、蒐集研究資料，到完成論文撰寫，在在都需要有極強的自律能力與挫折因應能力才能夠完成。

　　雖然上述這些挑戰可以輕易擊敗一個研究生的自信心，但每一年我們也可以看到不少學生終究可以苦撐過這項考驗。尤其當筆者看到一些學生宛如浴火鳳凰，願意從挫折中再站起來，堅持到最後，並且完成一份頗具學術份量的論文時，總是為他們感到十分高興。順利完成學業固然值得慶賀，但筆者相信他們的最大收穫將是人生面向上的成長，尤其在寫作過程中與挫折搏鬥的經驗將幫助他們脫胎換骨，成為面對未來人生無數挑戰時的最棒資產。

　　每年面對這樣的學生，筆者總不禁好奇：為什麼他們沒有在更小的時候就學會這個寶貴的人生功課呢？尤其當前臺灣社會許多父母總擔心孩子會「輸在起跑點」，筆者卻常納悶：難道父母們不應該更擔心孩子會「贏在起跑點、卻輸在終點」嗎？

　　雖然學校基本上是一個保護學生不要太早面對殘酷現實的地方，但筆者認為，它還應該準備學生具有面對未來人生各種考驗時所需的全方位能力。就如同 OK 繃的功能，它僅僅是一種能夠暫時保護我們不受感染的防護罩──固然躲在裡面頗為安全，卻沒有人是可以躲在防護罩裡一輩子！因此，唯有在過程中逐步增強個體的免疫力，讓生命韌性能夠愈來愈強、愈來愈不畏懼挫折，這才是正途。尤其在臺灣，學業競爭與壓力幾乎是無

可避免的問題 [8]——事實上處於任何一個社會，競爭都是免不了的殘酷事實。無論在求學過程中，我們讓課程內容或教學方式如何多元有趣，終有一天我們仍需要離開校園進入社會。如果學生無法及早有效培養其挫折因應能力，那麼當他們面對未來人生中更大挑戰時（如同上述提及的那些適應不良的研究生），他們又將如何去面對呢？

因此本書希望跳脫傳統教改論述中，一貫地對臺灣課業壓力及升學體制的批判，也不想一味擁護課程活潑化便是解決問題的萬靈丹，而是主張：臺灣教育應有「第三種選擇」，亦即除了「充實」（enrich）孩子們的多元學習經驗（筆者稱之為「第一種選擇」）、「加強」（enable）學生學習表現的方式（「第二種選擇」）之外，最重要的是應該「增能」（empower）孩子，使他們由內產生一股能量與動力，並逐漸提升其調適與因應挫折的能力。有關此三類選擇的觀點，本章最末還會有較詳盡的解釋。

以下筆者想先針對臺灣學子的課業壓力情形做一個現況報導，說明目前在臺灣有關學業適應問題確實是一個相當嚴重的問題，它不但讓兒童不快樂、青少年在學校適應不良，更重要的是，它也讓我們的下一代成為一群沒有希望感的人，因此需要我們一起來正視學業挫折所帶來的教育問題。論述基礎主要是根據三份調查資料而來，他們分別為：(1)兒福聯盟2004 年針對兒童心理健康情形所發表的「臺灣心貧兒現象觀察報告」；(2)張苙雲自 2003 年開始主持之「臺灣教育長期追蹤資料庫」（Taiwan Educational Panel Survey，以下簡稱 TEPS）第一、二波調查資料，以及(3)筆者2003～2004年針對臺灣各區域青少年所進行的課業壓力及希望感等變項所進行的調查。

---

[8] 筆者曾在〈論學業面向的情意教育目標及其內容〉（唐淑華，2004a）一文中提到，學業壓力就像是孫悟空的「緊箍咒」，壓得臺灣孩子喘不過氣來。

臺灣兒童快樂嗎？

　　臺灣目前針對兒童福利等相關議題持續關注的民間組織，當以兒童福利聯盟文教基金會（以下簡稱兒盟）為主要代表。此單位是一個公益性組織，不但提供兒童福利服務之外，他們也進行兒童福利相關之研究。「臺灣心貧兒現象觀察報告」便是 2004 年該單位針對臺灣國小高年級學童心理健康情形所發表的一份調查報告（兒童福利聯盟文教基金會，2004）[9]。由於該份資料頗能直指本節所提之問題核心，因此筆者乃以此份調查結果作為論述之基礎。

　　在「臺灣心貧兒現象觀察報告」中，他們將一些心靈處於貧瘠狀態的兒童稱為「心貧兒」，並指出當今臺灣有為數不少的心貧兒。這份調查是以臺北縣市、臺中縣市、高雄縣市等都會型學校的學生（計 12 所小學高年級學生，共 1,323 人）為施測對象，進行自陳式問卷調查[10]，結果發現：在「我覺得不快樂」此題項中，有逾四成六的孩子覺得不快樂（勾選「常常」此選項者占 10.6%，勾選「有時候」者則占 35.6%）；在「我的生活過得好無聊」題項中，有近半數的孩子覺得生活很無聊（「常常」占 13.6%，「有時候」占 34.9%）；在「這個世界少了我也沒有關係」題項中，有 13.7%選擇「非常同意」，16.9%選擇「有點同意」，可見約三成一的孩子否定自己存在的價值；在「我失敗過的事情，就不想再做了」題項中，有 3.4%回答「常常」，39.1%回答「有時候」，表示近四成三的孩子遇到挫折容易放棄；而在「我寧願把心事藏起來，也不想跟別人說」一題中，有約五成七的孩子表示不願對人訴說心事（「常常」占 20.1%，「有時候」占 36.5%）；在「我覺得別人不喜歡我」題項中，則有四成的孩子覺得自己不受歡迎（「常常」占 11.0%，「有時候」占 29.4%）。

---

[9]　歷年研究報告請參見 http://www.children.org.tw/database_report.php。

[10]　總發放問卷為 1,467 份，回收 1,328 份（回收率為 90.54%），有效問卷為 1,323 份（有效率達 99.62%）。

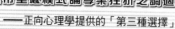

　　由於該聯盟尚有一項針對兒童的社會服務[11]，因此上述問卷資料還可與歷年的電話內容互為比對。結果發現上述調查結果與該兒童專線的內容的確可互相呼應，例如：在該報告書中便指出，許多孩童常在電話專線中抱怨功課太多，下課後又有很多補習[12]，他們幾乎沒有空間和時間可以做自己想做的事，而這個心聲即使跟父母反映亦沒有結果。由於現今父母大多忙於工作，因此許多孩子課後主要的活動不外是在看電視與做功課。有些孩子則抱怨父母對他們長期不關心，只看重他們的成績。而當他們在學校遇到挫折時，亦不見得會願意與他人訴說。因此該報告整體指出，「目前臺灣有許多孩子正處在不快樂、生活空洞、負向自我概念、挫折忍受度低、人際關係差等心靈貧窮的狀況」。

　　該機構執行長王育敏亦在報章上呼籲，家長與老師應該積極重視這個問題。尤其她認為，整個教育體制仍然過於重視智育發展，以致於孩童的心貧現象並未受到應有的重視。這些兒童雖然表面上忙於功課、補習，但事實上他們的內心卻是空洞、鬱卒（朱若蘭，2004；臺灣心貧兒陰霾不快樂，2004）。

　　雖然上述調查的樣本數僅千餘人，且僅侷限於都會型的高年級兒童，但此項調查結果實非特例，近年其他幾項調查亦發現類似的結果，例如：2003 年由《讀者文摘》針對兩岸三地 500 位 13 至 19 歲的青少年所進行的調查（施志雄，2003），以及由臺北市政府教育局 2006 年針對 12 個行政區內 500 多位國小高年級學童所進行的調查（陳洛薇，2006），亦皆發現類似現象。可見臺灣學童的心理健康情形相當值得憂慮，而其中一大部分原因則與課業壓力及學習挫折有密切關係。

　　有關學業壓力所造成的心理影響，國內外皆有相當多的研究論及此，

11　主要是接受全國兒童透過電話尋求協助，此稱為「哎喲喂呀」的兒童專線由兒盟社工員與培訓志工擔任接線值日生，傾聽來電孩子的心聲，幫助孩子抒發情緒、澄清困擾和處理生活中五花八門的大小問題，可說是專屬孩子的解決疑難雜症的諮詢電話。

12　此項結果亦與兒盟最近公布的一份「2009 年臺灣兒童課後照顧概況調查報告」結果相呼應。根據該調查，有七成四學童放學後要上安親班或補習班，甚至有五成八的學童週一到週五都要到安親班（陳祥麟，2009）。

例如：Rimm（1986）便曾以「成就不佳症候群」（Underachievement Syndrome）一詞描述這群無法將實力展現出來的學生；他認為，雖然這類學生沒有生理上的問題，然而他們卻很容易因學業失敗而一蹶不振。他們基本上並非能力不足或具有先天的障礙，而是他們無法有效面對壓力。他們與其他人一樣熱愛成功，但是他們最大的問題是無法坦然面對失敗。因此他們除非確定自己一定會成功，否則寧願逃避也不願意嘗試。而在逃避的同時，當然他們也失去了學習到人生中一個重要功課的機會，那就是：學習面對競爭與如何因應挫折。

　　雖然 Rimm（1986）的論述主要是針對美國教育環境下的兒童而談，但相較於國外，由於臺灣學子所承受的課業壓力更為嚴重，因此可以想見這類因學業挫折而產生情緒困擾的學生在臺灣應該更多。事實上，「不能輸在起跑點上」的觀念不但使臺灣許多兒童從小就承受許多莫名的壓力，也讓他們比起同年齡的兒童更早脫離無憂無慮的童年，而須面對人生殘酷的現實。競爭固然並非全都是壞事──尤其在一個資源有限的情況時，它更是無可避免的兩難情境，但伴隨競爭而來的代價常是因過度擔心失敗而揮之不去的焦慮感。因此，一個對臺灣父母與老師非常關鍵的問題乃是：我們該如何幫助孩子面對競爭呢？筆者認為，美國研究動機理論的學者Carol Dweck（2002）提出一個非常精彩的答案；她認為，當孩子在從事一項困難的任務卻失敗時，倘若旁邊的大人能夠針對其錯誤給予「歷程性回饋」（process feedback），而非以概括方式進行「特質性回饋」（trait feedback），則他們不但不會畏懼失敗，反而會更樂於挑戰。Dweck 的觀點用「勝不驕，敗不餒」這句話來描述競爭應是再貼切也不過了；如同在運動場上每個選手都想爭第一名，每個人也都承受相當大的競爭壓力；但優秀的運動員都了解：勝敗乃兵家常見之事，他們並不會因為某場競賽失敗就認為自己是天生的輸家，反而會更精進自己的技術以激發出最大的潛能。因此此處筆者想要強調的重點是：在面對大大小小的學業競爭時，與其降低壓力與挫折，我們更應該裝備學生採取一種較健康與建設性的態度來面對成敗。尤其當失敗之後，我們應該幫助學生檢討失敗原因，以增進他們面對挫折的因應能力。「勝不驕，敗不餒」的精神顯然不但適用於運

動場上，它更是面對人生各種挑戰時一種非常重要的態度。

　　頗令人好奇的是：臺灣學子究竟有沒有在學校中學習到這種面對競爭的正面態度？他們是變得「愈挫愈勇」？還是成為一群對自己的未來愈來愈不抱有希望感的主人翁？尤其那些正面臨激烈學業競爭與考驗的中學生，他們是如何看待自己？他們對學校的觀感又是如何？以下筆者再以一份以全國中學生為母群所進行的縱貫調查──「臺灣教育長期追蹤資料庫」，來回答這些問題。

 **第三節　臺灣青少年學校生活適應好嗎？**

　　「臺灣教育長期追蹤資料庫」（Taiwan Educational Panel Survey，以下簡稱 TEPS）乃是由中央研究院、教育部、國立教育研究院籌備處（從 2004 年迄今）和國科會（從 2000 年迄今）共同贊助的一項全國性調查研究，該計畫共為期七年並包含二至四次的資料蒐集。這個資料庫從 2001 年開始，對當年的國中一年級以及高中、高職和五專二年級之學生、學生家長、老師和學校，進行第一梯次的資料蒐集，到 2003 年再對這一批已升上國三的學生進行第二次的資料蒐集；部分國中樣本則在 2005 年及 2007 年分別進行第三和第四梯次的資料蒐集，因此該資料庫可追蹤國一學生至高中／職及五專三年級期間的變化（張苙雲，2003）。

　　由於 TEPS 可視為臺灣第一個具有全國代表性的中學生調查，因此筆者乃採用該資料庫做為論述依據。就其抽樣的代表性而言，該研究小組乃是依照城鄉、公立／私立，及高中／高職分布，以分層隨機抽樣方式進行抽樣；而就樣本數而言，第一波資料中共抽樣 20,004 名國中學生（這些學生散布於 333 所學校與 1,244 班中），第二波則有 18,903 名國中學生（學校與班級總數分別為 333 所學校與 1,930 班）。此外，該資料庫的優點尚包括抽樣過程兼顧城鄉分配，以及採長期追蹤方式蒐集資料等，因此該樣本不但具有全國代表性，亦可了解他們在不同年級之間的改變，故筆者認為根據該資料所做之推論應頗具代表性。

　　而就其研究主題而言，該資料庫涵蓋議題亦頗具全面性。該調查主要在了解全臺中學生對客觀環境的知覺（包括來自於學校、家庭、住家環境，或社團、組織等所提供給學生的機會），以及對其學校及生活適應的主觀知覺（包括他們投入學習的時間和努力的多寡、交友狀況、對自我的評價、行為問題、身心健康等議題）；問卷主題不但相當多元，亦能與本書內容相呼應，其中有關「我的生活」、「學校生活」、「課外活動」與「關於我」等面向上的資料將作為本節分析重點。

　　此處需先說明的是，筆者並非直接對資料庫進行分析，而是採用二手資料方式引述相關數據並進行論述。此乃因為目前國內已有相當多研究是針對該資料庫進行分析，且該計畫團隊亦以電子報方式陸續針對一些教育議題進行系列報導（截至 2007 年 4 月共出版 70 期電子報），因此筆者乃選取電子報中最為相關的議題進行歸納整理。至於針對資料庫進行一手資料的分析，由於筆者之前亦曾分析中學生偏差行為 [13] 與其信念系統的關係（唐淑華，2006a），該文可間接佐證此處之論述，因此亦將於本節末摘述該研究之主要發現。

　　以下分別就 TEPS 電子報中，有關國中學生的幸福感指數及心理健康情形、學校態度、課後生活經驗與偏差行為等四大議題進行論述。

一、國中生的幸福感指數及心理健康情形 [14]

　　有關學生的幸福感指數及心理健康情形，在問卷的「關於我」中有三道題目可了解此現象：「整體來說，你目前的日子過得快樂嗎？」、「這學期以來，你曾憂鬱嗎？」、「這學期以來，你曾不想活了？」。根據第一波國中學生、高中職與五專學生資料（樣本填答總人數為 27,297 人）發現：雖然相對於高中職與五專學生，國中生算是較為快樂的青少年族群，然而仍然有一群為數不少的國中生是處於不快樂、感覺憂鬱，甚至有輕生

---

[13]　主要是以「考試作弊」為例，並根據 Carol Dweck 的「目標導向」理論（goal orientation theory）為立論基礎，分析該資料庫之第一波資料。

[14]　本議題主要整理自第 7 期與第 61 期電子報。

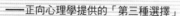

念頭的狀態，例如：第 61 期電子報針對此議題進行分析，發現有 11%的國中生是自認為「不太快樂」或「非常不快樂」，而有 51%表示曾有出現憂鬱的情形（甚至有 5%表示「經常有」憂鬱現象），有 20%的學生則曾有輕生念頭（臺灣教育長期追蹤資料庫電子報第 61 期，2006）。

而國中學生的心理健康情形，不但顯現在其各項焦慮、抑鬱的狀態上，亦表現在許多身心症狀與外發行為中，例如：根據第 7 期電子報分析，在許多心理不適應指標上（包括：「鬱卒」、「焦慮擔心」、「感到孤單」、「經常感到暈眩、不明原因的頭痛、胃痛」、「肌肉酸痛」、「睡不著、睡不好、很容易醒、做惡夢」、「不能專心」、「不想和別人交往」、「想要大叫、摔東西、吵架或打人」、「覺得搖晃、緊張而且精神不能集中」），若將「偶爾有」、「有時有」與「經常有」等三個選項累加起來，則發現有超過三成以上的國中生曾經自我知覺出現上述的狀況。甚至最嚴重的「不能專心」此症狀還高達七成（如表 1-1 所示），如此高的比例實在值得我們進一步了解與關切（臺灣教育長期追蹤資料庫電子報第 7 期，2004）。

綜合上述 TEPS 發現，可知國中生心理適應狀況頗值得關切。尤其 TEPS 對國中生的幸福感調查結果，與上一節兒盟對國小高年級學童所進行的心貧兒調查皆得到相仿的結論，更令人不禁擔心：國中階段的適應問題莫非早在國小階段便可看到端倪？由於上述兩份研究並非縱貫研究，因此我們無法明確得知這批在國中階段出現各種身心不適應症狀的青少年，是否在國小時期便出現「心貧兒」現象，然而由於青少年的許多適應問題常常是有脈絡可尋的，因此對於上述兩份數據的關聯性我們實在不能輕忽。尤其臺灣的小學生，從中、高年級開始，課業壓力明顯增加（不但由半天課增加為整天，作業的份量與難度也明顯增加），且隨著年級愈增，其問題有愈嚴重的趨勢，尤其到了國三準備基本學力測驗，此時課業壓力更成為高峰，這些問題都可能加劇了國中階段適應上的困難。

青少年心理適應困難並非臺灣所特有的問題，目前國外亦有不少學者認為，中學生由於正經歷許多生理上與認知發展上的重大轉變，再加上學校、家庭、同儕等各項因素的介入，因此他們的適應問題不但比起國小階

表 1-1　國中學生的心理適應情形

向度	細目	從來沒有	偶爾有	有時有	經常有
	「這學期以來，你曾有下列情形嗎？」				
焦慮抑鬱狀況	1. 鬱卒	49.10%	34.5%	11.00%	4.50%
	2. 焦慮擔心	45.30%	38.20%	11.00%	5.10%
	3. 不想活了	80.2%	13.40%	3.80%	2.10%
	4. 感到孤單	66.40%	23.20%	6.00%	3.70%
	5. 感到無助，沒有人可以依靠	71.10%	19.70%	5.20%	3.50%
身心症狀況	6. 經常感到暈眩、不明原因的頭痛、胃痛	63.20%	26.20%	6.00%	3.90%
	7. 肌肉酸痛	50.30%	36.70%	8.50%	4.00%
	8. 睡不著、睡不好、很容易醒、做惡夢	64.50%	25.40%	6.10%	3.50%
	9. 頭部緊緊的、身體感到發麻、針刺、虛弱或手腳發抖	82.00%	13.00%	2.50%	1.70%
	10. 感到好像有東西卡在喉嚨	80.90%	14.50%	2.50%	1.60%
外發行為狀況	11. 不能專心	30.00%	49.70%	11.80%	5.30%
	12. 不想和別人交往	68.50%	22.40%	5.50%	2.90%
	13. 想要大叫、摔東西、吵架或打人	57.90%	28.10%	8.40%	5.10%
	14. 覺得搖晃、緊張而且精神不能集中	64.90%	25.70%	5.90%	2.80%

資料來源：臺灣教育長期追蹤資料庫電子報第 7 期（2004）

段更為困難，尤其在自我概念上與學業動機上更表現出嚴重的陡降現象〔參見 Eccles 和 Midgley（1989）與 Wigfield 和 Eccles（2002）之文獻回顧〕。然而根據上述兩份對臺灣學子的調查資料，我們仍應警覺：在目前的臺灣國小與國中裡，的確各有一批學童自陳他們是處於「很不快樂」、「自覺憂鬱」、「自我價值感很低」的狀況，尤其有一些學生甚至還認為自己已出現了身心不適應的症狀（包括肌肉酸痛與不明原因的頭痛、胃

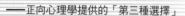

痛）及外發行為（包括不能專心、想要大叫、摔東西、吵架或打人等）。這些現象不但皆可能嚴重影響到他們目前的基本生活運作能力，對於未來更有可能造成深遠的影響。由於中、小學階段是人格形塑最重要的階段，上述這批學生長大之後，我們如何想像他們能夠成為我們國家未來的中堅呢？因此上述的資料再次提醒我們，相關的心理輔導與情意教育工作實在非常迫切且不容忽視。

二、國中生對學校的態度與其相關因素探討 [15]

在學生問卷中有關「學校生活」的部分，主要是在了解學生對其學校生活的態度。由於國中生的學校經驗不外乎環繞著與同學之間、與老師之間以及對學校整體環境的知覺，因此我們若想知道一個學生對學校的態度，便可由他們的同儕關係、師生關係以及整體學校觀感等三項事務推論得知。此外，由於學生每天有極長的時間是待在學校裡，因此他們的學校經驗亦可高度反映出其心理適應情形，因此筆者乃就其對學校的態度，以作為推估其心理適應情形的指標。

根據臺灣教育長期追蹤資料庫第 33 期電子報（2005）分析，雖然整體而言有 84.4%的國中學生仍然認為學校是個快樂的地方，但是此感受又與其對班級學習氣氛、對老師的教學態度以及對學校關心程度等各項評比密切相關，例如：就同儕互動而言，當學生覺得班上同儕的互動品質愈良好且其與同學互動愈頻繁者，對學校的正面感受亦愈佳。尤其在「同學常一起討論功課或念書」與「你覺得現在就讀的學校是快樂的地方」二題項上的高相關更可發現，愈不常與同學一起討論功課或念書的學生，也愈傾向於認為學校不是快樂的地方。筆者認為此現象頗為合理，因為青少年階段原本就非常重視同儕關係，因此同儕關係良窳，勢必與其學校態度有密切關係。然而值得注意的是，在「同學間學業競爭激烈」此題項中勾選「非常符合」者，仍然有相當高的比例（86.6%）認為學校是快樂的地方。對於此項結果的解讀，筆者認為，或許是因為臺灣的國中生對於課業

---

[15] 本議題主要整理自臺灣教育長期追蹤資料庫第 33 期與第 60 期電子報。

競爭早已習以為常，因此他們並不會僅因為「學業競爭」此單一變項就決定其是否喜歡學校。

　　事實上在同一期電子報中亦發現，老師如何營造班級的氣氛，反而與學生對學校的觀感更為相關，例如：那些對於學校抱持愈正面態度的學生，他們所經驗到的老師也愈正面，這些學生認為他們的老師，「很少動不動就責罰學生」、「當學生認真時會鼓勵學生」、「會出作業增加學生練習機會」、「當學生不專心或跟不上進度時也不會不聞不問」。歸納這些結果，讓我們益發相信：競爭本身並不影響其對學校的態度，重點是旁邊的大人如何幫助他們面對競爭！

　　此外，就學校整體環境而言，學生們對學校是否關心他們、學校學習風氣、獎懲公平性，與校園是否安全等的評比，也與他們對學校的正面觀感有密切關係。

　　歸納上述，雖然當今有極高比例的國中生認為學校是個快樂的地方，但不可諱言的，有另一群學生的學校經驗則是極為負面的。尤其在學生問卷中有兩個題項是在了解師生的互動情形：「上課時，與我們班有良好自在互動的老師有幾位？」及「假如你碰到重大的問題或挫折，有幾位老師是你可以找他們幫忙的？」，令人驚駭的是，第 60 期電子報分析有 14.4% 的國中生認為，沒有一位老師是能在課堂上跟學生有良好互動的，而有 34% 的學生更認為，沒有任何一位老師是可以幫助他們的（臺灣教育長期追蹤資料庫電子報第 60 期，2006）。顯然若要有效扭轉學生對學校的態度，則思考如何重塑師生關係應該是未來輔導工作中一個非常重要的方向。

三、國中生的課後生活經驗 [16]

　　如同上一節兒盟調查所發現，臺灣學童心貧問題相當值得重視，而其中與其課後生活中忙於補習及功課不無關係。那麼當學童進入國中階段後，課業壓力明顯增加，是否更易影響其生活適應呢？根據學生問卷中「我的生活」及「課外活動」兩部分的填答資料，答案應該是肯定的。

---

[16] 本議題主要整理自臺灣教育長期追蹤資料庫第 11、15、23、50、51、65、66 期電子報。

　　根據第 23 期電子報分析，國中生課外運動休閒活動的時間不但少得可憐（每天平均只有 1.68 小時），甚至有 16.27%學生是「很少」或「沒有」在家中從事任何休閒活動的（臺灣教育長期追蹤資料庫電子報第 23 期，2005）。相對而言，他們大部分的時間都花在補習、家教與課後輔導上。由於 TEPS 採縱貫方式追蹤樣本，因此我們不但可以了解這些樣本在國一的情形（第一波資料），還可以追蹤他們升至國三之後的改變情形（第二波資料）。根據第 15 期電子報針對第一波資料分析顯示，有 72.9%的國一學生有參加各類校內、外的補習活動（每週平均約 4.3 小時）（臺灣教育長期追蹤資料庫電子報第 15 期，2004）；而根據第 51 期電子報針對第二波資料分析，則發現當這些學生成為國三學生之後，參加校外補習的比例雖然降為五成六，但補習時間卻明顯增加許多，其中有 18.8%學生是介於「4～8 小時」，有 10.7%是介於「8～12 小時」，還有 10.8%則是每週補習超過 12 小時以上（臺灣教育長期追蹤資料庫電子報第 51 期，2006）。

　　補習時間愈長，不但對於父母而言，是一項費用不小的支出（相關數據可參考第 65、66 期電子報），對於學生而言，最直接的影響應該是在睡眠時間上的排擠。根據第 11 期電子報，國中學生睡眠時間少於 6 小時的人數比例，在第一波國一資料中僅有 7.5%（臺灣教育長期追蹤資料庫電子報第 11 期，2004），但當這群學生就讀國三時（參見第 50、51 期電子報針對第二波資料之分析），人數比例則攀升至 32.3%（臺灣教育長期追蹤資料庫電子報第 50 期，2006）；此外他們的睡眠品質亦不甚良好，問卷中有關「有睡不著、睡不好、很容易醒或做惡夢的情形嗎？」之題項，有 13.5%表示「有時有」，6.3%表示「經常有」，可見國三學生不但睡眠時間短暫且其品質亦不佳。此外，每週參加補習或家教高達 12 小時以上的學生，他們每天睡眠時間不足 6 小時的人數百分比例也最高，有 49.3%，此數據的確明顯高於其他學生（臺灣教育長期追蹤資料庫電子報第 51 期，2006）。因此上述資料再一次說明：臺灣青少年的生活壓力主要還是來自於課業方面的壓力，而許多課後生活的活動也幾乎是圍繞在與學業相關的面向上。

四、學生學校經驗與偏差行為的關係[17]——以「考試作弊」為例

如上述所言，臺灣學子的學業壓力相當嚴重，導致一些人的心理與生活適應狀態出現一些危機。而對於適應能力不佳的學生而言，這樣的壓力是否更容易讓他們對學校厭惡，甚至產生偏差的行為呢？以下乃以「考試作弊」此項行為為例，摘述筆者在 2006 年根據 TEPS 第一波所釋出之 13,978 筆國一學生資料，所發表的一篇期刊文章〈會作弊的小孩是「壞」小孩？——目標導向觀點在品格教育上的應用〉，以回答此問題。

首先我們先了解：臺灣學子考試作弊的情形有多嚴重？在國中版的問卷中有一題是有關「考試作弊」的問題，其選項為「從來沒有」、「偶爾有」、「有時有」、「經常有」，筆者將選項「偶爾有」、「有時有」、「經常有」的人歸類為「有經驗者」，「從來沒有」者稱為「無經驗者」。結果發現，共有2,126人（占15.3%）自陳曾經在國一考試作弊過。若再以「經常有」者（亦即違規問題最嚴重者）來看，則有 97 人是經常作弊的。由於學習問題常常是惡性循環，因此可以想像，這些才剛升上國中不久的國一學生，當他們進入國三時，他們的學習問題將更為嚴重。

接著探討作弊學生的心理適應情形是否與沒有作弊者有所不同？為了解不同作弊經驗者其心理健康情形是否有所差異，筆者乃挑選問卷中與心理健康情形有關的評量進行分析。與此議題最有相關的共有九題（包括：「不能專心」、「不想和別人交往」、「鬱卒」、「焦慮擔心」、「想要大叫、摔東西、吵架或打人」、「不想活了」、「覺得搖晃、緊張而且精神不能集中」、「感到孤單」、「感到無助，沒有人可以倚靠」），可作為心理健康情形之代表。這些問題的選項皆為：「從來沒有」、「偶爾有」、「有時有」、「經常有」之四點量表。此處以 0 代表「從來沒有」，1 代表「偶爾有」，依此類推，因此分數愈高，代表問題症狀愈多。

---

[17] 本處內容摘錄自唐淑華（2006a）。

　　筆者將學生在上述九個測量心理衛生症狀之題目上的得分平均，以之作為心理健康情形之指標，再以四種作弊情形為自變項，進行單因子變異數統計考驗。結果發現，不同作弊程度的學生，的確在心理症狀上之得分有顯著的差異（$F(3,13876) = 210.30$；$p < .01$）。為了解曾經作弊者與未曾作弊者在心理症狀上是否有差異，乃進一步以 Dunnett tD 進行三個非正交比較。結果發現，不論作弊的程度多嚴重（偶爾有、有時有、經常有），每一組皆與未曾作弊者有顯著差異（t 值分別為 9.50，12.17，16.74；$ps < .01$），且呈線性上升趨勢。可見臺灣學子的確相當苦悶，且作弊情形愈嚴重者其心理適應問題愈嚴重。

　　有作弊經驗者，他們對學校、班級與老師的態度評定是否與沒有作弊者有所不同呢？筆者分別挑選與此三方面相關的題目進一步分析。問卷中與學校有關的問題相當多，其中有一大題是針對學生現在就讀的學校進行評定，筆者僅挑選其中最重要的六題，分別為：（學校是……）「快樂的地方」、「無趣的地方」（反向題）、「可以學到東西的地方」、「獎懲或成績評分不公平」（反向題）、「不關心學生」（反向題）、「讀書風氣不盛」（反向題）。這些題目的選項皆為「非常同意」、「同意」、「不同意」、「非常不同意」。為了解學生對學校的態度是否為正向，在正向題方面是以 2 代表「非常同意」，1 代表「同意」，-1 代表「不同意」，-2 代表「非常不同意」；反向題方面則相反，2 代表「非常不同意」，依此類推。分數愈高，代表學生對學校之態度愈正向。

　　針對學生目前班上的情況，則挑選三題，分別是：「同學常一起討論功課或念書」、「同學間學業競爭激烈」（反向題）、「同學有事沒事會去找老師聊聊」。選項為「非常符合」、「符合」、「不符合」、「非常不符合」，同上述，為了解學生對班級的態度是否正向，在正向題方面是以2代表「非常符合」，1代表「符合」，-1代表「不符合」，-2代表「非常不符合」；反向題方面則相反，2 代表「非常不符合」，依此類推。分數愈高，代表學生對班級的態度愈正向。

　　針對班上同學和老師的相處情況，則挑選七題，分別為：「老師動不動就責罵或處罰學生」（反向題）、「當同學認真學習時，老師會加以鼓

勵」、「同學上課不專心或跟不上進度時，老師不聞不問」（反向題）、「老師會用各種教法或教材，使我們了解課程內容」、「老師常出作業，增加我們練習機會」、「如果作業沒交或沒做好，老師必定會追究」、「考完試後，老師都會檢討說明」。選項為「大部分老師如此」、「至少一半如此」、「少部分如此」、「沒有老師如此」。同上述，為了解學生對老師的態度是否正向，在正向題方面是以 3 代表「大部分老師如此」，2 代表「至少一半如此」，1 代表「少部分如此」，0 代表「沒有老師如此」；反向題方面則相反，3 代表「沒有老師如此」，依此類推。分數愈高，代表學生對老師的態度愈正向。

　　表 1-2 為不同作弊情形之學生對學校態度、班級態度與老師態度得分的平均數與標準差，表 1-3 則為各項分數之變異數分析摘要表。如表 1-3 所示，不同作弊情形的學生，其對學校、班級與老師三方面的態度的確有顯著差異（分別為 $F(3,13876)=$ 78.58，$F(3,13864)=$ 3.75，$F(3,13870)=$ 115.04；$ps < .01$）。以 Dunnett tD 進行三個非正交比較，以了解作弊經驗與否是否在三項態度得分上有差異。結果發現，除了「偶爾有」作弊以及「有時有」作弊兩組學生在班級態度上與「從來沒有」作弊之學生沒有明顯差異之外（t 值分別為 -1.92，-1.23；$p > .05$），其餘七項比較皆達顯著差異（$ps < .01$）。因此可知作弊情形之嚴重性的確與其對學校、班級與老師之態度有密切關係，且作弊情形愈嚴重者，態度愈為負向。

表 1-2　不同作弊情形學生對學校、班級與老師態度得分之平均數與標準差

作弊經驗	學校態度		班級態度		老師態度	
	N	M（SD）	N	M（SD）	N	M（SD）
從來沒有	11754	.86（.70）	11746	.09（.67）	11750	2.37（.43）
偶爾有	1710	.66（.71）	1708	.06（.71）	1710	2.25（.45）
有時有	319	.47（.78）	319	.04（.74）	319	2.10（.51）
經常有	97	.42（.85）	95	-.08（.75）	95	1.82（.64）
全體	13880	.82（.71）	13868	.08（.68）	13874	2.34（.45）

表 1-3　不同作弊情形學生對學校、班級與老師態度之變異數分析摘要表

依變項	變異來源	SS	df	MS	F
學校態度	組間	115.97	3	38.66	78.58**
	組內	6826.32	13876	.49	
	全體	6942.29	13879		
班級態度	組間	5.15	3	1.72	3.75**
	組內	6335.29	13864	.46	
	全體	6340.44	13867		
老師態度	組間	66.85	3	22.28	115.04**
	組內	2686.77	13870	.19	
	全體	2753.62	13873		

** $p < .01$

　　此外，再探討作弊經驗與學習目標導向之關係。由於 TEPS 中並無直接測量 Dweck 的目標導向類型之題目，因此筆者乃選取問卷中的兩個題目為代表：「從小在學習上碰到困難，我會設法搞懂」、「從小我就喜歡接觸新事物或活動」。這兩個題目的選項皆為「非常符合」、「符合」、「不符合」、「非常不符合」，此處以 2 代表「非常符合」，1 代表「符合」，-1 代表「不符合」，-2 代表「非常不符合」。分數愈高，代表目標導向愈趨向於「學習目標」。

　　表 1-4 為各組之平均數與標準差，表 1-5 為變異數分析摘要表。有關目標導向是否會影響學生之各項學習表現（包括是否較會作弊），由於本研究並非以實驗方式進行，因此目前尚無法直接驗證此一假設。但由上述諸項統計結果，我們可以肯定二者確實有某種重要關係存在。尤其由表 1-4 的統計數據我們可以發現一個趨勢，亦即作弊情形最嚴重者，其學習目標之得分亦最低；相反的，未曾作弊者，其學習目標導向之得分則為最高。再由表 1-5 之變異數分析結果可發現，四組不同作弊經驗的學生在學習目標導向得分有顯著差異存在（$F(3,13845) = 34.56$；$p < .01$）。經 Dunnett tD 之三個非正交比較，我們亦可發現三組曾作弊之學生（偶爾有、有時有、經常有），皆與未曾作弊者有顯著差異存在（t 值分別為 -7.32，-4.09，-4.00；$ps < .01$）。可見學生對學習抱持何種態度與目標，與其是否會考試

表 1-4　不同作弊情形學生在學習目標導向得分之平均數與標準差

作弊經驗	N	M	SD
從來沒有	11730	.99	.89
偶爾有	1706	.82	.89
有時有	317	.74	1.05
經常有	96	.44	1.33
全體	13849	.96	.90

表 1-5　不同作弊情形學生在學習目標導向之變異數分析摘要表

變異來源	SS	df	MS	F
組間	83.75	3	27.92	34.56**
組內	11182.67	13845	.81	
全體	11266.42	13848		

** $p < .01$

作弊有密切關係存在。

　　筆者認為上述有關「考試作弊」的探討，在教育上有非常重要的意涵。因為如果周邊的大人對孩子的學業表現，常常提供的是屬於「表現目標」性質的回饋（例如：「你要考第一名」、「你要考滿分」），而不是提供「學習目標」的思維方式（例如：關心孩子是否樂在學習，或幫助他們面對失敗時是否能夠以平常心看待），則身為老師與父母者亦應思索：自己是否不自覺地成為其作弊行為中的共犯結構?!筆者認為，考試作弊不盡然是一個道德議題，它可能更涉及學生對學習所設定的目標。

　　綜合上述 TEPS 全國性縱貫資料的分析，我們可以一窺當今臺灣學子對自己的生活、對學校的生活，以及對課外生活的各項心理適應狀況。而由上述各項數據顯示，目前已有一群為數不少的國中學生，他們不論在幸福感指數、心理健康情形與各項生活適應上的現況，都呈現令人頗為憂心的現象；甚至還有一些學生已逐漸出現偏差行為，並對於學校、班級與老師產生頗為負面的態度。對於正值發育階段的青少年而言，上述發現實在不是一個好消息。尤其中學階段正是人生中身心成長發育的黃金期，如果課業壓力的負面效果已經隱然反應在他們對「現在我」的態度上，那麼這

樣的態度是否還會影響到他們的「未來我」呢？

由於筆者近幾年所進行的研究主題——「希望感」，即涉及學生對未來目標是否能夠達成的認知評價，因此以下再針對一份筆者在 2004 年對全臺各地區國中學生所進行的希望感調查，進一步分析臺灣各地區學生所感受的課業壓力與其對未來目標所抱持的希望感，並探討這些變項是否具有區域性差異，以及學生的希望感是否能夠有效預測其對課業壓力的感受。

 臺灣學子希望感高嗎？

雖然升學競爭是全臺灣學子普遍感受到的壓力，但由於各地區的教育資源、升學人口等條件皆不相同，且學生對於未來目標的知覺也不盡相同，因此學生對課業壓力的感受亦可能有所差異。本節主要便在探討臺灣各地區的課業壓力是否不同，以及學生的「希望感」是否能夠有效預測其對課業壓力的感受。以下首先簡要說明「希望感」的定義，至於詳細的文獻探討則見本書第三章。

「希望感」主要在了解一個人對某項目標的認知評價，早期的心理學家認為，所謂「希望」，乃是指一個人對其目標是否能達成的知覺（引自 Snyder, Rand, & Sigmon, 2002），而此處筆者則採用 Snyder 等人（McDermott & Snyder, 2000; Snyder, 1994, 2000; Snyder, Cheaven, & Michael, 1999; Snyder, Rand, & Sigmon, 2002）的定義，認為「希望感」乃是一種認知的思考歷程，在此思考歷程中，個體會根據先前所設定的「目標」（goals），反覆推演計算自己是否具有足夠的「方法」（waypower，又稱為 pathways thoughts）來達成目標，以及自己是否有足夠的「意志力」（willpower，又稱為 agency thoughts）去運用方法。因此 Snyder 認為，「希望感」乃是二類思考的總合。

筆者曾連續於 2003、2004 年的國科會研究中，採用 Snyder 的定義針對希望感議題進行探討，其中 2003 年的國科會研究主要是進行希望感工

具之修訂，2004年的國科會研究則抽樣全國北、中、南、東四區之國中學生進行有關課業壓力及希望感的調查。有關希望感工具之修訂請參見第四章，此處僅報告全國調查之發現。

一、臺灣各地區「希望感」、「學業失敗容忍力」與各項「主／客觀學業壓力」之比較

為了解臺灣各地區國中學生的希望感以及其與學業壓力、學業失敗容忍力等變項之間的關係，筆者分別採用修訂自Snyder之「希望感量表」以及陳柏齡（2000）所編之「主／客觀生活壓力事件量表」[18]與「學業失敗容忍力量表」[19]等為工具，並採群集抽樣方式，以北、中、南、東四區國中二年級學生共400人為對象進行調查。表1-6為四區學生在各變項上的描述統計。

接著再以變異數分析（ANOVA）了解這些變項是否具有區域之差異性，結果發現各地區國中學生在希望感、學業失敗容忍力與各項主／客觀學業壓力等方面的確具有顯著差異（如表1-7所示）。

進一步以Tukey事後比較分析，結果發現，各地區國中學生在「希望感」、「學業失敗容忍力」、「學業壓力」等面向上出現顯著差異。表1-8列示具有顯著差異者。

由表1-8可知，各地區國中生的希望感的確有所差異，例如：東部學生的希望感比中部學生高。再就解決問題的方法（pathway）而言，南部學生比中部學生高。而南部學生不論在失敗情緒感受、工作難度偏好與失敗行動取向上都比東部或中部高，因此總體而言，其學業失敗容忍力也最高；相對而言，中部學生所面臨的主觀學校生活壓力、主觀未來發展壓力都較其他地區的學生來得高。而在客觀的學校生活壓力與未來發展壓力出

---

[18] 此為陳柏齡（2000）所編之「主／客觀生活壓力事件量表」，共包括身心發展、未來發展、學校生活、家庭生活、兩性交往、同儕關係等面向，此處僅挑選學生在「學校生活」與「未來發展」兩分量表得分進行分析。

[19] 此為陳柏齡（2000）所編之「學業失敗容忍力量表」，共包括學業失敗時的情緒感受、工作難度上的偏好，與學業失敗時所採取的行動取向。

表 1-6　臺灣各地區國中生在希望感、學業失敗容忍力與各項主／客觀生活壓力之描述統計

變項	地區	N	M	SD
希望感總分	東	98	4.113	0.874
	北	96	3.964	1.009
	中	94	3.749	1.033
	南	95	4.071	0.780
	總和	383	3.976	0.936
agency	東	98	3.949	0.948
	北	96	3.805	1.078
	中	94	3.588	1.149
	南	98	3.855	0.891
	總和	386	3.801	1.024
pathway	東	100	4.297	0.971
	北	99	4.205	1.179
	中	98	3.976	1.064
	南	95	4.368	0.866
	總和	392	4.211	1.034
學業失敗容忍力總分	東	97	3.398	0.838
	北	85	3.514	1.039
	中	86	3.308	0.823
	南	89	3.795	0.822
	總和	357	3.503	0.898
失敗情緒感受	東	99	3.204	1.065
	北	96	3.310	1.274
	中	95	3.377	1.157
	南	97	3.623	0.989
	總和	387	3.378	1.132
工作難度偏好	東	98	3.124	1.203
	北	97	3.275	1.336
	中	93	3.063	1.204
	南	97	3.540	1.188
	總和	385	3.252	1.243

表 1-6 臺灣各地區國中生在希望感、學業失敗容忍力與各項主/客觀生活壓力
之描述統計（續）

變項	地區	N	M	SD
失敗行動取向	東	100	3.934	1.153
	北	90	4.010	1.343
	中	94	3.561	1.210
	南	91	4.225	1.287
	總和	375	3.929	1.265
主觀壓力感受：[20]				
學校生活方面	東	97	2.050	0.859
	北	91	2.173	0.990
	中	66	2.678	0.566
	南	62	2.249	0.628
	總和	316	2.256	0.837
未來發展方面	東	96	2.600	1.115
	北	93	2.713	1.036
	中	57	3.354	0.946
	南	40	2.723	0.779
	總和	286	2.804	1.048
客觀壓力出現比率：[21]				
學校生活方面	東	97	0.844	0.227
	北	91	0.858	0.228
	中	95	0.923	0.169
	南	96	0.896	0.186
	總和	379	0.890	0.206
未來發展方面	東	96	0.834	0.199
	北	93	0.870	0.188
	中	93	0.908	0.156
	南	91	0.846	0.206
	總和	373	0.865	0.190

[20] 此處數值代表困擾程度：「1」代表「沒有困擾」，「2」代表「很少困擾」，「3」代表
「有些困擾」，「4」代表「很困擾」，「5」代表「非常困擾」，因此本研究選擇超過
2 以上者代表有困擾的議題。

[21] 由於每項議題題數不同，因此此處數值乃以學生勾選該議題曾發生之次數除以該議題之
總題數，因此數值愈高，代表該議題實際發生之比率愈高。

表 1-7　不同地區學生在希望感、學業失敗容忍力與各項主／客觀學業壓力之差
異比較

變項	變異來源	df	F	p
希望感總分	Between Groups	3	2.915*	.034
	Within Groups	379		
	Total	382		
agency	Between Groups	3	2.149	.094
	Within Groups	382		
	Total	385		
pathway	Between Groups	3	2.681*	.047
	Within Groups	388		
	Total	391		
學業失敗容忍力總分	Between Groups	3	5.109**	.002
	Within Groups	353		
	Total	356		
失敗情緒感受	Between Groups	3	2.432	.065
	Within Groups	383		
	Total	386		
工作難度偏好	Between Groups	3	2.845*	.038
	Within Groups	381		
	Total	384		
失敗行動取向	Between Groups	3	4.558**	.004
	Within Groups	371		
	Total	374		
主觀壓力感受：學校生活方面	Between Groups	3	8.413**	.000
	Within Groups	312		
	Total	315		
未來發展方面	Between Groups	3	7.203**	.000
	Within Groups	282		
	Total	285		
客觀壓力出現比率：學校生活方面	Between Groups	3	3.016*	.030
	Within Groups	375		
	Total	378		
未來發展方面	Between Groups	3	2.805*	.040
	Within Groups	369		
	Total	372		

$*\ p < .05; **\ p < .01$

表 1-8　不同地區學生在希望感、學業失敗容忍力與各項主／客觀學業壓力之事
　　　 後比較結果顯著者一覽表

Dependent Variable	（I）區域	（J）區域	Mean Difference（I-J）	Std. Error	Sig.
希望感總分	東部	中部	.36446*	.13419	.035
Pathway	南部	中部	.39223*	.14798	.041
學業失敗容忍力總分	南部	東部	.39717*	.12960	.013
	南部	中部	.48721*	.13351	.002
失敗情緒感受	南部	東部	.41864*	.16078	.047
工作難度偏好	南部	中部	.47679*	.17914	.040
失敗行動取向	南部	中部	.66370*	.18344	.002
主觀壓力感受：學校生活方面	中部	東部	.62801*	.12901	.000
	中部	北部	.50486*	.13072	.001
	中部	南部	.42842*	.14300	.016
未來發展方面	中部	東部	.75369*	.16975	.000
	中部	北部	.64146*	.17077	.001
	中部	南部	.63134*	.20939	.015
客觀壓力出現比率：學校生活方面	中部	東部	.07996*	.02943	.035
未來發展方面	中部	東部	.07383*	.02738	.037

* $p < .05$

現之比率上，中部也明顯高於東部。又以東部學生與南部學生進行比較，同樣發現東部學生的學業失敗容忍力較南部學生差，主要在失敗情緒感受的處理能力較為不足。整體而言，中部學生的學業失敗容忍力較低、較沒有解決問題的辦法、所感受的壓力亦較大；而東部學生雖然處理失敗情緒感受較低，然而，卻具有相當不錯的自信與處理問題的方法，因此其希望感顯著勝過中部學生，所面臨的學校生活壓力與未來發展壓力之感受亦不似中部學生那樣來得多。

　　由於上述研究樣本僅 400 人，且為相關研究，因此本發現僅為初步結

果，不應做過度推論。不過有趣的是，根據歷年各地區第一志願學校的基本學力測驗分數統計，全臺各地區明星學校的登記分發最低錄取分數的確相當懸殊，例如：以 2007 年而言，基北地區要將近 280 分以上才能上第一志願的高中（建中為 288 分），桃竹苗地區介於 250 至 280 分（武陵高中 279 分，新竹高中 259 分），中彰地區與桃竹苗地區頗類似（臺中一中 279 分，彰化高中 257 分），雲嘉地區 220 至 240 分（斗六高中 224 分，嘉義高中 232 分），南部地區台南與高雄需 270 分以上，屏東則需 220 分左右（臺南一中 273 分，高雄中學 279 分，屏東女中 225 分），宜花地區約 210 分以上（羅東高中 226 分，花蓮女中 210 分），臺東地區僅須 150 分上下（臺東高中 155 分，臺東女中 175 分），至於離島區域則在 150 分上下 [22]（馬公高中 190 分，金門高中 149 分）。因此有關區域差異性此議題雖不宜過度解讀，但此問題頗值得未來有興趣的讀者進一步進行研究。

二、何者最能預測國中生的「學業失敗容忍力」及「主／客觀學業壓力」？

為進一步了解希望感中哪一個變項最能預測「學業失敗容忍力」及「主／客觀學業壓力」，筆者乃根據學生在 agency 與 pathway 之得分，對學業失敗容忍力、主／客觀學業壓力進行迴歸分析。迴歸分析結果呈現在表 1-9。

根據同時進入迴歸分析法（ENTER）之各次分析結果（如表 1-9 所示）可發現 [23]，當 agency 與 pathway 二者同時出現在各模式中時，皆達顯著預測力（$ps < .01$），解釋力則由 4%至 42%不等。尤其 agency 對各項學業失敗容忍力之變項具有正面影響，並能顯著降低對各種主／客觀壓力之感受（除了在客觀學校生活壓力上未達顯著水準外）；而 pathway 亦能提

---

[22] 由於各縣市教育局均呼籲各校不應公開此資料，但網路上仍有許多人會試圖彙整各校資料，因此此處數據乃筆者根據網路資料而來，請參考 http://www.mtjh.tp.edu.tw/enable2007/uploads/23/96-94-002.pdf。

[23] 各迴歸模式中，皆未違反多元共線性之基本假設。

表 1-9 agency 與 pathway 對學業失敗容忍力與壓力感受之影響

依變項 ＼ 自變項	agency	pathway	R	R²	F
	β係數				
學業失敗容忍力總分	.322**	.335**	.596	.355	94.292**
失敗情緒感受	.276**	-.076	.234	.055	10.774**
工作難度偏好	.288**	.244**	.484	.235	56.744**
失敗行動取向	.139**	.546**	.646	.417	128.562**
主觀壓力感受： 學校生活方面	-.222**	-.093	.288	.083	13.804**
主觀壓力感受： 未來發展方面	-.440**	-.036	.465	.216	37.878**
客觀壓力出現比率： 學校生活方面	-.100	-.126	.205	.042	8.000**
客觀壓力出現比率： 未來發展方面	-.322**	-.078	.378	.143	29.863**

註：數據為標準化後之係數。

* $p < .05$; ** $p < .01$

升學業失敗容忍力（主要作用在工作難度偏好及失敗行動取向兩變項
上），然而卻無法有效預測各種主／客觀學業壓力感受，表示要提升學生
在學業失敗的容忍力，可能可以從強化其自信心與提供學習方法來著手；
然而要有效減緩學生之各項主／客觀壓力感受，則最好仍應從強化自我效
能層次的部分來補強。

　　筆者認為，agency 與 pathway 如同扮演一個緩衝劑（buffer）的角色，
當它們愈高時，不但讓學生在面對學校生活及未來發展方面的壓力時，主
觀上的困擾感受較低，且實際出現的比率亦較低。尤其根據上述結果，學
業壓力不論來自學生主觀上的知覺，或實際出現於學生生活中，其皆與希
望感中的 agency 有較密切相關。至於 pathway，則僅在工作難度偏好及失
敗行動取向方面達到正向預測力，至於失敗情緒感受或主／客觀學業壓力
感上，pathway 皆未能成為有效的預測變項。此項結果頗能符合 Snyder 對於
希望感兩大元素的定義，根據 Snyder 等人（McDermott & Snyder, 2000;
Snyder, 1994, 2000; Snyder, Cheaven, & Michael, 1999; Snyder, Rand, & Sigmon,

2002）指出，pathway 涉及一個人是否具有能夠達成目標的方法（way-power），但 agency 則涉及是否想要堅持使用那些方法的意志力（will-power）。

此外就輔導與介入觀點而言，上述發現亦咸具意義。因為大多數的老師在教學中所強調的仍是在學科方面的解題技巧或學習策略（亦即較偏向於提升 pathway 方面的能力），至於針對學生對自我能力的察覺狀態與意志力的提升則很少強調。但是事實上，許多學生在面對壓力與挫折時，其實常常面對的是 agency 方面的問題，亦即他們相不相信自己有能力可以解決困難。因此即使有再多的解題策略（pathway），但個人若無足夠的效能感，則仍然很難幫助他們渡過挫折出現時的瓶頸。因此就學校生活方面的適應而言，筆者認為未來若要有效提升學生對於學業方面的各項適應，除了加強學生的學習方法之外，仍應從提高學生的效能感（亦即 agency）下手。尤其在設計輔導方案時，我們若能提升其希望感，尤其針對學生的 agency 下手，則當能有效減少其學業壓力的主觀感受。

第五節 臺灣教育工作者的「第三種選擇」

前述三節，筆者交叉比對三份國內之調查結果，以探討學業壓力與挫折對臺灣學子的影響，並試圖指出希望感在此議題上所扮演的重要角色。本節則以個人於國外參訪觀察與擔任大學教職十餘年的教學經驗分享：學業壓力其實很難完全避免，唯有及早培養學生的挫折調適與因應能力，這才是教育正途。

如同本章一開始所言，挫折並非都是壞事，它就像是一把雙面刃，正面而言它可以激勵一個人對外在環境產生更強的挫折免疫力，但它也可能讓一個人感覺對環境的無能為力，並認為自己無論做什麼都無濟於事。普遍而言，亞洲許多國家由於學業競爭激烈，不但學生普遍在課業壓力感受上比西方國家的學生來得高，挫折感也相對比西方國家的孩子較嚴重。因此早在 1990 年代，美國媒體就發現，美國的孩子是「即使表現不好，但

感覺仍很好」（Doing bad and feeing good）；相對而言，亞洲的孩子則是「即使表現很好，但仍感覺不夠好」（Doing good and feeing bad）（Krauthammer, 1990）。雖然美國自己也反省這樣的「覺得自己很棒」的自我概念乃是一種假象，但不可否認的，東方式的教育對於孩子的失敗常常過於嚴苛，而西方式的教育則對於學生有過多的寬容。

然而上述東西差異的現象，曾幾何時也開始改變了。美國由於近年來在幾項大型國際間的學力競賽都屈居下風，因此美國政府強烈意識到其公立教育的水準顯然無法與其他國家較勁，尤其他們對於各州的績效責任（accountability）感到嚴重質疑，因此近年來積極推動幾項以聯邦教育部主導的教育改革。根據McCaslin（2006）的文獻回顧，自1983年美國政府發布的 A Nation at Risk，到1996年的 The National Education Summit Policy Statement，以及最近且規模最大的一次由 2002 年布希總統所推出的 No Child Left Behind（NCLB）法案，這些改革案皆企圖改善美國公立教育的品質。然而由於每一次改革強調的重點不同，因此無形中也對學生的學習動機與學習信念產生不同的影響。

以 NCLB 為例，「把每一個孩子帶上來」（No Child Left Behind）本是一個美好的教育理想，然而這項法案卻受到許多學者、教師專業團體的強力質疑。尤其這項法案強力推動的重點之一是，各州必須提出足夠的數據及指標，以作為教學績效（accountability）達到令人滿意的證據。各州不但皆需針對三到八年級學生發展出評量其數學、閱讀、寫作等科目之學習表現的標準測驗 [24]，各州還需訂出年度進步情形（annual year progress, AYP），逐年縮小落後學生的比例。根據美國聯邦教育部，各州需在 2014 年達到 100%的通過率（U.S. Department of Education, 2004）。

上述強調績效的作法，不但造成各學區及學校的恐慌，對一向學業表現不佳的學校（主要是指較為貧窮的學區，或以外來及少數族群學生為主的學校）更產生極大的焦慮。許多學者與教師專業團體亦嚴重質疑此法案的合法性與其合理性；就合法性而言，由於美國公立教育一向為各州政府

---

[24]　自 2008 年開始，五到八年級需再加考「科學」一科。

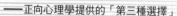

的主管事務，但此項法案乃屬「由上而下」的強勢介入，因此被批評為過度膨脹聯邦教育部的權限，例如：Connecticut州便在2005年提出對美國聯邦政府的訴訟，而成為第一個對此法案公開反對的州政府。而其最主要的訴求乃是，Connecticut州一向以擁有全國最先進的評量系統自豪，而過去20年中，該州亦固定對四、六、八年級的學生進行學力檢測，但根據此項聯邦新法案，規定每年皆需檢測學生的學業表現，因此勢必在經費上增加更多的州預算，是故他們強力反彈這項法案，並認為這個法案只是一個勞民傷財的政治行動（Blumenthal, 2006）。此外，就合理性而言，學者們則擔心，過度強調績效不但很可能使教師將教育目標窄化至智育成績，並可能過度濫用測驗，因此許多對此法案的撻伐之聲乃接踵而來。

由於筆者於2007至2008年，剛好帶著兩個學齡階段的子女在Connecticut州研究進修一年，因此一方面有機會得以家長身分切身感受該法案對Connecticut州K-12教育的影響，另一方面亦有機會以教育學者的身分旁觀美國教育界對於學業測驗的反應。坦誠來說，對於從小在臺灣長大與受教育的筆者而言，各種大、小考試早已習以為常，因此美國這種以「智育為主」的教育對筆者來說並不陌生。然而當筆者看到美國師生為了因應考試所產生的恐慌狀態而覺得啼笑皆非時，同時也對於美國教育當局在處理一些成績表現不佳學校的那種不留情面的作法，以及其嚴厲的程度感到瞠目結舌。以下先談有關學校在因應測驗的作法，再以兩個小孩作對比，以說明美國基層教師是如何在因應這個連他們自己也不熟悉的考試制度。

由於筆者的女兒就讀小學二年級，仍在不需接受年度測驗的年級，因此在CMT[25]施測時，她每天的學校作息並沒有太大改變（至少每天她還是帶著點心高高興興地上學、蹦蹦跳跳地回家）。但五年級的兒子[26]，他的學校則進入備戰狀態，早在 CMT 施測幾週前，他便陸續從學校帶回考古

---

[25] 為 Connecticut Mastery Test 之代稱，自 1985 年始，Connecticut 州便發展此測驗並使用於四、六、八年級學生；自 2006 年，由於 NCLB 之規範，CMT 乃成為三至八年級全州學生所使用之標準測驗。

[26] 由於我們住的學區，小學為 Grade K-4 年級，中學為 5-8 年級，因此根據臺灣體制應念小學的兒子，在美國乃成為中學生。

題練習，這對平常功課極少的他而言，實在是非常稀有之事；而當真正進入考試週時，則可看到更明顯的改變。全校作息不但完全配合考試而做大幅改變，學校氣氛也極其詭譎。由於 CMT 測驗皆僅安排在每天早上考試（可能擔心孩子們受不了長時間的測試，所以一個科目得分好幾天才考得完），因此每天早上學校便進入一片肅穆。據學校一位老師告知，這些考卷在考試前一天才運到學校，且需鎖在辦公室中，非相關人員不得進入翻閱。而下半天則可能大家都考累了，學校基本上不安排主要課程，此時若走訪學校，便可發現許多老師是以放電影、讓學生打電腦或給孩子們自由閱讀來打發時間。總之，整個 CMT 測驗長達兩週時間，而那兩週內除了早上進行考試外，下午幾乎沒有任何課程上的新進度。大家全力以赴，草木皆兵，以面對一年一度的 CMT 測驗。而老師的緊張程度與拙於因應的方式，可說是不亞於學生。

由於我們所處的學區，學業成績在全州的排名一向表現良好，因此學校所感受到的壓力還不算嚴重；但對於一些表現不佳的學區及學校，根據筆者參加研習時所認識的老師告知，他們則極度緊張與焦慮。因為根據 NCLB 法案，若連續兩年在同一學科領域表現不佳的學校，會被歸類為「需要改進的學校」（in need of improvement），這類學校第一年需提出學校改進計畫，若仍未能跳出名單，第二年則需對表現不佳的學生提出具體補救服務，第三年則針對課程改善並聘請校外專家進駐學校，第四年則提出組織重組的計畫，第五年則需作更大幅度的改變，包括撤換校長、老師與學校組織的重組。由於有關全州哪些學校未能達到年度標準，以及哪些學校已被歸類為「需要改進的學校」等資訊，不但皆公布於州教育廳的網站上，且亦公開報導在地方報紙上，因此在此資訊公開的情形下，每一個表現不佳的學校皆無所遁形，亦促使每個學校皆必須重視學生的考試成績。

然而，當學校開始重視學生的考試表現時，直接的受益者與受害者可能都是那些表現不佳的學生。因為學校若能針對那些學生的學習問題提出具體協助，這些學生便可能因增加的學習機會而進步；然而若這些學生被視為「害群之馬」時，則他們便會很快就成為考試制度的犧牲者。很遺憾

的，McCaslin（2006）指出，雖然平均而言學生們在測驗分數上的確有進步，但對處於不利環境的孩子而言，所感受到的，的確是更大的挫折感與受到族群負面刻板印象的威脅。她與其同事曾針對資源不利與資源富裕的學區進行一系列的研究，主要是挑選三至五年級學生（總人數為 1,100人），並讓這些學生對其學習動機與學習信念進行自評。結果發現，貧窮的學校為了讓學生通過測驗，常常讓學生作過度的練習（overstimu-lated）。因此這些就讀資源不利學校的學生，不但對學習有較高的焦慮感，他們也比較將學習目標僅定位於「考試上的表現」，而非「真正的理解」。此外，由於老師們較鼓勵機械式的背誦，也使得這些學生對知識產生一種「食古不化」（rigid and right）（p. 486）的迷思。

另外 McCaslin（2006）也發現，雖然相對而言，富裕學校不會像貧窮學校一樣，把教學的整個重心放在通過評量上，也不會僅強調機械式的背誦，然而這類學校的學生似乎也有一些動機方面的問題。尤其對於那些本來就表現突出的孩子，考試雖然並不構成其焦慮感，但由於學校裡的學習任務愈來愈缺少挑戰性，因此他們也愈來愈不熱衷於學習。McCaslin 認為，NCLB 法案雖然企圖縮小不同族群學生在學業表現上的差距，但在實際上卻反而可能更拉大他們在學習動機上的差距，因此她呼籲立法者應該正視 NCLB 法案對於公立教育的負面影響。

當各位讀者在看到上述美國這一波教改所強調的方向，一定跟筆者一樣有很大的震撼：這種濃厚的「分數」、「考試」色彩，不就是我們一直以來在臺灣受教育所熟悉的學校生活嗎？而臺灣教改過去十幾年的掙扎，一路走來不就是希望可以學習美國教育的開放自由，希望儘可能減低學業壓力對孩子們的傷害嗎？為什麼美國今天卻反而要走我們想要揚棄的老路呢？難道「競爭力」與「考試分數」永遠都是同義詞嗎？有趣的是，「考試領導教學」常被用來批評臺灣的教育，但是事實上這個現象也可能發生在歐美各國。上述現象也再次提醒我們：他山之石可以攻錯，而對於美國教育制度我們也應該持續關注，尤其許多 NCLB 法案的副作用將陸續出現，這些不但將成為美國新的教育問題，也將改變我們對美國教育制度的了解。

對於美國教育的疑問，在筆者讀到 Friedman 的暢銷書《世界是平的》（*The World is Flat*）（楊振富、潘勛譯，2005）一書時，總算有些豁然開朗。Friedman 在其書中有一段對臺灣的描述，他首先談到當處於一個逐漸抹平（flatter）的世界時，那些愈是缺少自然資源的國家，愈需要運用智慧、創意、能量與企業家的精神往內開發自身的潛力。他接著舉臺灣為例子：「……臺灣僅是颱風密集的海中頑岩，除了人民的旺盛精力、雄心和才智外，幾乎沒有天然資源。然而，今天臺灣卻擁有世界第三大的外匯存底」[27]。他更引用一段與 Bill Gates 的對話，來闡述亞洲式教育的優點。他問 Bill Gates：「美國教育優於中國或日本那種重視『記誦式學習』（rote learning）等國家之處，不就在於其更重視創造力的培養嗎？難道美國不該自豪且持續以這種方式與亞洲國家抗衡嗎？」Gates 則非常不同意這種看法，他認為如果以為記誦就不能創新，其實是一種誤解，「……我從沒碰過不會乘法也能寫軟體的人。全世界最有創意的電玩是哪一國的？日本！我沒碰過什麼『背多分』的人。我最優秀的軟體開發人才有好些是日本人。舊有的東西要學好，才能創造新的」（pp. 233-234）。

上述這一段話提醒我們：臺灣是個蕞爾小島，憑藉著就是教育的品質而得以被全世界看到。雖然它的確出現許多問題，但我們實在不應該妄自菲薄，認為我們的教育制度需要全盤推翻。尤其當我們看到美國目前教改努力的方向，以及臺灣學子在各項國際學業競賽中的突出表現，我們實在應該自豪臺灣的教育制度並非一無可取。

當然在「快樂學習」與「提升競爭力」之間，我們的確需要一個平衡點。因為由「心貧兒」調查（見本章第二節）到「低幸福感青少年」的全國資料（見本章第三節）到「希望感不高的國中生」在各地區的現象（見本章第四節），我們知道臺灣的教育制度顯然已經讓孩子們付出相當嚴重的代價。如果美式的教育方式並不全然有效，我們原來的老路也不可取，那麼臺灣的教育該何去何從呢？在回答這個問題之前，讓筆者再分享一些

---

[27] 李振清（2006）於其網路文章中曾引用 Friedman 的話說明英語文學習的重要，由於他的翻譯相當優美，此處乃取用其翻譯。

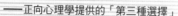

美國教室的觀察心得,以說明美式教育的可貴之處。

在 Connecticut 州參訪時,筆者曾經有數次教室觀察的經驗。拋開 CMT 測驗不談,筆者發現美國基層教師的確有非常大的空間來設計他們自己的課程與教學活動。基本上,他們並沒有既定的進度、教科書或月考的概念,因此除了 CMT 測驗對他們的規範外,不但家長無法得知他們教學的內容,校長可能也不清楚老師們的教學。在受到如此充分尊重與極其有彈性的制度保護之下,老師的創意因此可以任意馳騁。筆者曾經看到一位老師帶著七年級的學生連續一個多月在其閱讀課中討論 John Steinbeck 的《憤怒的葡萄》(*The Grapes of Wrath*)一書。這是一本描寫美國 1930 年代經濟大蕭條時期貧窮農民被迫遷徙西部,歷盡千辛萬苦到達加利福尼亞,卻又陷入果園主人剝削與壓迫之境地的長篇小說。雖然書的份量相當可觀,且與學生的生命經驗亦相距頗遠,但這位老師仍透過生動的引導,讓學生思考貧窮對人性的考驗;而在另一個六年級的班上,筆者看到社會科老師利用課程統整的概念,帶著學生以整整一個 Quarter[28] 的時間透過閱讀去認識世界各地的文化。這位老師藉著讓學生讀小說、聽民俗音樂、製作食譜與分享各地食物,讓學生知道唯有透過了解與尊重,人與人的差異才能消弭。當然在其間,筆者也看到幾位打混的老師;由於不受進度與月考的限制,他們的不專業性似乎很難被發現(或受到制裁),例如:有一位五年級的社會科老師,他可以在長達一個 Quarter 的時間,只上完美國一區的地理位置及首邑等瑣碎內容,卻毫不碰觸實際上可以延展出去的豐富歷史脈絡與人文地理。有時筆者會很納悶,以臺灣的標準來看,美式教育不但很沒效率(一個簡單的主題怎麼需要花那麼久才上完呢?),也容易陷入個人色彩(課程很容易隨老師的專長而有極大的歧異)。但或許這就是美式教育可貴之處:它讓教室裡充滿了各種可能性。

如果我們再讀到 Rafe Esquith(2007)的作法,那就更不可思議了。

---

[28] 在美國的中、小學,常以「Quarter」方式(而非「學期」的方式)切割時間,由於一年共有四個 Quarter,在扣除放假日之後,平均而言一個 Quarter 大約為期 2 至 3 個月。而每個 Quarter 結束,老師會根據其為學生的總評定而發回「成績單」(report card)。

[29] 相關資料請參見 Esquith 的個人網站:http://www.hobartshakespeareans.org/ourclass_welcome.php。

Esquith 是加州的一位國小五年級的老師,他不但帶著他的學生讀莎士比亞,還利用時間遠征美國許多地方,甚至組織學生成立一個社團稱為 Hobart Shakespearean,以戲劇及音樂方式到美國各地做年度表演[29]。其書《第56號教室的奇蹟》(*Teach Like Your Hair's on Fire: The Methods and Madness Inside Room 56*)(卜娜娜、陳怡君、凱恩譯,2008)在臺灣已有中譯本,不但紅遍臺灣教育界,更是許多學校教師進修時的指定閱讀書籍。

上述這類傳頌開放自由的書籍,很容易會讓我們對美式教育產生過度的嚮往與美化。然而我們可能要懷疑,這樣的學習雖然很快樂,但在學科知識上的進展,難道不會過於淺化了知識?一位在美國已待十幾年的臺灣友人幫我解答了這個問題。她告訴筆者,剛開始她也很擔心這個問題,不過她發現,以美國歷史為例,她的女兒在小學上過美國歷史,但到中學以後又會在不同年級時再上幾次有關美國歷史的主題;而每進入一個新的階段,在內容的深度上就會再加深一些,老師要求的作業難度也會難一些,例如:小學時老師可能會問學生:「美國內戰時期有哪些重要人物?」,但到了中學,老師則會問他們:「美國如果沒有發生過內戰,想像一下現在的美國社會可能是一個怎麼樣的社會?」。因此她認為美式的教育方式就像烹調食物一樣,老師是用溫火在慢燉知識,他們對待孩子的態度則是:慢慢來不需著急,反正這一階段不熟的,以後還會有機會讓你學到;而對知識的建構,則像螺旋梯一樣,只要上得去的孩子,終究可以上得去而學到該學的東西。

上述一席話讓筆者體會到,美式教育哲學與臺灣是非常不同的;而美式教育中那種多元與具彈性的制度,不但造就了其公立教育嚴重的學生素質參差不齊的問題,且更嚴重的,也讓不同族群學童在學業表現上存在很大的落差(achievement gap)(Kennedy, 2006)──而這正是目前 NCLB 法案想要積極解決的問題。如同 Haycock 和 Crawford(2008)所發現,愈是貧窮與少數族群的學生,他們的老師也愈多是無教師資格、不適任或無教學經驗者。因此他們在其文中嚴正指出,與其說美國公立教育充斥著「學生素質」之間的差距,還不如說是「老師素質」之間的差距。

相對而言,臺灣的基層教師雖然素質較平均(至少《師範教育法》、

《師資培育法》等早已清楚規範教師的資格與專業訓練），他們卻受到層層的牽制。在臺灣，許多老師自認為教師的主要角色乃在執行上級單位所推動的教育政策，或盡力符應家長在升學上的期待。至於對課程或教材加入個人決定，則非其份內工作（詳見唐淑華，2001）。事實上，相對於美國，臺灣的基層教師在進度、考試內容、政令配合等重重限制之下，的確很難讓他們再有空間可以自由揮灑創意。也由於長期處於缺乏自主的情況下，當臺灣這一波課程改革開始鼓勵政策鬆綁，並要求老師要有自行設計課程或教材的能力時，老師們卻顯得倉皇失措，不但非常缺乏自信，甚至消極抵抗，認為這是對老師不合理的要求。

看到東、西方教育的差異與各自產生的問題，不免感慨：難道沒有「第三種選擇」嗎？臺灣教改活動，自 1994 年黃武雄發起四一〇教改運動開始，不論是在九年一貫課程的改革、教育政策的鬆綁，以及眾多教學法與升學測驗的變革，其主要訴求皆在降低學業方面的壓力，使學習內容能夠真正呼應學生的生活經驗。這種希望能夠「充實」（enrich）孩子們的多元學習經驗，使學生在學習過程中能夠真正感受到內在動機，並享受到學習樂趣的思考方式，在此暫時歸類為「第一種選擇」[30]。相對而言，美國近幾年希望透過教改以積極改善公立教育的品質，並希望可以有效提升學生的競爭力，其方向主要是在「加強」（enable）學生學習表現的方式，則可歸類為「第二種選擇」。筆者認為，無論 enrich 外在的學習情境（包括增進學習內容的趣味性、提升學習環境的友善性）或者 enable 學生的學習表現，二者都是值得鼓勵且勢必要繼續堅持下去的方向。因為在一個充滿樂趣的環境中學習，學習品質自然會更加提升；而在全球競爭的世界裡，也唯有具備紮實的基礎能力，才能進入與人一較長短的競爭行列。然而除此之外，筆者認為還有一個更重要的方向（在此稱為「第三種選擇」），那就是提升個體的心理適應能力，亦即「增能」（empower）孩

---

[30] 當然，根據黃武雄的批判，由於這些改革路線忽略底層部分（亦即教育大環境）的困境，便冒然進行上層部分（包括改善教材、教學態度與技巧）的改善，因此這樣的方向不但存在許多盲點，亦很難有好的成效（參見黃武雄，2002a，2002b，2003）。

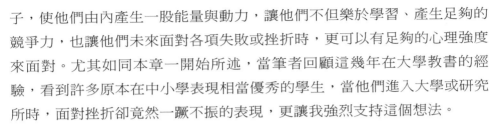

子，使他們由內產生一股能量與動力，讓他們不但樂於學習、產生足夠的競爭力，也讓他們未來面對各項失敗或挫折時，更可以有足夠的心理強度來面對。尤其如同本章一開始所述，當筆者回顧這幾年在大學教書的經驗，看到許多原本在中小學表現相當優秀的學生，當他們進入大學或研究所時，面對挫折卻竟然一蹶不振的表現，更讓我強烈支持這個想法。

因此本書企圖採取「第三種選擇」的角度，以探討臺灣學子的學業挫折問題，尤其筆者將以希望感的角度來談如何增強學生的心理動能。以下首先在第二章回顧臺灣在政策面、課程面、教材面與教法面的當前作為，以體檢臺灣中小學的教育生態，再分章說明如何透過「希望感」模式（包括希望感的概念與評量等議題），以探討其提升策略與進行實徵研究。

第二章

臺灣在學業面向情意教育上有哪些作為？

上一章除了以三份調查資料論述臺灣學子面臨許多來自學業方面的壓力，以及因學業挫折所產生的情緒與行為適應問題，筆者亦分享了 2007 到 2008 年參訪美國及陪同子女就讀美國公立學校一年的心得，以及個人在研究所任教的經驗，以說明學業競爭與壓力乃是一個無可避免的人生課題。唯有及早培養孩子在學業挫折上的調適與因應能力，才能幫助他們面對人生未來的挑戰，因此筆者提出了「第三種選擇」的觀點，亦即建議教育工作者尤其在義務教育這個階段，除了應「充實」（enrich）學生的多元學習經驗與「加強」（enable）孩子的各項基本能力與學習表現之外，更應強調「增能」（empower）孩子的心理動能，使他們有足夠的心理強度來面對未來的各項挑戰與挫折。

上述第三類的學習觀點，筆者廣義稱為「學業面向情意教育」，也是這幾年筆者的研究方向。本章接著要進一步探討，既然此面向之情意教育如此迫切，國內教育工作者是否已意識到此重要性，並針對其各項內容提供臺灣學子足夠的協助？以下筆者分別從政策面、課程面、教材面及教法面等四個角度，檢視臺灣當前的教育生態。

第一節 何謂「學業面向情意教育」？

在進行檢視之前，先針對「學業面向情意教育」之定義進行說明。筆者曾於拙著《情意教學——故事討論取向》（唐淑華，2004b）一書中，將情意教育歸納為學業面向與非學業面向。此乃因為以義務教育階段的兒童與青少年而言，他們的生活經驗主要為學業方面與非學業方面的學習（後者尚可再細分為與個人生理與心理發展有關的議題，以及與社會發展有關的議題等部分），因此情意素養也應展現在這些面向上。為便於分類，在該書中是採二分方式，將情意教育區分為學業面向與非學業面向，前者指學生在面對各項學習挑戰時的情感、態度、價值等；後者則指其在學業之外的各項生活經驗中所表現的情感、態度、價值等。由於本書亦關切中小學生在學業方面適應的問題，因此乃延用該書之分類架構，並聚焦於學業面向之情意教育。

所謂「知之者，不如好之者；好之者，不如樂之者」，我們都希望學生是能夠真正樂在學習，並發自於內在動機來面對學習，因此筆者認為，培養此種正向態度乃是學業面向情意教育的首要目標。其次，由於學習過程中，學生很難不產生挫折經驗——尤其隨著學習內容愈來愈困難，學生的失敗機率也愈來愈高，因此情意教育的另一個目標便在培養學生具有面對挫折的勇氣與責任感。據此，筆者認為學業面向情意教育之目標應區分為積極面與消極面兩部分（參見圖 2-1）：前者重在培養學生「樂在學習」的態度，後者則重在培養學生適度的「挫折忍受力」。

就「樂在學習」此項積極目標而言，根據目前動機理論最受重視的一個學派——「自我決定理論」（Self Determination Theory，以下簡稱SDT）的觀點（Deci, 1975; Deci & Ryan, 1985; Deci, Vallerand, Pelletier, & Ryan, 1991），促成內在動機的兩個主要因素為 [31]：(1)學習者自主（auto-

---

[31] 在SDT中，除了「自主性」與「勝任感」之外，Deci 等人認為「關聯性」（relatedness）亦是人類一個重要的心理需求。但由於「關聯性」與此處所談之學業方面情意教育內容較無相關，因此在此僅探討前二種心理需求；至於有關「關聯性」的內容，則請參見唐淑華（2004b）。

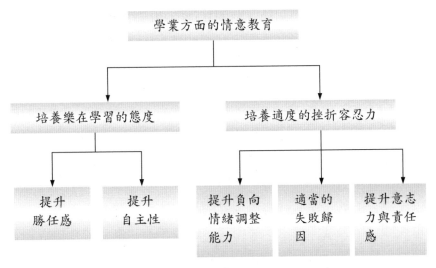

圖 2-1　學業方面情意教育的目標與內容
資料來源：唐淑華（2004b：55）

nomy）或自我決定（self-determining）的程度，亦即個體在選擇目標時乃
是出自於個人的自由意志，而非被命令、被逼迫，或有被威脅的感覺；(2)
學習者產生精熟（mastery）、勝任感（competence）的感覺，亦即個體在
設定目標時，會依據其對個人能力的自我知覺而挑選難易適中的任務，以
期望在完成任務時有能幹的感覺。由於第二項內容尚涉及「自我效能」
（self-efficacy）的概念，更被視為是影響內在動機最重要的一個心理需
求。

　　因此根據 SDT，若要培養學生「樂於學習」的態度，則首要工作便是
要關照到「勝任感」與「自主性」的面向。筆者曾歸納國內外許多學者的
建議（詳細內容請參見唐淑華，2004b），認為教學者可從以下幾個角度
思考如何提升學生的「勝任感」與「自主性」：(1)有關學習任務本身：教
導者應提供兒童具有意義性、新奇性、趣味性、挑戰性的學習任務；而當
學習任務過於困難時，可先將它細分為幾個小任務，以利達成；(2)有關兒
童面對挑戰時的態度：教導者應該鼓勵兒童多元參與並嘗試新的挑戰，並
幫助兒童了解犯錯本身就是學習的一部分；(3)有關提供兒童認知方面的協
助：教導者應幫助兒童發展有效的學習策略，並經常提供兒童清楚與明白

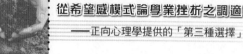

的回饋；此外，有關歸因訓練、時間管理等技巧亦為必要的認知策略；(4)有關教學者的態度：教學者應認可兒童的努力，評量時並應強調兒童的進步與精熟，且容許學生以自己的速率進步成長；只有在必要時才給予獎賞，且給予獎賞時應強調訊息性而非控制性的語言。另外，應對兒童的表現有正向的期望、儘量不對不同表現水準者有不同的待遇、避免對兒童有低能力之暗示語言（例如：當兒童完成簡單任務時，不需再予以讚美，否則兒童即容易解讀為是其能力低之暗示）。此外，當競爭為無可避免時，亦應讓每一個學生都有公平勝利的機會。

因此綜合上述，這些強調自主性的教學策略才是情意教學能否得以成功的重要關鍵，否則即便老師努力尋求各種創新與多元的教學技巧，但若缺乏讓學生感到勝任與自主的精神，恐怕還是很難讓學生能夠真正享受學習的樂趣。

再就培養「挫折容忍力」此項消極目標而言，誠如本書第一章所述，由於臺灣學子的挫折感多來自於與學業相關的議題，因此幫助學生培養面對學業困難之挫折忍受力與責任感，以增進其對學習的允諾程度，進而提升其學業表現，乃是學業面向情意教育的另一項重點工作。具體而言，老師不但應教導學生彈性的運用各種負向情緒因應策略，更應該培養學生正確知覺與評價挫折的能力，以及提升學生的意志力與責任感。尤其挫折的評價能力不但受個人在詮釋環境時所採用的信念所影響，也影響其後續因應挫折的能力，因此如何改變其歸因型態，以對失敗作正確的歸因，更是首要工作。唯有將挫折化為學習的機會，不一味陷入沮喪的泥沼並將失敗過度推論，學生對於未來才會有更積極樂觀的態度，而挫折經驗此時才會發揮其功能。茲以圖 2-2 歸納各變項之關係。

因此根據上述學業面向情意教育的積極目標與消極目標，本章擬從以下四方面檢視臺灣當前的教育生態：

1. 針對政策面：筆者將檢視近五年教育部所推動的各項教育政策與訓輔工作，以了解教育當局是否針對學業面向情意教育投以具體的關注。

2. 針對課程面：主要乃就九年一貫課程綱要之內容進行分析，以探討

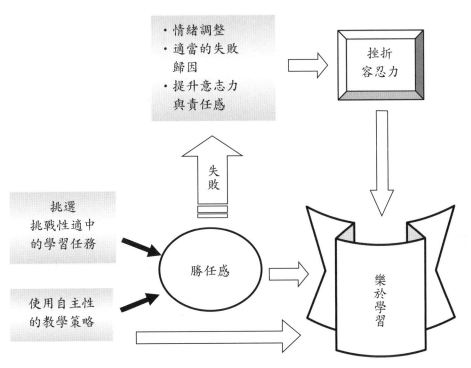

圖 2-2　樂於學習、勝任感與自主性等各變項之間的關係
資料來源：唐淑華（2004b：39）

中小學課程是否已納入學業面向情意教育的思維。此外，筆者亦針對語文、社會、綜合等三個學習領域，挑選出那些可與學業面向情意教育連結的分段能力指標，以說明未來中小學老師在設計融入式情意教育課程時，如何將這些能力指標轉化為情意教育之內容。

3. 針對教材面：筆者將以目前民間三大版本（南一、康軒、翰林）之國語領域教科書為例，對國小教科書進行內容分析，以了解目前的教材內容是否符合情意教育之目標。此外，由於國內近年來有關「一綱多本」或「一綱一本」的議題吵得沸沸揚揚，因此筆者亦藉機分享個人在美國參訪的經驗，以論述究竟哪一個作法對於推展情意教育較為有利，以及美國教學現場在教材使用及教師專業成長上有哪些作法可作為臺灣之借鏡。

4. 針對教法面：由於筆者曾在 2004 年以質性研究方式執行兩個研究 [32]
（一個為教室實地觀察，另一個以小團體方式進行），因此乃以這
兩份研究結果為論述基礎，說明當現場的老師無法適時敏感察覺學
生在學習上的挫折時，勢必導致學生愈來愈喪失對學習的希望感。

在結束本章之前，筆者亦將針對臺灣當前推動學業方面之情意教育的
問題及其隱憂提出個人看法，並介紹筆者近年來嘗試建構的「希望感模
式」，說明為何以此模式進行學業面向情意教育將會是一個更具周延性與
前瞻性的作法。

政策面──官方推動了哪些與學業面向情意教育相關的政策？

本節主要在回顧當前官方所推動的各項教育政策與活動，以了解臺灣
有關推行情意教育的現況。為了解教育政策對於學業面向情意教育的重視
程度，此處筆者主要是採用教育部在其官方網路 [33] 上所公開的年度施政方
針、施政計畫、施政績效評估，以及中程施政計畫等檔案資料做為分析依
據 [34]。此外，由於教育部之業務職掌中，與國中、小學生輔導事務最為相
關的單位為訓育委員會（以下簡稱訓委會），因此筆者再針對訓委會近幾
年的工作重點進行分析，以探究目前國內中小學輔導工作的方向是否關照
到學業面向情意教育。以下首先分析教育部歷年的教育政策與施政績效。

---

[32] 此二研究皆屬筆者於 2004 年所執行之國科會研究計畫內容。

[33] 教育部全球資訊網，其網址為 http://www.edu.tw/populace.aspx? populace_sn=2。

[34] 根據筆者於 2008 年 5 月在教育部官方網站上的檢索，有關年度施政方針的資料最為完整
（2001 至 2008 年），施政計畫則僅有 2005、2006 年等兩年的資料，至於施政績效評估
則有 2003 至 2006 年等四年的資料。此外，中程施政計畫雖列出 2005 至 2007 年資料，
唯其三年內容幾乎完全相同，顯見教育部並未根據上一年度之施政績效而做後續調整工
作。

一、教育部近五年之中小學施政重點

　　根據筆者歸納教育部近五年(2004 至 2008 年)的年度施政方針內容,與國中、小學生最為直接相關的議題,主要可分為三大類:第一類是針對「改善學習環境」方面所推動之政策,包括降低班級學生人數、落實小班教學、綠色校園等政策;第二類是針對「增進教育機會均等」方面之政策,包括對弱勢族群學生之教育、特殊教育,以及針對教育優先區等議題優先進行辦理等政策;最後一類則為針對「提升教育品質」方面之政策,包括推動九年一貫課程、辦理基本學力測驗、研發學習成就評鑑指標及評量工具、提升教科書品質等政策。

　　至於與學生輔導方面較為相關的政策且明定具體方針者,筆者認為則自 2005 年的施政方針中才開始出現較為明確的敘述,例如:在 2005 年施政方針第九項內容中開始出現「友善校園」一詞,並將之列為年度學生輔導工作重點:「營造友善校園,結合地方政府、大專校院及民間資源,落實國民中小學中輟學生的復學與輔導;積極推展學生輔導工作、性別平等教育、人權、法治及品德教育,營造尊重與包容、健康與和諧的學習環境,協助學生適性發展。」此敘述不但一字未改地再次出現於 2006 年的施政方針中,在 2007 年的第十項施政方針中,教育部更明確指出其方向為:「防制黑道勢力及毒品進入校園,積極解決校園暴力及學生吸毒問題;營造友善校園,落實國民中小學中輟學生的復學與輔導;積極推展性別平等、人權、法治及品德等教育,營造尊重與包容、健康與和諧的學習環境,協助學生適性發展。」在 2008 年第十一項施政方針中則更針對校園安全提出:「改善校園治安,防制校園暴力霸凌及學生藥物濫用;營造尊重與和諧之友善校園環境,推動學務與輔導之創新與專業化;推展性別平等、生命及憂鬱自殺(傷)防治、人權法治及公民品德教育,並強化中輟學生輔導及校園零體罰措施;秉持永續校園理念,落實校園環境管理及推動綠色學校永續經營。」

　　由上述內容可發現,雖然歷年施政方針之敘述內容有些許改變,但自 2005 年以後,教育部主要將中小學輔導工作定位於校園安全及民主法治之

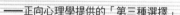

建立等議題上（亦即著重於推動友善校園、人權與法治教育、性別平等教育、公民教育等之「人與他人」方面的相關議題），以及針對較具特定問題學生之輔導（主要為對中輟生、憂鬱及自我傷害學生等之輔導）。而有關預防性質及發展性質的議題（如幫助學生增進其自我了解及心理成長等之「人與己」方面的議題），則仍然很難找到具體的敘述；尤其是針對學業方面的情意教育議題，筆者認為則幾乎沒有受到關注。

　　上述趨勢亦可在教育部所架構的官方網站內容上略窺一二，例如：以教育部全球資訊網之國小／國中區為分析對象，共可看到 32 個超連結內容[35]。其中筆者認為與學生輔導工作較為相關者，有以下幾個主要網站：「品德教育資源網」、「愛的教育網」、「人權教育諮詢暨資源中心」與「學生輔導資訊網」等。我們若再透過超連結一一進入每個網站內容加以細看，便會看到教育部對於「人與他人」方面的議題的確有較多的關注，至於「人與己」之預防性質工作則付之闕如，例如：「品德教育資源網」主要是關注倫理道德方面的議題；「愛的教育網」主要在處理有關正向管教與零體罰的議題；「人權教育諮詢暨資源中心」則關注公民教育、友善校園、人權教育等議題；「學生輔導資訊網」則主要在處理中輟預防與復學輔導等議題。因此我們可以發現，目前教育部對於以預防性質為著眼的輔導工作，尤其針對學業壓力所可能造成的心理困擾議題，幾乎沒有任何具體的關注。

　　或許由於此緣故，因此在各年度之施政績效中，我們不但很難看到教育經費是直接運用在中、小學學生之心理輔導的預防工作上，在評量學生輔導工作之推展進度與績效時，亦因缺乏明確指標而很難看到此面向的成效。以 2004 至 2007 年之施政績效為例，教育部共列出六大類策略績效目標[36]，其中筆者認為第二類目標「全面改善國民教育品質，深化土地認

---

[35] 此乃根據筆者於 2008 年 5 月對教育部當時之官方網站的檢索，其網址為：http://www.edu.tw/populace.aspx?populace_sn=2。

[36] 其中第一類乃針對幼兒教育，第三類為高中職教育，第四類為弱勢族群之受教權，第五類為高等教育，第六類為終身教育與師資培育。有關教育部年度施政績效評估之查詢網址為：http://www.edu.tw/content.aspx?site_content_sn=1938。

同及適性教育」應與國中、小學之教育最有相關。然而就其所列出之六項
衡量指標觀之，我們看到教育部對於此目標是否達成的界定，顯然僅著重
於教育環境或硬體設備之建置（如每班學生數、老舊校舍整建、藝文團隊
之建立）、學生體適能狀況、九年一貫課程改革與中輟學生之復學率等議
題上。至於有關學生心理感受與發展方面的議題，則完全無法在這些指標
中找到相對應的內容。因此就政策面而言，筆者認為教育部未來應再就學
生心理面向之輔導工作投予更積極的關注，尤其應在其施政目標與重點中
明訂其績效指標，以作為下級機關執行業務之圭臬。

二、訓委會工作重點

除上述教育部的年度施政方針可一窺輔導工作是否受到重視之外，由
於目前各級學校學生輔導單位（無論是隸屬於訓導單位或是獨立的一級單
位）其直屬管轄單位即為訓委會，因此由訓委會的工作重點亦可間接反應
臺灣在政策面上對學業面向情意教育的重視程度。因此以下筆者再針對訓
委會之工作內容做進一步分析。

根據「教育部之組織系統及職掌圖表」[37]，訓委會乃「掌訓育計畫督
導及訓導人員之培養事項」，此敘述雖相當簡單，然其主管事務實則非常
繁瑣，例如：根據訓委會之人員業務分類與編制觀之，訓委會除了是大專
校院學務方面之主管單位外，就中小學方面而言，舉凡品德教育、輔導管
教、學校團體保險、解除髮禁、獎懲、管教個案、學生自治、法治教育、
智慧財產、人權教育、社團評鑑、學生自治、服務學習、替代役男、中介
教育措施、中輟預防及通報事項、兒少保護、學生輔導體制、慈輝班、憂
鬱自傷防治、青少年政策等工作，皆為其主管業務項目（訓委會人員業務
分類與編制，無日期）。

再就其工作重點而言，雖然如上所述，訓委會的主管事務非常繁瑣，
但若由其工作分組方式，則仍可看到有幾項業務應為其目前之重點工作，
例如：就其人員業務分類與編制而言，目前共分三組：其中一、二組共有

---

[37] 有關教育部各單位職掌內容參見：http://www.edu.tw/files/site_content/EDU01/chart.doc。

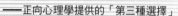
12 位人員，第三組則有 19 位。其中第三組的業務，在性別平等教育委員會此項目下再設四小組：「政策規劃組」、「校園性侵害或性騷擾防治組」、「課程教學組」與「社會推展組」，每一小組皆有一位專責處理該組之業務；另外在生命教育方面則設有兩小組：「研發宣導組」與「課程師資組」，每一小組亦各設一位人員專職其業務。可見性別平等與生命教育兩項議題應為目前訓委會之兩大重點工作，此亦應是目前各級學校訓輔工作的重點方向。

有關性別平等此議題為何受訓委會特別重視，其實不難猜測其原因。因為自 2004 年《性別平等教育法》公布之後，即明定需以教育方式「⋯⋯消除性別歧視，促進性別地位之實質平等」[38]，因此教育部不但對於性別平等教育委員會之設置要點，以及運作模式及流程皆明定辦法，更規範各級學校皆需透過訓輔方式以積極配合此項政策。

至於生命教育方面，則應與臺灣出現愈來愈多青少年自殺事件有關。根據筆者在訓委會官方網站上的搜尋，目前教育部有關生命教育的活動與報導，主要是放置於「生命教育學習網」。而在其「網站緣起」內容中，即談到：

> ⋯⋯青少年為什麼要自殺？一般認為：自我認知的偏差、學業壓力和工作競爭的加增、社會人際關係的逐漸疏離、生活適應技巧不足、家庭及社會的支持缺乏及各種酒精及藥物濫用等因素都是原因。⋯⋯這種過度物化自己，貪圖享受，只求短暫及膚淺的快樂，忽略心靈層面，稍有不如意即感不幸福，沒學到自我負責，稍遇壓力、挫折即無法忍受，容易有空虛、焦慮感。
>
> 根本的原因是：對生命認識過於膚淺，不認識生命的真相，未學到如何以積極的態度，面對生命中的生、老、病、死的自然歷程，不易深思生命從何方來，該往哪裡去？輕視難得的生命，

---

[38] 此為第 2 條條文內容，相關條文則參見全國法規資料庫：http://law.moj.gov.tw/LawClass/LawAll.aspx? PCode=H0080067。

沒有高遠的生命目標，耽著於眼前個人快樂的追求，不懂得生命
尊貴莊嚴的意義。（教育部生命教育學習網網站，無日期）

從上述敘述可見，雖然該網站已注意到學業面向情意教育的重要（例
如：體認到「學業壓力……的加增」是造成青少年自殺的主要原因），但
認為根本原因乃是因為學生缺乏生命素養（例如：認為青少年「對生命認
識過於膚淺，不認識生命的真相，未學到如何以積極的態度，面對生命中
的生、老、病、死的自然歷程」），因此認為解決此問題應從生命教育觀
點切入。這樣的觀點無可厚非，因為生命教育所涵蓋的議題原本就相當廣
泛。根據此網站的主導人物之一孫效智（2000）所言：「生命教育的目標
應在於啟發生命智慧、深化價值反省、整合知情意行」（頁 6），因此在
此大架構下，有關「人與己」的議題確實可以涵蓋在生命教育中。然而，
若實際分析該網站目前所公布的文章內容及活動方式，則可發現其內容仍
著重在宗教與哲學方面的思維（甚至網站內有些文章還將生死教育與生命
教育視為互換詞），這樣的現象固然是因為要解決臺灣社會的立即問題—
—青少年自殺問題，然而筆者認為這可能也與目前該網站之主導人物皆來
自國內一些宗教團體（如財團法人福智文教基金會、慈濟文教基金會、耕
莘文教基金會）與大專校院哲學教師（臺灣大學孫效智教授團隊）有關。

事實上，誠如本書第一章所言，臺灣當今許多學子的困擾與其學業挫
折有密切的關係，尤其青少年缺乏挫折容忍力以及對於未來生涯的茫然，
使得他們在學校生活方面的幸福感以及對於未來的希望感皆相當低落。因
此以長遠的角度來看，我們與中、小學學生討論生命的意義固然是一個重
要的工作，然而筆者認為對大多數的青少年而言，更迫切的議題可能還應
包括與他們學校生活息息相關的課題，例如：協助他們思考「我為什麼要
學習？」、「我為什麼要努力用功？」、「我對自己的學習困境了解
嗎？」、「我了解如何激勵自己認真學習嗎？」、「當我在學業上遇到挫
折時，我該怎麼辦？」等較為切身的問題。如同 Noddings（2006）所言，
上述與學習有關的問題都是極其迫切與重要的，因此透過思考與討論這些
議題，不僅可幫助學生培養批判性的能力，更可讓他們對自己的學習產生

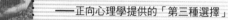

負責任的態度。因此她認為，這些都是在學校教育中一定要教的關鍵課程（critical lessons）之一。然而 Noddings 認為，由於大人們通常都不習慣跟孩子們討論這些議題（甚至有時候大人們自己也不甚了解這些問題的答案），因此只知道對孩子們進行宣教（propaganize），更一味要求孩子只要認真課業便好。殊不知，這樣的作法導致孩子們誤以為讀書的目的就是「拿取高分、考好學校、找好工作、賺很多錢、買很多東西」（p. 5）。這不但是相當荒謬的做法，Noddings 也質疑：難道這就是教育的真正目的？這樣長大的孩子真的就會比較快樂？

對於上述 Noddings 的批判，筆者亦深有感觸。在臺灣，許多老師與家長也是採取相同的態度來看待學習。尤其他們常常不自覺地過度灌輸或強化孩子們對於「成功」與「失敗」涇渭二分的錯誤觀念。以筆者的研究生為例，筆者曾經在課堂上讓他們對「失敗」作自由聯想，結果發現有不少人想到的便是「丟臉」、「放棄算了」等負向字眼，而這些研究生都是將要（或正在）從事教育工作者的人呢！我們常說人生就像是一場馬拉松賽跑，那麼身為老師及父母的人是否更應該謹記：當孩子跌倒時，他們最不需要的便是「落井下石」的責備！此時如果能夠多提醒孩子「勝不驕，敗不餒」的道理，以及「與自己競爭、與別人合作」的態度，那麼這不是更可貴的人生功課嗎？因此不論是幫助孩子對失敗作正確的歸因（例如：檢討其學習方法與策略是否有效），或是幫助他們提升對學習的意志力與責任感，這些都是非常重要的任務。而這些觀念的建立，不但是學校教育應該積極關注的內容，更需要透過孩子身旁的楷模（包括有經驗的長輩與同儕）不斷地以身教與言教等方式持續影響他們，才能產生效果。因此筆者認為，上述這些學習議題若也能納入生命教育所關注的內容，不但對青少年認識自我有所幫助，也更能幫助他們了解，「學習」在生命不同階段中所扮演的角色。

此外，由於臺灣青少年所面對的壓力源主要是來自學業壓力，而目前在心理學與教育學皆已累積相當多的研究成果可供教學者參考，包括正向心理學、學業動機、情意教育等。這些領域近年的研究方向都非常關注應該如何積極幫助學生，以培養他們成為一個具有自律能力的學習者。因此

如果國內的訓輔工作也能夠針對青少年的學業壓力及其伴隨而來的情緒議題有更多的著重，不但更能貼近臺灣學子的生活經驗，也更能增進生命教育議題的豐富性。

除了上述問題之外，筆者認為目前官方作法的最大弊病是，大部分輔導計畫的執行都是透過「委外經營」的作法，亦即委託一些專家學者以「單兵作戰」的方式執行年度計畫，而缺乏以常態方式由國家級研究中心[39]系統地規劃與執行輔導工作，例如：我們若進入訓委會之相關資源網路查詢，便會發現由外聘單位來推動訓委會業務是相當常見的現象。以目前訓委會下的六個相關網站連結為例，除了「中輟通報系統」乃是用於行政業務之外，其餘的五個網站至少便有兩個是委託外聘單位來維護——「生命教育學習網」以及「全國中輟學生復學輔導資源研究發展中心」[40]。就如同上述「生命教育學習網」的運作模式，「全國中輟學生復學輔導資源研究發展中心」也是委外由彰化師範大學諮商與輔導學系來主持。雖然該網站的確已累積不少資源，但很可惜的是，由外聘單位來主導業務最常見的問題便是——最後常常是後繼無力，缺乏延續性的效果，例如：當筆者於2008年5月檢索該網站[41]時，便赫然發現在其主網頁的最新公告中有一項宣布：「由於教育部專案已於2007年10月1日到期，即日起本網站將不再提供諮詢服務與資料更新，若有新年度之專案再度開始時，將會於本網頁公告，謝謝！」此項公告不但令人懷疑該項計畫是否已名存實亡，也凸顯了委外經營的潛在缺點，亦即當一項政策缺乏持續性時，原先大量投入的金錢與人力，到最後可能仍是付諸東流[42]。

事實上，不論是生命教育、品德教育、人權法治教育、友善校園等，

39　在美國一些著名大學，會針對某個研究議題而接受國家長期補助而設立該議題之國家型研究中心。這些研究中心不但有義務定期將研究成果對社會大眾公開發表，更成為此領域專家學者參訪取經的學術重鎮。筆者認為此種作法，可說是真正將理論與實務結合的最佳例證。

40　由於「人權教育資訊網」無法判定是否由外聘單位負責，因此此處暫不討論。

41　網址為 http://dropout.heart.net.tw/main.htm。

42　當2008年2月7日筆者再次查詢時，該網站便已從訓委會之主網頁中移除。雖透過Google搜尋，仍可尋獲該網頁，但顯見該項業務已因未獲訓委會之補助而後繼無人了。

筆者認為這些議題皆互有關聯，不應互相排擠。因為教育的主體乃是學生，而學生輔導是「協助個體了解自我及其世界的一個過程」（Shertzer & Stone, 1981）（引自吳武典，1997：4）。亦即，輔導工作是一系列朝向目標邁進的行動，它應包括預防、矯治與改善困境等工作，因此它的服務對象除了是有特殊困難者，亦包括一般學生；而其工作內容則包括幫助個體能夠完整地自我了解、自我接納、觀察環境和了解人群。因此就身為各級學校之主管機關的教育部而言，實在責無旁貸，應該訂定更具體明確的政策，以定位學生心理方面輔導之重要性。此外，就專責訓輔工作的訓委會而言，更應積極思索如何將上述這些議題加以整合。尤其應該回歸輔導工作的本質，以更統合的方式研擬各項輔導工作重點，而非如目前以委託方式交由各民間團體或學術單位各行其是。如此全面規劃的輔導工作重點，才不會讓經費、人力無法整合，更無法解決當前學子的燃眉問題。

第三節 課程面——九年一貫課程綱要中是否已納入學業面向情意教育之目標？

　　除了從政策面可檢視學業面向情意教育是否受到重視之外，由於學校教育主要是透過正式課程影響學生，而許多教育理想則必須落實到教科書中才能實現（歐用生，2003），因此以下分別再針對課程與教科書兩個角度，分析國內學業面向情意教育的推展情形。本節首先針對現行的九年一貫課程進行論述。

一、九年一貫課程綱要與學業面向情意教育之關聯性

　　九年一貫課程綱要自 1997 年教育部成立「國民中小學課程發展專案小組」，於 1998 年 9 月公布總綱，並於 1999 年 4 月成立「國民教育各學習領域綱要研修小組」，以研訂各學習領域之綱要內容，目前此新課程已成為臺灣中小學校中所使用之正式課程。根據黃武雄（2002a，2002b，

2003）的評述，「多元入學方案」與「九年一貫課程」乃是這一波教育改革最重要的兩個主軸，而前者「多元入學」則在配合後者「多元教學」，以使教改能夠真正達到鬆綁與多元的精神。

這樣的鬆綁與多元，相對於1993、1994年公布之國民小學、國民中學課程標準，的確給老師與教材編製者有更大的空間可以發揮其教育理念。尤其根據其修訂目的，便是希望能夠「……賦予教師彈性教學空間，展現學校本位課程發展及教師專業自主的理念」，並且能夠「……以學生生活經驗為導向，將之融入教育情境中，建構易學實用的課程目標、內涵與基本能力指標，以符合青少年身心發展的需求」[43]。其立意不但相當良好，在其所列的課程目標及基本能力中，更有多項乃是著眼於提升「人與己」方面的素養（如「增進自我了解，發展個人潛能」、「提升生涯規劃與終身學習能力」、「增進規劃、組織與實踐的知能」、「運用科技與資訊的能力」、「激發主動探索和研究的精神」與「培養獨立思考與解決問題的能力」）。因此老師們如果可以適時將學生現階段所面臨的各項學習壓力及困境，納入教學設計時的思考，則不但符合九年一貫課程的精神，對於提升學生之學業面向情意素養應有更直接的助益。

以「了解自我與發展潛能」此項能力為例，其內容為「充分了解自己的身體、能力、情緒、需求與個性，愛護自我，養成自省、自律的習慣、樂觀進取的態度及良好的品德；並能表現個人特質，積極開發自己的潛能，形成正確的價值觀」。筆者認為，老師若能藉此讓學生分享各自對課業壓力的看法，並讓學生思考：學業挫折只不過是人生無數挫折中的一個縮影，每個人還會在人生中經歷無數次的挫折，如果不及早積極培養具有建設性的自我情緒調整與因應能力，那麼未來仍然會面臨類似的困擾。

再就「生涯規劃與終身學習」此項能力而言，其內容為「積極運用社會資源與個人潛能，使其適性發展，建立人生方向，並因應社會與環境變遷，培養終身學習的能力」。老師們亦可在教學中幫助學生訂定現階段具

---

[43] 有關九年一貫課程之修訂過程及特色，請參見教育部網站 http://teach.eje.edu.tw/9CC/context/01-7.html。

體可行的學習目標，並讓他們找到「現階段目標」與「未來人生目標」之間的關聯，以此貼近學生的生活經驗。

此外，就「規劃、組織與實踐」與「運用科技與資訊」這兩項基本能力而言，其內容分別為「具備規劃、組織的能力，且能在日常生活中實踐，增強手腦並用、群策群力的做事方法，與積極服務人群與國家」及「正確、安全和有效地利用科技，蒐集、分析、研判、整合與運用資訊，提升學習效率與生活品質」。老師們可以幫助 e 世代的學生了解：透過有計畫的讀書方式與利用各種資訊科技的協助，每個人都可以成為一個有效能的學習者。

最後，在「主動探索與研究」與「獨立思考與解決問題」兩項能力，其內容為「激發好奇心及觀察力，主動探索和發現問題，並積極運用所學的知能於生活中」與「養成獨立思考及反省的能力與習慣，有系統地研判問題，並能有效解決問題和衝突」。老師們可以藉此讓學生反省目前學校課業帶來何種問題（包括衍生出來的情緒困擾），並思考應如何才能成為主動的問題解決者，與養成對自己各項學習負責的習慣。

綜合上述，我們可以發現，此次教育部所頒布的九年一貫課程綱要之立意良好，尤其有多項基本能力，如「了解自我與發展潛能」、「生涯規劃與終身學習」、「規劃、組織與實踐」、「運用科技與資訊」、「主動探索與研究」與「獨立思考與解決問題」等，皆與學業面向情意教育密切相關。因此老師若能善用教育時機，將這些議題在課堂中進行教學轉化，當可觸及學業面向情意教育的內涵。

然而，雖然情意教育的精神可說是「無處不在」，但「徒法不足以自行」。我們若對各學習領域的內容與能力指標再進一步分析，便會很遺憾地發現，目前課程綱要的敘述仍然相當含糊，尤其並未特別針對學生的生活經驗做進一步的連結，因此實質上對老師的應用性仍相當有限。除非老師們能夠發揮其對課程設計的創意與敏感度，並找到領域教學與學業面向情意教育之間的連結性，否則對大多數老師而言，恐怕還是很難將學業面向的情意議題融入於其教學中。歐用生（2003）便批判，目前臺灣教育改革的現況是相當值得憂慮的（他甚至以「披著羊皮的狼」來形容這一波的

課程改革）。尤其許多現場教學的設計容易流於花俏，淪為「只有活動，沒有內容；只有玩樂，沒有體驗」，使得知識不但被淺化，造成「國中國小化，國小幼稚園化」（頁28），更由於嘉年華式的教學活動，反而讓課程設計更走向「反智主義」（頁39）。

事實上，如何對教學進行轉化，的確是現場老師的一大挑戰。本書曾在第一章第五節談過，臺灣基層老師在這一波教改中感到壓力最大的，便是來自有關課程設計方面的鬆綁。這樣的現象其來有自，多年以來，臺灣的老師並無自行設計課程與教材的習慣。雖然在九年一貫課程綱要中，老師們比以前享有更大的空間可以揮灑其創意；然而這對於一些不習於自行設計課程的老師而言，則恐怕很難適應此項挑戰。根據筆者與現場老師的合作經驗，要求老師對課程設計採取主導的地位，甚至必要時能夠擺脫現有教材的限制而加入自行選擇（或編寫）的教材，對老師而言是相當不容易的。然而筆者也發現，一旦老師們可以了解到領域教學與學業面向情意教育的目標並不衝突，且對於能力指標的轉化更為熟練之後，他們就較能夠將學生的生活經驗也納入於其原有的領域教學設計中。這種採融入方式以進行情意教學的作法，不但對於提升課堂的教學品質具有事半功倍的效果，對於老師個人而言，亦相當具有增能的效果（相關研究請參見唐淑華，2001；唐淑華、吳盈瑩，2001；唐嘉蓮、唐淑華，2006）。

因此筆者認為，目前九年一貫課程的確存有相當大的空間可讓老師發揮，這對於學業面向情意教育之實施應是一個利基；然而對於現場老師而言，如何精進對能力指標的解讀能力，以真正發揮專業自主的理想，則是未來亟需努力的方向。

二、各學習領域之分段能力指標內容與情意教育的關聯性

除了上述以九年一貫課程所欲培養之十大基本能力為分析點之外，若再進一步針對各學習領域之分段能力指標內容進行分析，亦可檢視其與情意教育的關聯。根據筆者的觀察，目前至少有三個學習領域是最能將情意教育融入的，它們分別是語文領域、社會領域與綜合領域。然而如上所述，由於其內容敘述相當模糊，因此如何將能力指標轉化為可茲進行情意

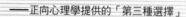

教學的內容仍是一大挑戰。有鑑於此，以下筆者乃挑選在這三個學科領域中，最能轉化為學業面向情意素養的分段能力指標進行整理（分別呈現於表 2-1、表 2-2、表 2-3），以作為未來中小學老師在設計情意課程時之參考。

（一）語文領域

根據表 2-1 可發現，語文領域是一個與學業面向情意教育十分密切的學習領域。由於語文領域在認知理解方面扮演重要的角色，因此他們在聽、說、讀、寫、作等各方面的基本能力，一向與其是否能夠有效面對課業競爭有密切關係。尤其閱讀能力更是一個非常重要的工具能力，它不但反映出許多面向的學習能力，更對於後續學習有非常關鍵性的影響。目前許多先進國家皆意識到閱讀的重要性，因此積極關注於學童閱讀能力的培養（齊若蘭，2002）。而讓學生獲得文字的權力，由「閱讀文字」（read the words）走向「閱讀世界」（read the worlds），更是如 Freire 所言，乃是賦權增能學生的最好方法（轉引自歐用生，2003）。因此九年一貫課程語文領域在此方向上的堅持，不但相當能夠與世界潮流呼應，也與學業面向情意教育之目標不謀而合。

以國中（七至九年級）階段為例（參見表 2-1），筆者認為學生尤其需具備以下幾項與學業面向情意教育密切相關的閱讀能力：(1)在「了解自我與發展潛能」方面：「能應用不同的閱讀理解策略，發展出自己的讀書方法」（3-2-1-1）；(2)在「生涯規劃與終身學習」方面：「能活用不同閱讀策略，提升學習效果」（3-2-3-3）、「能使用各類工具書，廣泛的閱讀各種書籍」（3-6-3-1）；(3)在「規劃、組織與實踐」方面：「能在閱讀過程中，利用語文理解，發展系統思考」（3-2-7-5）；(4)在「運用科技與資訊」方面，「能靈活應用各類工具書及電腦網路，蒐集資訊，組織材料，廣泛閱讀」（3-6-8-2）；(5)在「主動探索與研究」方面，「能統整閱讀的書籍或資料，並養成主動探索研究的能力」（3-7-9-2）；(6)在「獨立思考與解決問題」方面，「能從閱讀中蒐集、整理及分析資料，依循線索，解決問題」（3-7-9-2）、「能將閱讀內容，思考轉化為日常生活中解決問題

表 2-1　國語文分段能力指標與學業面向情意教育之關係

基本能力	能力指標項目	階段[1]	分段能力指標	可涉及之學業面向情意教育之目標／內容
了解自我與發展潛能	閱讀能力	第一階段	【1-3-1-1】能培養閱讀的興趣，並培養良好的閱讀習慣及態度。	培養樂在學習的態度／勝任感
			【1-4-1-1】能喜愛閱讀課外（注音）讀物，進而主動擴展閱讀視野。	培養樂在學習的態度／自主性
		第二階段	【2-2-1-2】能調整讀書方法，提升閱讀的速度和效能。	培養樂在學習的態度／自主性
		第三階段	【3-2-1-1】能應用不同的閱讀理解策略，發展出自己的讀書方法。	培養樂在學習的態度／自主性
	寫作能力	第三階段	【3-2-1-1】能精確的遣詞用字，恰當的表情達意。	培養適度的挫折容忍力／負向情緒調整能力
生涯規劃與終身學習	注音符號應用能力	第一階段	【1-7-3-1】能應用注音檢索方式的工具書，解決學習上的疑難問題。	培養樂在學習的態度／勝任感
		第三階段	【3-2-3-1】能應用注音符號，檢索資料，處理資料，解決疑難問題，增進學習效能。	培養樂在學習的態度／勝任感
	閱讀能力	第二階段	【2-5-3-1】能利用不同的閱讀策略，增進閱讀的能力。	培養樂在學習的態度／自主性
			【2-6-3-1】能利用圖書館檢索資料，增進自學的能力。	培養樂在學習的態度／自主性
			【2-6-3-2】能熟練利用工具書，養成自我解決問題的能力。	培養樂在學習的態度／自主性
			【2-6-3-3】學習資料的剪輯、摘要和整理的能力。	培養樂在學習的態度／勝任感
		第三階段	【3-2-3-3】能活用不同閱讀策略，提升學習效果。	培養樂在學習的態度／自主性
			【3-6-3-1】能使用各類工具書，廣泛的閱讀各種書籍。	培養樂在學習的態度／勝任感

表 2-1　國語文分段能力指標與學業面向情意教育之關係（續）

基本能力	能力指標項目	階段[1]	分段能力指標	可涉及之學業面向情意教育之目標／內容
規劃、組織與實踐	閱讀能力	第一階段	【1-3-7-3】能安排自己的讀書計畫。	培養樂在學習的態度／自主性
			【1-7-7-3】能從閱讀的材料中，培養分析歸納的能力。	培養樂在學習的態度／勝任感
		第二階段	【2-4-7-4】能將閱讀材料與實際生活情境相連結。	培養樂在學習的態度／勝任感
		第三階段	【3-2-7-5】在閱讀過程中，利用語文理解，發展系統思考。	培養樂在學習的態度／勝任感
運用科技與資訊	注音符號應用能力	第二階段	【2-3-8-1】能利用注音符號使用電子媒體（如電子辭典等），提升自我學習效能。	培養樂在學習的態度／自主性
	聆聽能力	第一階段	【1-2-8-5】能結合科技資訊，提升聆聽的能力，以提高學習興趣。	培養樂在學習的態度／自主性
		第二階段	【2-2-8-9】能結合科技資訊，提升聆聽的速度，加速學習的效果。	培養樂在學習的態度／自主性
		第三階段	【3-2-8-11】能靈活應用科技資訊，增進聆聽能力，加速互動學習效果。	培養樂在學習的態度／自主性
	閱讀能力	第一階段	【1-6-8-1】認識並學會使用字典、百科全書等工具書，以輔助閱讀。	培養樂在學習的態度／自主性
		第二階段	【2-9-8-1】能利用電腦和其他科技產品，提升語文認知和應用能力。	培養樂在學習的態度／自主性
		第三階段	【3-6-8-2】能靈活應用各類工具書及電腦網路，蒐集資訊，組織材料，廣泛閱讀。	培養樂在學習的態度／自主性
主動探索與研究	注音符號應用能力	第一階段	【1-4-9-3】能選擇適合自己程度的注音讀物，培養自我學習興趣。	培養樂在學習的態度／自主性
	說話能力	第一階段	【1-1-9-12】能充分感受表達的成就感。	培養樂在學習的態度／勝任感
		第二階段	【2-4-9-1】能抓住重點說話。	培養樂在學習的態度／勝任感
			【2-4-9-2】能主動學習並充實說話的內容。	培養樂在學習的態度／自主性

表 2-1　國語文分段能力指標與學業面向情意教育之關係（續）

基本能力	能力指標項目	階段[1]	分段能力指標	可涉及之學業面向情意教育之目標／內容
	說話能力	第三階段	【3-4-9-3】能察覺問題，並討論歧見。	培養樂在學習的態度／勝任感
			【3-4-9-4】能提升主動表達的能力。	培養樂在學習的態度／自主性
	閱讀能力	第一階段	【1-2-9-5】能提綱挈領，概略了解課文的內容與大意。	培養樂在學習的態度／勝任感
			【1-7-9-4】能掌握基本閱讀的技巧。	培養樂在學習的態度／勝任感
		第二階段	【2-5-9-3】能用心精讀，記取細節，深究內容，開展思路。	培養樂在學習的態度／勝任感
			【2-8-9-4】能主動記下個人感想及心得，並對作品內容摘要整理。	培養樂在學習的態度／自主性
		第三階段	【3-7-9-2】能統整閱讀的書籍或資料，並養成主動探索研究的能力。	培養樂在學習的態度／自主性
獨立思考與解決問題	注音符號應用能力	第一階段	【1-5-10-3】能就所讀的注音讀物，說出自己發現的問題和想法。	培養樂在學習的態度／自主性
			【1-5-10-4】能就所讀的注音讀物，提出自己的看法，並做整理歸納。	培養樂在學習的態度／自主性
	聆聽能力	第一階段	【1-2-10-6】能思考說話者所表達的目的。	培養樂在學習的態度／勝任感
			【1-2-10-7】能邊聆聽，邊思考。	培養樂在學習的態度／勝任感
		第二階段	【2-2-10-11】能正確記取聆聽內容的細節與要點。	培養樂在學習的態度／勝任感
			【2-2-10-12】能從聆聽中，思考如何解決問題。	培養樂在學習的態度／勝任感
		第三階段	【3-2-10-13】能從聆聽中，啟發解決問題的能力。	培養樂在學習的態度／勝任感

表2-1　國語文分段能力指標與學業面向情意教育之關係（續）

基本能力	能力指標項目	階段[1]	分段能力指標	可涉及之學業面向情意教育之目標／內容
	說話能力	第二階段	【2-4-10-3】能報告正確解決問題的方法。	培養樂在學習的態度／勝任感
			【2-4-10-4】能與人討論問題，提出解決問題的方法。	培養樂在學習的態度／勝任感
		第三階段	【3-4-10-6】能和他人一起討論，分享成果。	培養樂在學習的態度／勝任感
			【3-4-10-7】能視不同說話的目的與情境做口頭報告，發表評論、公開演說。	培養樂在學習的態度／勝任感
	閱讀能力	第一階段	【1-7-10-5】學會用自己提問，自己回答的方法，幫助自己理解文章的內容。	培養樂在學習的態度／自主性
		第二階段	【2-10-10-1】能夠思考並體會文章中解決問題的過程。	培養樂在學習的態度／勝任感
		第三階段	【3-7-9-2】能從閱讀中蒐集、整理及分析資料，依循線索，解決問題。	培養樂在學習的態度／勝任感
			【3-7-10-4】能將閱讀內容，思考轉化為日常生活中解決問題的能力。	培養樂在學習的態度／勝任感
	寫作能力	第一階段	【1-4-10-3】能應用文字來表達自己對日常生活的想法。	培養樂在學習的態度／勝任感
		第三階段	【3-5-10-2】能依據寫作步驟，精確的表達自己的思想，並提出佐證或辯駁。	培養樂在學習的態度／勝任感

註：[1] 共分三階段，第一階段為1~3年級，第二階段為4~6年級，第三階段為7~9年級。

的能力」（3-7-10-4）。因為上述諸如「形成閱讀策略」、「培養廣泛閱讀能力」、「將閱讀內容轉化為日常生活之解決問題能力」等，皆是學生在面對課業時的關鍵態度與能力。

　　因此綜合上述，雖然語文領域的課程目標主要在培養學生靈活運用語言文字的基本能力，然而若就其與學業面向情意教育之關聯性而言，筆者認為它可能是最適合融入情意教育的一個學習領域。尤其根據讀書治療的觀點，透過閱讀與討論文學作品之過程，當事人可以得到認知上與情感上的替代經驗（Hynes & Hynes-Berry, 1986）──而語文領域正是一個可以大

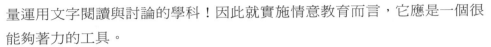

量運用文字閱讀與討論的學科！因此就實施情意教育而言，它應是一個很
能夠著力的工具。

　　正因為閱讀是如此重要，因此對語文領域而言，教科書的內容更形重
要。如果教材內容能夠呼應學生的感性經驗（鍾聖校，2000），則不但有
助於老師在進行情意教學時做更好的理性說理，對於學生而言亦可發揮潛
移默化的效果。因此如何提升教科書的品質，尤其增進老師在教材編選上
的能力，乃是非常重要的任務。有關此部分之論述，筆者將會在下一節探
討教科書內容時再做進一步處理。

　　綜而言之，不論在聽、說、讀、寫、作等各方面，語文領域對提升學
生面對課業壓力之各項能力有密切關係。因此老師們若能靈活設計教學活
動，不但在培養國語文領域的基本能力，其對於提升學生在學業面向上的
情意素養亦相當有助益。

（二）社會領域

　　由於九年一貫課程綱要中之社會領域分段能力指標的敘寫方式與其他
領域較為不同，它乃是根據「人與空間」、「人與時間」、「演化與不
變」、「意義與價值」、「自我、人際與群己」、「權利、規則與人
權」、「生產、分配與消費」、「科學、技術和社會」、「全球關連」等
九大主題軸，再進行分段能力指標之敘寫。而由這些主題軸的內涵來看，
由於其中前三軸與地理學、歷史學、自然科學較有關，後四軸則與政治
學、法律學、經濟學及社會學有關，唯有「意義與價值」（第四軸）及
「自我、人際與群己」（第五軸）兩軸與學業面向情意素養較有關聯，因
此筆者乃挑選這兩個主題軸進行分析。茲將與本書相關的分段能力指標整
理於表 2-2。

　　根據表 2-2 可知，在「意義與價值」此主題軸下，與情意教育相關的
分段能力指標共有三項：「說出自己對當前生活型態的意見與選擇未來理
想生活型態的理由」（4-3-1）、「反省自己所珍視的各種德行與道德信
念」（4-3-4），與「探索生命與死亡的意義」（4-4-5）；而在「自我、
人際與群己」方面則有五項能力指標：「覺察自己可以決定自我的發展」

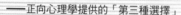

表2-2　社會領域分段能力指標與學業面向情意教育之關係

基本能力	階段[1]	分段能力指標	可涉及之學業面向情意教育之目標／內容
了解自我與發展潛能	第一階段	【5-1-1】覺察自己可以決定自我的發展。	培養樂在學習的態度／自主性
		【5-1-2】描述自己身心的變化與成長。	培養樂在學習的態度／勝任感
	第三階段	【4-3-4】反省自己所珍視的各種德行與道德信念。	培養適度的挫折容忍力／意志力與責任感
	第四階段	【4-4-5】探索生命與死亡的意義。	培養適度的挫折容忍力／意志力與責任感
		【5-4-1】[44] 了解自己的身心變化，並分享自己追求身心健康與成長的體驗。	培養樂在學習的態度／勝任感
生涯規劃與終身學習	第一階段	【5-1-3】舉例說明自己的發展與成長會受到家庭與學校的影響。	培養樂在學習的態度／自主性
	第三階段	【4-3-1】說出自己對當前生活型態的意見與選擇未來理想生活型態的理由。	培養樂在學習的態度／自主性
	第四階段	【5-4-2】從生活中推動學習型組織（如家庭、班級、社區等），建立終生學習理念。	培養樂在學習的態度／勝任感

註：[1] 共分四階段，第一階段為1~2年級，第二階段為3~4年級，第三階段為5~6年級，第四階段為7~9年級。

（5-1-1）、「描述自己身心的變化與成長」（5-1-2）、「舉例說明自己的發展與成長會受到家庭與學校的影響」（5-1-3）、「了解自己的身心變化，並分享自己追求身心健康與成長的體驗」（5-4-1），以及「從生活中推

---

[44] 根據社會學習領域附錄二之說明，此項能力指標在「引導學生認識、了解青少年階段的特徵，察覺到自己身心的變化，透過討論、分享的過程，使學生認識到追求身心健康與學習成長的重要，提出可行策略，並身體力行」。且在現行綱要中乃是置於「表達、溝通與分享」該項基本能力之下。然而筆者認為此似有不妥，因為此項能力指標的重點應著重在自我了解與找到改善之道，而非在與他人溝通，因此此處仍建議將其放置於「了解自我與發展潛能」項下。

動學習型組織（如家庭、班級、社區等），建立終生學習理念」（5-4-2）。

再就各個能力指標與學業面向情意教育的關係而言，由於社會領域已對一些較為抽象的能力指標再做補充說明，因此相對於其他學習領域，社會領域在能力指標上的解讀與轉化應較不困難，例如：針對「說出自己對當前生活型態的意見與選擇未來理想生活型態的理由」（4-3-1），其說明為：（讓學生思考）「例如：為何要活著？為何上學？為何寫作業？以後為何想當科學家……？」，此與學業面向情意教育有直接的關係；而在「覺察自己可以決定自我的發展」（5-1-1），其說明為：「引導學生從自己日常生活、身心的發展，了解到自己擁有選擇、決定的權利，例如：雖然運動有益身體的發展，但是，是否經常運動則是自我的決定。再如，吃太多會變胖，偏食則不健康，但這些飲食行為大部分都是自己可以決定的」，老師亦可以將此連結到學習方面的經驗，讓學生了解在面對學習時，他也有選擇權，而所謂「一分耕耘，一分收穫」的道理便在此。筆者認為，此項將能力指標作具體說明的作法非常值得鼓勵，因為這不但對於老師在理解該項能力時相當有幫助，尤其在連結學業面向情意教育上，更提供了具體的方向。

此外，由於社會領域與學生之情意與態度之培養特別相關，因此在該領域之綱要中，亦列有對情意目標之概念、情意教學與情意評量等之說明。筆者認為，該項作法亦頗值得未來其他領域之參考，因為不僅是社會領域，事實上應該任何一個領域都含有情意教育的成分。根據 Kilpatrick指出，任何學習都應有「主學習」、「副學習」與「附學習」三類目標，而有關理想與態度等的學習目標乃屬於「附學習」的範疇（引自張春興，1989）。因此未來各個領域中，若也能同時認可認知學習與情意學習的重要性，對於老師在教學設計上將更有幫助。

（三）綜合領域

由於綜合領域乃結合原國中小的輔導活動、童軍活動、家政活動、團體活動，強調實踐、體驗與省思，因此該領域在情意教育上應可做更大的貢獻。根據筆者所挑選出來的各分段能力指標來看（整理於表 2-3），的

表 2-3　綜合領域分段能力指標與學業面向情意教育之關係

基本能力	階段[1]	分段能力指標	可涉及之學業面向情意教育之目標／內容
了解自我與發展潛能	第一階段	【1-1-1】描述自己及與自己相關的人事物。	培養樂在學習的態度／自主性
	第二階段	【1-2-2】參與各式各類的活動，探索自己的興趣與專長。	培養樂在學習的態度／自主性
		【4-2-3】了解自己在各種情境中可能的反應，並學習抗拒誘惑。	1.培養樂在學習的態度／自主性 2.培養適度的挫折容忍力／意志力與責任感
	第四階段	【1-4-1】體會生命的起源與發展過程，並分享個人的經驗與感受。	培養樂在學習的態度／自主性
生涯規劃與終身學習	第三階段	【1-3-3】在日常生活中，持續發展自己的興趣與專長。	培養樂在學習的態度／自主性
		【2-3-3】規劃改善自己的生活所需要的策略與行動。	培養樂在學習的態度／自主性
	第四階段	【2-4-3】規劃並準備自己升學或職業生涯，同時了解自己選擇的理由。	培養樂在學習的態度／自主性
規劃、組織與實踐	第四階段	【1-4-2】透過不同的活動或方式，展現自己的興趣與專長。	培養樂在學習的態度／自主性
運用科技與資訊	第一階段	【2-1-3】蒐集相關資料並分享各類休閒生活。	培養樂在學習的態度／自主性
	第二階段	【3-2-4】認識鄰近機構，並了解社會資源對日常生活的重要。	培養樂在學習的態度／勝任感
	第三階段	【3-3-3】熟悉各種社會資源及支援系統，並幫助自己及他人。	培養樂在學習的態度／自主性
主動探索與研究	第三階段	【1-3-5】了解學習與研究的方法，並實際應用於生活中。	培養樂在學習的態度／勝任感
獨立思考與解決問題	第四階段	【2-4-2】規劃適合自己的休閒活動，並學習野外生活的能力。	培養樂在學習的態度／自主性

註：[1] 共分四階段，第一階段為 1～2 年級，第二階段為 3～4 年級，第三階段為 5～6 年級，第四階段為 7～9 年級。

確有許多能力指標皆與學業面向情意素養有密切關聯，例如：在「了解自我與發展潛能」項目中，其中一項能力指標為「了解自己在各種情境中可能的反應，並學習抗拒誘惑」（4-2-3）；在「生涯規劃與終身學習」之能力指標為：「在日常生活中，持續發展自己的興趣與專長」（1-3-3）、「規劃改善自己的生活所需要的策略與行動」（2-3-3）；在「獨立思考與解決問題」中，有一項能力指標為「規劃適合自己的休閒活動，並學習野外生活的能力」（2-4-2），上述這些指標皆可衍生成為提升學業面向情意素養之議題。

此外，在九年一貫課程綱要中，除了列有七個學習領域，並設有六大重要議題，其實施方式則採融入領域教學方式進行。目前在六大議題中，筆者認為「生涯發展教育」與學業面向情意教育最為相關，但由於其主要核心能力設定在「自我覺察」、「生涯覺察」與「生涯規劃」，且由其能力指標內涵觀之，主要是集中在探討人與工作世界之謀合以及生涯規劃等方面的議題，因此學業面向情意教育方面反而未能在重大議題中發揮其功能。

綜而言之，雖然九年一貫課程比舊課程提供更大的空間可以讓情意教育發揮，但由於在各學習領域與重大議題的能力指標界定上仍相當模糊，因此造成老師在教學轉化上很容易因個人解讀不同而產生不同的效果。此現象不但造成在教學上無法評估情意課程與教學品質，也很難對學生的學習成效進行評量。因此就課程整體實施現況而言，學業面向情意教育的推展仍有相當大的困難。未來除應加強情意教育的宣導工作，使老師更能熟稔如何將情意教學融入於各領域教學中，在進行綱要修訂時，亦可參照社會領域的敘寫方式，使情意教育在課程綱要中有更明確的地位。

第四節

教材面——當前教科書內容是否反映了學業面向情意教育之內涵？以小學國語文領域為例

　　上述曾提及，相較於其他領域，國語文學習領域的老師更容易直接透過課文內容與學生進行情意議題之討論，因此，國語文教科書的良窳與情意教學有更密切的關係。本節乃以國語文領域教科書為例，並針對課文內容進行分析，以了解就教材面向而言，目前國語文教材是否有利於情意教育的推展。

　　由於陳世芳（2001）曾在筆者指導之下，針對小學國語科三至五年級的六個民間主要版本 [45] 的教科書進行分析，而其主要研究問題便在了解各版本課本中涵蓋情緒的文章比例，以及不同版本教科書在處理負向情緒的調整策略上是否有所差異，因此筆者乃以該研究結果為基礎，並擴大關注面至學業面向情意教育的相關變項，以了解目前各版本國語教科書在此議題上的著墨。

　　此外，根據筆者 2007 至 2008 年參訪美國 K-12 年級學校的經驗，發現美國教育現場對待教科書的態度與臺灣相當迥異。教科書在臺灣一向被大多數老師視為是教學的主要工具，且由於臺灣教師對於突破教科書的文本權威（textual authority）並沒有足夠的信心與能力，使得許多教學活動幾乎都是環繞著教科書的內容而做設計（周佩儀，2002；陳文彥，2005；楊雲龍、徐慶宏，2007）。相反的，美國教育現場則對教科書的功能有較不同的定義。如同本書第一章第四節曾提及，由於美國教師在教學內容與評量方式上握有相當大的自主權，因此就算該校購有教科書 [46]，但實際的教學內容則並不一定侷限於教科書，老師仍有相當大的自主權可以決定使用

---

[45] 分別為教師研習會（現為國家教育研究院籌備處）、國立編譯館、翰林出版社、康軒出版社、南一出版社、新學友出版社。

[46] 在美國，學生並不需要購買教科書，而是由學校統一購買。教科書亦僅在學校中使用，學生若想要帶回家預習或複習，必須以借閱方式跟老師登記。

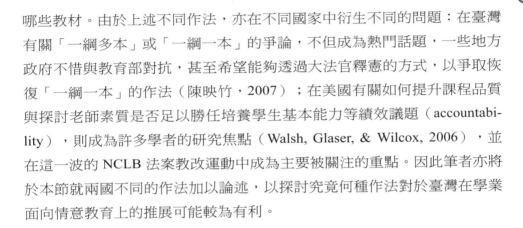

哪些教材。由於上述不同作法，亦在不同國家中衍生不同的問題：在臺灣有關「一綱多本」或「一綱一本」的爭論，不但成為熱門話題，一些地方政府不惜與教育部對抗，甚至希望能夠透過大法官釋憲的方式，以爭取恢復「一綱一本」的作法（陳映竹，2007）；在美國有關如何提升課程品質與探討老師素質是否足以勝任培養學生基本能力等績效議題（accountability），則成為許多學者的研究焦點（Walsh, Glaser, & Wilcox, 2006），並在這一波的 NCLB 法案教改運動中成為主要被關注的重點。因此筆者亦將於本節就兩國不同的作法加以論述，以探討究竟何種作法對於臺灣在學業面向情意教育上的推展可能較為有利。

一、小學國語教科書之內容分析

　　如上所述，語文教材是一個很容易將學生情意態度納入課程設計的領域，但根據陳世芳（2001）的分析，國語課文中與情緒有關的篇數不但比例明顯偏低（占 19.3%），且在這些談及情緒的文章中，與學習有關的課文又少之又少[47]。可見在學校生活中，雖然學習活動占據了孩子們的大部分時間，但在他們的課本中有關該如何面對課業問題及如何解決課業壓力等議題的探討卻未被正視，這個現象實在有待關心教育的人士投予更多關注。

　　由於陳世芳（2001）的研究著重於探討負向情緒之調整策略，且她僅針對三至五年級教材進行分析，教材年代亦稍嫌久遠，因此筆者乃擴大關注議題至學業面向情意教育之內容，並蒐集 97 學年度使用的一至六年級國語課本進行另一次分析。為了顧及代表性，筆者主要是選取目前臺灣小學現場中占有率最高的三大版本（分別為南一、康軒及翰林三家公司）作為研究對象。有趣的是，此次筆者的分析，與陳世芳的發現有一些相同及相異處。以下先說明兩份研究的共同發現。

　　與陳世芳（2001）所採用的程序相同，筆者亦先根據整課課文所涉及

---

[47] 僅有三篇，分別是南一版五上的〈小鳥學飛〉，教育研究院五下的〈單車記〉，及國立編譯館四下的〈肯下工夫就會有收穫〉。

的主題進行歸類（分析類目則是根據本書圖 2-1 的學業面向情意教育之目的與內容為主要理論架構）。結果發現，綜合三個版本及六個年級所使用的國語課本，課文主題與學校學習有直接相關者的確不多（在總分析的478篇課文數中，僅有17篇，占3.6%）。這類文章的內容主要皆在呈現學習者為了達到某個學業方面的目標（或歷經某項學習挫折與困難），他／她如何展現努力不懈的個人毅力進而達成夢想的過程。由於這類課文不需教師轉化，學生甚至可透過自行閱讀課文的方式而學習到情意內涵，因此可視為「自助式」的文章。其與學業面向情意教育應屬最直接的關係，可惜這類文章並沒有占很大的比例。

在扣除上述這類教材之後，筆者發現在那些剩餘的、與學業面向情意教育無關的課文中，其實還可再細分為三類，這個發現是與陳世芳（2001）較不相同的地方。筆者的發現如下：有一類文章的主題確實很難與課業學習扯上關係，但這些文章占總課文數的大宗（共 374 篇，占78.2%）；其主題五花八門，包括遊記、環保、人際關懷等。雖然這一類文章所敘述的主題亦有其重要性，但由於其與學生的生活經驗較難呼應，其與學校學習亦無直接關聯（亦即其學習目標未能明顯涵蓋與學習相關之能力、態度或價值等），因此筆者認為是否需占如此之高的比例，可待方家再予斟酌。

第二類則屬於「人與他人」的內容，雖然與學業面向情意教育亦無直接關聯，但由於其內涵主要是在強調團隊合作的重要，而此與聯合國教科文組織（UNESCO） 在 1996 年由 Delors 等人在國際教育會議所訂定的教育四大基礎中，有關學習如何與人共處（learning to live together）屬於共同的目標（引自吳明烈，2004）。由於此議題亦是一項面對未來生活的重要學習，因此探討此類主題亦趨重要。目前這類文章數量並不多（僅 6篇），期待未來能看到更多這類文章的出現。

最後一類的課文，應該是此次分析最大的收穫。這類文章數量亦頗為可觀（共有81篇，占16.9%），筆者則戲稱為「介於相關與無相關之間」的情意教材。因為若以分析類目來看，這類文章乍看之下是與學習較無直接關聯的；然則由於文中所關注的目標仍是指涉某項能力、態度或價值，

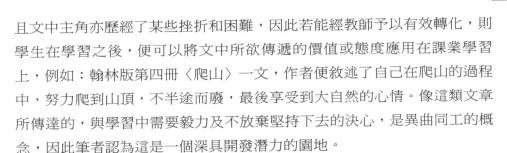

且文中主角亦歷經了某些挫折和困難，因此若能經教師予以有效轉化，則學生在學習之後，便可以將文中所欲傳遞的價值或態度應用在課業學習上，例如：翰林版第四冊〈爬山〉一文，作者便敘述了自己在爬山的過程中，努力爬到山頂，不半途而廢，最後享受到大自然的心情。像這類文章所傳達的，與學習中需要毅力及不放棄堅持下去的決心，是異曲同工的概念，因此筆者認為這是一個深具開發潛力的園地。

不可諱言的是，最後一類課文相當程度是在考驗老師的教學功力，因此如何加強教師對於教材的轉化能力，顯然是一大關鍵。由於臺灣的教師普遍而言仍然相當依賴教師手冊，因此筆者建議教師手冊中若能給予老師更具體的建議，或者教師專業成長活動中能夠針對這類課文進行深入研討，相信對於提升教師在學業面向情意教學的專業能力上將有相當大的助益。

綜合上述，目前課文主題與課業學習的比例偏低——直接相關者為3.6%，需加入老師轉化能力者為 16.9%，二者相加僅占約兩成——然而這與學生所經驗到的學校生活是相當不成比例的。因此從教材面向觀之，顯然我們對學業面向情意教育的關注亦相當不足，這是未來相當需要努力的一個區塊。而由此次教材分析所延伸出來的另一個重點是有關教材轉化的議題。因此，筆者接下來要探討的問題是：臺灣的老師對於教材轉化這件事準備好了嗎？

二、從「一綱多本」與「一綱一本」爭論談臺灣的學業面向情意教育

由上一部分的內容分析，我們知道目前各版本的教科書內容，在涵蓋情意教育議題上有相當嚴重的不足。「徒法不足以自行」，教材本身當然無法促成情意教育的實現；而老師若又不能慎選並善用各版本教材，則情意教育在廣度上與深度上勢必難以得到實現。然而根據國內一些有關教師教科書素養與課程發展等方面的研究（例如：周佩儀，2002；周淑卿，2004；陳文彥，2005；楊雲龍、徐慶宏，2007），國內教師在轉化教科書上常常受限於教科書的內容，因此即使九年一貫課程推動後希望老師能被

賦權增能，但老師仍然常常自外於課程設計的角色，而此無異於將課程決定權賦予書商。此現象對比於美國老師在教材創新性上的嘗試，顯然有相當大的不同。因此以下筆者乃先比較兩國老師對教材的不同解讀方式，再說明我們可以如何參考美國作法，以創造國內更適合推展情意教育的空間。

（一）中、美教師對課程發展與教材設計的不同解讀

臺灣近年來推動教育改革，尤其為提升國民素質及國家競爭力，在課程方面有相當大的突破。其中最具特色的一項作法乃是自 90 學年度開始實施九年一貫課程，以課程綱要取代課程標準，並期待透過課程鬆綁、學校本位、課程統整、空白課程、彈性課程等作法，以革新國民教育階段之課程與教學（教育部，2003）。

如此美好的教育理想與龐大的教改工程實施至今，卻得到許多社會輿論嚴厲的批判。其中尤其有關「一綱多本」的教科書政策，更被認為助長了補習風氣，乃是拉大能力落差與造成臺灣新階級的元兇（李雪莉，2008）。雖然這個現象涉及許多因素，包括社會價值觀念難改、課程綱要能力指標內容模糊、改革相關配套措施不足等（許德便，2006），但筆者認為，其中一個主要因素則涉及許多教師對其專業身分尚未有足夠認同所致。根據周淑卿（2004）的文獻回顧，近年來課程改革中對老師的期許已由被動的「課程執行者」，成為主動的「課程設計者」、「課程評鑑者」與「行動研究者」。然而此種角色的轉換，卻造成許多老師的困擾。此乃因為傳統上各出版商在學期開始以前便已將教科書與教學指引編製完成，因此對大多數老師而言，只要依據教科書內容再做補充與設計延伸活動便可。他們並不習於分析課程綱要內容、思考課程架構的問題，甚至對課程與教材進行研發與統整的工作。然而臺灣教師此種習慣性的作法，卻常在當前改革困頓中被外界解讀為對改革的抗拒或惰性。

周佩儀（2002）便發現，無論從課程標準到課程綱要，這些改變其實皆無法將課程加以鬆綁，因為真正綁住課程的是老師對教科書文本權威的服膺。周佩儀引用柯華葳的調查研究，說明她的研究發現並非個別案例，

因為柯華葳亦發現「小學老師具有以下的教學信念：教科書是專家編的，要努力教完，學生程度才不會落後；教師是教學生的人，而學生要教才會，大部分學生沒有自學能力」，至於在教學行為方面，老師們則認為「『教』是唯一的目的，要以教科書為主體，以教師為教學中心，以講解為主要教學方向，上課形式（如：桌椅安排）或許會改變，但是教學方法不會有太大改變」（引自周佩儀，2002：128-129）。

上述教師對其專業角色認同程度不高的問題，或許可說明臺灣自從1999年在《國民教育法》[48]中，雖然將國中小教科書由部編制開放為民間本審定制，並希望可以透過「一綱多本」的作法，鼓勵老師能夠發揮專業自主的精神自編教材，尤其強調國中基本學力測驗的出題方向乃是朝著「只要讀通一本，便能通曉全綱」的理想邁進，然而此說法卻無法獲得臺灣民眾的信任，社會輿論仍然普遍認為學生唯有精熟許多版本才能應付升學考試。根據陳明印（2005）對2001~2005年聯合報及聯合晚報的查詢，他便發現與「一綱多本」的相關報導便高達346筆，且2002年以後由於國中全面實施審定制，許多來自民間輿論及教育學者的撻伐之聲，更質疑「一綱多本」與「升學考試」無法共存〔詳見周淑卿（2003）之文獻回顧〕，並認為此種鬆綁製造了學子更多的不安，乃是教改失敗的指標之一。

雖然有關教師對其專業角色混淆的問題，亦不乏在美國現場老師身上發現，然而相對而言，兩國老師在課程設計與教材研發上的解讀，的確有很大的不同。首先就制度面而言，由於美國崇尚地方自治，教育自主權亦下放到地方政府與自治區，大多數的教育決策都是由各州政府及各地方政府制定，因此他們並非如臺灣乃是由教育部來決定究竟要採「一綱一本」或「一綱多本」，而是由各州制定其課程標準／綱要與教科書選用制度[49]。

---

48 1999年《國民教育法》增訂第8-2條，並將「國民小學及國民中學教科圖書，由教育部編輯或審定之」之舊條文，修正為「國民小學及國民中學之教科圖書，由教育部審定，必要時得編定之」。

49 根據American Federation of Teachers（AFT）該組織的調查，在此波教改以前，許多州根本未訂出其課程標準或綱要（參見該組織出版之 *Making Standards Matter*：AFT, 1999, 2001）。可見美國各州對課程綱要是否需要存在甚至相當紛岐，其多元的程度，恐怕超過國人的想像。

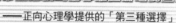

根據 The Thomas B. Fordham Institute（2004）針對美國目前各州對教科書
選定作法的分析，目前美國僅有 21 州是由州政府為各學區選定教科書
（此類似於臺灣的「一綱一本」模式）；其他有些州則僅列出教科書的建
議名單，但尊重各學區的選擇權（此類似於臺灣的「一綱多本」模式）；
另外有一些州則視各年級與各科目需要，混合採用選定制與建議制兩種作
法。以筆者所參訪的 Connecticut 州為例，州教育廳僅針對各領域訂定類似
臺灣九年一貫課程綱要之「課程架構」（Curriculum Framework）（Con-
necticut State Department of Education, n.d.）；除此之外，不但每個學區
（school district）都有自己的教科書與進度，甚至在同一個學區中，不同
學校的老師也可以決定自己的上課教材，因此老師在課程設計與教材研發
上擁有相當大的自主權。

　　筆者認為上述現象的背後原因，應該與大多數 K-12 年級的學校並沒
有全校性定期考查[50]的概念，以及沒有教學進度壓力等有密切的關係。筆
者曾經與美國老師分享「月考」的概念，並說明在許多網站上皆可查詢到
臺灣中小學校的月考題目，他們皆表示無法置信。因為他們認為評定學生
的成績是一個專業老師的私人事務，何需跟別人交待？又為何非得透過紙
筆評量才行？

　　因此在美國即便名義上有「教科書」這件事，但實質上學校老師們在
課堂上則多半仍是根據自己對課程的解讀而訂定教學進度與內容。以筆者
在 Connecticut 州一所中學所觀察過的社會科、閱讀科及自然科等教學為
例，學校採購的教科書只在某些單元中才會使用到，大多時候老師仍是
以板書[51]、個人設計的學習單或自行印製的文章為主要教材。此外，由於
美國網路資訊相當發達，老師都架設有個人網站，不但上課資料是放置於

---

[50]　在美國雖然每個 quarter 結束之前亦有一些評量，但主要是由各班老師根據其自訂標準與
　　　進度評定學生，因此評量方式可以相當多元。在臺灣同一年段的老師不但需訂定共同的
　　　教學進度，且學生亦需接受統一的評量方式。

[51]　雖稱為「板書」，但由於筆者觀察的學校位於 Connecticut 州一頗富裕的郊區（suburban）
　　　學區，因此每個教室都以電子白板為主，故老師的板書基本上相當資訊化，主要內容乃
　　　取自網路上的資料或個人電腦上現有的檔案，偶爾才需當場寫字。

其個人網站上，包括回家功課及課外練習等也都在網路上進行。所謂「一綱多本」的問題，在臺灣吵得沸沸揚揚，但在美國這個問題則幾乎不存在——因為他們老早就在實施這樣的作法了。

美國這種作法，其實優劣難以斷定。從多元的角度來看，教材內容的確相當豐富；然而老師過於運用自主權可能也會造成教學素質良莠不齊的問題，例如：早在 1990 年代便有一些學者（如 Freeman & Porter, 1989; Grossman & Stodolsky, 1995; Sosniak & Stodolsky, 1993; Stodolsky, 1999; Tanner, 1999）注意到這個問題，而提醒美國大眾：當老師過度採取這種「自由心證」的方式來使用教科書——亦即根據自己對學生的判斷來選擇教材內容以及決定採取何種方式進行教學時，很有可能會因誤判學生的程度而造成教學品質的低落。在 Sosniak 和 Stodolsky（1993）對美國現場國小老師所進行的訪談與教室觀察研究中，他們也發現一些老師常會根據個人判斷，而臆測某些學生可能無法在一些學校正規課程中獲益，因此他們便會基於「好心」的理由，而將這些他們認為是落後的學生從班上脫離出來，並給予他們經過篩選後較為簡單的作業或閱讀材料，以代替正規的教科書。然而老師卻從未反省過，這樣的作法是否可能也剝奪了這些學生接觸正規課程中較有挑戰性與趣味性的機會。Sosniak 和 Stodolsky 提醒我們，無論說老師是「政策經紀人」（policy broker）或是「守門員」（gatekeepers）也好，總之由於美國老師在使用教科書這件事情上握有非常大的自主權（autonomy），因此如果在教育改革中一味只談論如何改善教科書品質、增加各學區或州的課程標準等，卻不去仔細了解老師是如何在解讀與使用教科書這件事，則實在是太低估老師的影響力了（p. 251）。

老師是否嚴守教科書的指引，除了因人而異之外，尚可歸納出一些因素，例如：Woodward 和 Elliott（1990）認為，老師是否願意遵守出版商所提供的教科書及教學手冊而進行教學，應與其教學年資及科目屬性有密切關係。他們引用 Bagley 在 1930 年代對全美 30 州的一項早期調查研究，說明愈是資淺的老師其遵守教師手冊指引的意願也愈高，例如：第一年教書的老師有 27.3%是願意使用教科書的，但二至五年的老師則降到 16%，超過五年以上年資的老師則僅有 11.7%是使用教科書的。此外，Woodward 和

Elliott 也發現，教科書的品質以及該科時間分配是否足夠等問題，都會影響老師是否願意遵照教科書的指引進行教學。

再者，就學科屬性而言，Stodolsky 與其同事（Grossman & Stodolsky, 1995; Sosniak & Stodolsky, 1993）亦發現，愈是以小組討論為主的科目（如閱讀課），老師採用其他類教材的頻率愈高。而對教科書文本權威服膺的程度，則更涉及老師對該科知識的信念、偏好或價值，例如：Grossman 和 Stodolsky（1995）針對五個學科領域（數學、外國語言、科學、英文、社會），比較老師對該學科領域之知識信念、教材使用之彈性、學生能力分組之必要性，以及與別班老師聯合命題之可能性等議題的看法；結果發現，數學科老師應該是所有科目中最能夠嚴謹遵守課程標準及教科書內容的人，他們不但在知識的順序性（sequentiality）上給予最高的評比，他們也最願意與其他班老師聯合命題，同時他們也最贊成應以能力分組的方式進行教學；相對而言，科學、英文、社會等科老師則認為，他們有很大的彈性來決定其課程內容以及是否應遵守教科書的種種規範，他們也最不贊成將學生能力分組。

（二）美式作法在情意教育實施上的啟示

其實中、美兩國在教科書使用上的差異各有優缺點，且兩國的教育體制南轅北轍，恐怕也難以互相仿效與比較。不過筆者認為，美國的作法至少有兩點可供我們思考：

第一，有關「一綱多本」的實踐：「多元」本身應非目的而是手段，教育的最終目的在全人潛能的開展與實現，因此不論是一本或多本，如果臺灣的教科書編製單位能夠保障高品質的教科書，就算是「一本」，又有何妨？問題是，以目前臺灣中小學教科書的編審機制，是否能提供這樣的品質保障?!再進一步想，是否任何一個國家可能有此能力編出這樣「一本」教科書？因此，若在無法提供「一本」優質的教科書情況之下，那麼筆者認為顯然透過市場競爭機制，讓各教科書出版商百家齊鳴，並由老師發揮其專業判斷進行選取，才是比較容易達到全人教育目標的作法。目前臺灣一綱多本最被詬病的問題，就是因為許多父母與學子無法確定出題範

圍，因此在面對升學競爭下，為求保險起見只好要求孩子研讀各版本的教科書內容，乃造成學業壓力未減反增的問題。但事實上，以美國的作法，老師才是那個最需要研讀各種版本教科書的人——至於孩子則只需根據老師所統整過的素材與讀物進行研讀便可；因此所謂「一綱多本」實際上應該是發生在老師身上，而非要求學生要讀好幾種版本。目前國中基本學力測驗中心雖然一再強調，基測的考試內容皆符合「學生讀任一部審核通過的版本，只要融會貫通，並習得基本能力，皆足以應考基測」之教育部公告政策（見其網路公告），但由於一些民間人士仍不時對基測內容有所批評 [52]，因此造成臺灣民眾對於考試內容相當缺乏信心，以致於認為讀完某一版本仍不足以應付考試。甚至有些人認為，只要是要考試的科目就應回歸「一綱一本」（陳清溪，2005）！

上述對「一綱多本」的批評，筆者認為實乃非戰之罪。即便臺灣再度回歸到「一綱一本」的作法，老師若無法掌握課程綱要內容的精神，擴展學生的學習視野，則考試壓力、校外補習等惡夢不但會依然存在，且在考試範圍固定的狀況之下，學習反而更容易淪為記憶層次，甚至變相鼓勵學生只需記誦課本內容而不再重視課外閱讀，如此培養出來的學生將是一群徒具「考試能力」而無「基本能力」的人。

如同許多學生家長所共同反應的心聲：「**補習班老師能夠綜合各家版本，讓念書省事又安心**」（2003），顯然補習班老師已充分意識到統整各版本教科書的重要性。然而筆者認為，這部分的統整工作唯有回歸到正常教學並由老師負起責任，而不是讓補習班老師越廚代庖，才會減少民眾迷信校外補習的重要性。以美國為例，美國的十二年級學生在申請大學時仍需接受 SAT 考試（性質非常類似臺灣的基測），但美國的教育部並沒有提供一本固定的教科書供學生死背，而民間亦不認為教育當局應限定考試範圍，可見一綱多本與考試制度並非完全不能共存。

然而美國跟我們最大不同的是，SAT 分數並非學生申請入學的唯一指

---

52 例如：一位高姓補教老師於 2008 年 4 月 21 日公視節目，批評 2004 年第二次基測英語科試題「讀一版本不足以應考基測」；天下雜誌第 395 期亦針對基測提出質疑等。

標；他們的在校成績以及其他課外參與等資料，也都是申請學校時的重要依據。以 2008 年 5 月 26 日 *Newsweek* 的報導為例，我們便看到美國也有所謂「明星高中」，但這些全美排行前 100 名的高中，都是屬於「小而美」類型的學校，亦即這些學校不但辦學有特色（除了重視學習方面的輔導，也幫助學生在生活、情緒等方面的適應），且愈來愈趨於小型學校（平均人數皆在 400 人上下）。由於這些學校嚴格控管畢業品質，並重視師生互動，因此這些學生不但學業表現優秀，進入大學後的後續表現也相當良好（Mathews, 2008）。因此，如同臺灣，美國高中也強調學業競爭，學生亦有升學壓力；但與臺灣不同的是，美國學生並不需要把全部的精力都用來應付唯一的一份考試——SAT 考試，而是需要同時注重校內外各方面的表現，以取得未來心目中理想大學的青睞。相形之下，這樣的學業壓力顯得比較健康，也比較適於全面性的均衡發展。

因此，筆者認為在面對升學壓力此議題時，乃屬於牽一髮動全身的問題，我們必須全盤思考教科書之爭論其實涉及更深層的問題，包括高中與大學如何真正落實多元入學機制以挑選出適合的人才、老師如何真正發揮其專業自主權進行教學，以及試題中心如何真正嚴守「考綱不考本」以獲取民眾的信任⋯⋯等關鍵的問題。除非教育當局願意面對這些問題並集思克服之道，否則即便回歸為「一綱一本」的作法，筆者相信臺灣學子的心貧現象、低幸福感與低希望感等問題（詳見本書第一章之論述），仍然很難有所改善。此外，在全球競爭之下，每個國家都在力圖培養具有競爭力的全球公民，教育應為其作最好的準備，臺灣實在不應再走回老路，只為了貪求考試方便，而忽略了培養學生具有世界競爭能力的重要性。

綜而言之，「一綱多本」的作法，筆者認為除了一方面應該加強老師的專業能力，使老師更能掌握教學的方向之外，另一方面則應加強民眾對升學考試的正確觀念與對教改的信心；具體而言乃是由全國性的試題單位將歷屆試題，與其在能力指標上的對應關係有更透明化的分析與說明。此外，各高中、大學必須對其辦學理念有所反思，所謂「明星高中」、「明星大學」在全球化競爭的脈絡之下應有新的定義。在顧及公平性的前題之下，各校皆應思考如何甄選具有特殊性向的學生以教育出更具特色的學

生，而非以不變應萬變，只根據基測分數、指考分數來挑選學生。上述問題若得以解決，則不但將能有效降低臺灣學子對升學考試的恐懼，相信也更能使臺灣的教育內容符合世界趨勢。

第二，有關「專業自主」的實踐：「專業自主」乃是教改運動中最常被呼喊的一個口號，但筆者認為「專業」與「自主」是兩個不可分割的概念，唯有二者共存，才不會讓具有專業能力的人因缺乏足夠的自主權而形成人才的浪費，也不會讓不夠專業的人因賦予其過多的自主權而造成他人的災難。因此，唯有同步提升老師的專業能力與鬆綁教育政策對老師的限制，才能使教育革新的理想得以實現。而臺灣目前的教改方向，亦是希望透過提升老師的專業性以朝自主的方向邁進。

然而，目前臺灣老師的增能速度是否能夠跟得上教改列車，則是一個頗值得關注的問題。根據黃武雄（2002a，2002b，2003）之分析，教改的對象可分為兩部分：一是底層部分，乃是指教育大環境（如升學制度、教育權力結構等）的改善，因此為了營造人性化的教育環境，常需由中央來主導，尤其需透過由上而下較為大刀闊斧的改革才能看到成效；另一是上層部分，則是指教育觀念、教材、教學態度與技巧的改善，由於教學現場千變萬化，老師的個人條件不一，因此此需透過由下而上的微調方式，在學校與社區慢慢發酵成長，以逐漸累積經驗。黃武雄認為，唯有教育改革變成社會運動，讓眾人參與，蔚為風潮，10 年、20 年之後，才能與社會契合，為社會注入活力。然而，他認為臺灣這一波教改最大的問題，便在於過於冒進，立意雖然良好，希望透過教育政策的「鬆綁」與「多元」取代以往的「規劃」與「單元」，但由於推動幅度過於龐大，且冀望透過由上而下方式，以全盤改造底層教育結構與上層教學思維兩部分，以致於造成許多盲點而不自知。

筆者認為，上述黃武雄的看法的確一針見血地道出臺灣當前教改的最大困境，亦即社會大眾並未在上層教學思維部分建立具有共識性的想法，以致於全面鬆綁之後反而造成社會更大的不安（上述「一綱多本」的爭論便是一例）。而身居教學現場關鍵人物的老師，若未能開放其教學視野，並多方嘗試各種教學方法，則所謂「專業自主」的理想，終將淪為口號。

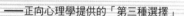

然而，根據目前一些針對老師所作的研究，的確發現許多現場老師仍然過於保守，不但採取「以不變應萬變」的心態面對新的課程政策（葉興華，2001，2005），更在轉化教科書上面臨許多困境（楊雲龍、徐慶宏，2007），尤其在專業身分上亦缺乏對其新角色的認同（周淑卿，2004）。可見有關如何有效增能其在課程設計與教學觀念及方法上的知能，以及如何提升老師對其專業角色認同等議題，乃是當前臺灣教師專業成長上亟待加強的重點工作。

無獨有偶的是，美國在這一波教改活動中，亦積極關注有關「教師增能」此一議題，不過有趣的是，由於美國所面臨的困境與臺灣恰好相反，因此其改革方向不但更趨保守，也愈來愈有「中央化」（centralized）的傾向（Borkowski & Sneed, 2006）。筆者認為此問題其來有自，除了因為美國現場老師一向對其專業性非常自我肯定，尤其他們慣常以維護其個人教學專業自主權與隱私權（privacy）為理由，而擋住許多外力的干擾，甚至抗拒與其他人一起進行合作（Little, 1990）。另一個原因，則是因為美國 K-12 年級的教師其素質良莠不齊，有些州甚至因為教師相當短缺，而對於老師資格沒有明確規範（Goldhaber & Brewer, 1999; Palmaffy, 1999; Strauss, 1999）。此外，教育現場另一個常被詬病的問題，則是老師缺乏對教育新知的了解（Cooper, 2007; Miretzky, 2007; Randi & Corno, 2007; Schoonmaker, 2007; Spear-Swerling, 2007），因此儘管目前在學術界已累積相當多的教育研究成果，但實際上在現場仍有許多老師是根據其個人經驗在教學，因此造成「學理」與「實務」之間存在一個很大的落差（a gap between theory and practice）。因此美國此次教改，除了一再鼓勵老師們應該善用具有科學證據（evidence-based）的教學方法（許多政府相關部門已將這些教育研究成果有系統地整理為資料庫供老師使用[53]），另一個重點則是希望能對美國 K-12 年級的教師過度膨脹其自主權的問題有所規範，

---

[53] 例如：美國衛生署與人力服務部（U.S. Department of Health and Human Services）已於 2000 年針對閱讀整理出具有科學證據的教學方案，供老師與政策制定者參考（http://www.nationalreadingpanel.org/）；而針對一般性的教育介入方案，美國教育部亦於 2002 年成立一專屬網站（http://ies.ed.gov/ncee/wwc/），將有科學證據的研究成果放置於內。

例如：根據 Levine 和 Marcus（2007）之文獻回顧，目前有一些州便已針對某些學業表現較為落後的學區，強制要求這些學校老師必須採用一些已設計好的方案或教材（如 *Success for All*、*Open Court* 等套裝課程），並逐日根據既定進度以進行教學。然而，由於這樣的作法頗為違反美國傳統的運作方式，可以想見必將引起許多基層教師的反彈。

　　根據筆者所閱讀的相關文獻，目前針對師資議題進行探討的文件，大致可針對其職前（pre-service）、授證過程（certification and licensing）與在職（in-service）等，歸納為三類：第一類議題主要在探討各師資培育單位是否在訓練準教師的過程中給予老師足夠的專業訓練[54]；第二類則是探討各州在教師證照授予標準上是否足夠嚴謹，以確保能夠挑選出合格的老師[55]；第三類則針對教師在職進修此議題所進行的研究。由於前兩項議題在臺灣因有全國性的規範，因此並不構成嚴重問題，而有關教師在職訓練亦是臺灣目前較為迫切需要的，因此以下筆者乃就第三類有關教師專業成長此議題進一步探討，並說明目前在美國有哪些作法可當成臺灣未來的參考。

　　如同臺灣的在職進修方式，美國傳統的教師成長方式亦採取研習、上課、工作坊等形式進行。然而自從 1990 年代開始，許多學者開始批判這種以一次上課方式（one-shot workshop）而缺乏後續協助（no follow-up）的進修，不但無助於教師專業成長，且認為這種「坐著聽專家演講」（sit-and-get）、「以一套方式解決所有問題」（one-size-fits-all）等假設，相當貶抑老師原有的專業知能，並與整個學校文化脫節，因此目前有愈來愈多教師專業成長方面的論述，是傾向於鼓勵老師以建立專業團隊方式進行校內老師的合作（collaboration），以達成彼此增能的目的（Valli &

---

[54] 例如：National Council on Teacher Quality 於 2006 年委託 Kate Walsh、Deborah Glaser 和 Danielle Wilcox 等知名學者，針對美國 72 個小學師資培育單位就閱讀此項科目的大學訓練進行分析。

[55] 例如：Educational Leaders Council 在 1999 年由 Marci Kanstoroom 和 Chester Finn, Jr.為編輯，並邀請一批學者針對各州教師證照與考試制度等所進行的一系列探討（參見 KanStoroom & Finn, 1999）。

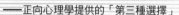

Hawley, 2002; Wood, 2007）。然而，即便學理上如此發現，在實際教學現場中仍然有許多在職進修方式是採取傳統作法，亦即以上課方式進行研習。根據美國教育部 1999 到 2000 年對全美小學與中學所進行的一項大型調查 [56]，發現目前僅有約三分之一的專業進修方式是採取合作方式，而一半以上的老師則從未與其他老師有過合作的關係（U.S. Department of Education, 2006），此現象再次說明教育現場的確存在許多「學理」與「實務」上的落差。

如何才算得上優質的教師專業成長活動？根據 Valli 和 Hawley（2002）的看法，優質的教師專業成長活動必須能夠讓教師在知識、技能與教學行為上產生較為持續性的、本質性的改變。以下是他們對優質教師專業成長活動所歸納的特徵：

1. 專業成長的研習內容必須特別聚焦於學生的學習內容及其教法，因為以一般性的方式介紹某種教學法（例如：介紹合作教學法）通常沒有太大的實質效果。

2. 專業成長內容必須以學生的學習為中心（student-centered），亦即需針對學生無法在哪項課程目標上達到預期的學習成果，以設計老師的研習內容。

3. 專業成長活動應加入老師的意見，以使學習內容能夠真正符合老師的需要，而學校亦應形塑一種學習文化，使每個老師都覺得自己有必要學習新知。

4. 專業成長活動應以學校為本位，且應納為校務運作的一環，因此包括研習時間、研習內容等都應該成為學校計畫中的一部分。

5. 專業成長活動除了滿足個人需要之外，更應強調以團隊合作方式進行問題解決。因此學校應營造一種合作的氣氛，使老師們不是在孤立疏離的狀態下各自為政。

6. 專業成長應以持續性的方式進行與發展，因為教學改變常涉及老師

---

[56] 此調查規模相當龐大，共包括 4,700 個學區，12,000 個學校，12,300 位校長與 52,400 位老師及 9,900 位圖書館視聽中心等人員。

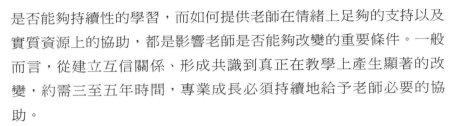

是否能夠持續性的學習，而如何提供老師在情緒上足夠的支持以及實質資源上的協助，都是影響老師是否能夠改變的重要條件。一般而言，從建立互信關係、形成共識到真正在教學上產生顯著的改變，約需三至五年時間，專業成長必須持續地給予老師必要的協助。

7. 專業成長應包括評鑑計畫，尤其有關學生的學習成長以及老師在教學改進上的歷程都應成為評鑑的內容。進行方式則可由校內團隊進行內在評鑑，也可由校外專家進行外在評鑑。由於評鑑目的在幫助老師成長，所以這種評鑑應以不具威脅性的方式進行。

8. 專業成長除了提供老師教學上的新知，重要的是還應針對老師背後的教學信念與教學習慣等進行挑戰。

9. 專業成長要能真正落實，除了是老師個人的改變之外，亦包括整個組織文化的再造。因此專業成長必須立基於整體系統的革新。

由上述幾項特徵我們不難理解，為什麼以傳統上課方式進行研習仍是主流。尤其當一個組織文化未形成合作風氣之前，如何讓老師願意放棄個人「隱私」而參與團隊的合作，的確是一大考驗。這或許也是為什麼，雖然在理論上大家都認同以學校本位方式進行專業成長更為有效與具真實性（authenticity），但實際上卻依然採取傳統方式進行研習的原因了。Little（2002）也認為，老師之間的合作並不會自然而然就發生，它需要建基於一些內在機制與外在條件的配合。在內在機制方面，學校是否創造了一種氣氛與文化，使得老師覺得有必要合作？Little 以「共依賴」（interdependence）的概念說明，老師若共同面臨一個問題或需要共同達成一個決定，則比較有強烈意願產生合作行為。另外，老師之間若分享共通的興趣，也比較有可能透過團隊方式以達成共同目標。因此，除非老師之間分享共同興趣與責任（shared interest and shared responsibility），否則很難讓老師產生實質的合作行為。而在外在條件方面，則包括學區與學校是否提供足夠的機會（opportunity）讓老師合作？以及校內是否有足夠的資源（resources），使得當個人遇到困難時，不會感到孤立無援，而願意求助於校內其他專家？筆者認為，Little 所提出的看法，不但是目前美國教育

現場面臨的難題，亦是臺灣目前中、小學在進行學校革新時亟待克服的困難。尤其臺灣目前雖然教改呼聲鼓勵各校形成校本課程，並建立共同願景，但許多教育現場仍停留在校長「一人願景」的狀況，因此如何讓全校老師能夠產生具共識性的專業合作關係，將是兩國所面臨的共同課題。

不過話雖如此，美國目前在教師專業成長方面的一些制度性作法，的確有助於老師參與各項專業增能活動。以筆者此次參訪 Connecticut 州時子女所就讀學校的學區為例，便發現他們在 K-12 年級的各級學校，不但全年排出五個整天作為教師專業成長之用，校內亦有充足的圖書資源可供老師隨時使用。此外，校內尚有一些專職的資源人物（例如：電腦技師、圖書館員等），他們的工作主要便在協助老師解決教學上的問題。這些校內專家雖非教師，但對於老師在進行各項教學創新時則非常有幫助。以圖書館員為例，他們不但有能力與老師協同合作進行閱讀課程的設計，更在每週排定時間與各年級學生進行 book talk，此對於學生使用館藏與培養課外閱讀習慣亦非常有幫助。而筆者亦發現，美國目前非常流行以線上虛擬團隊方式[57]進行專業成長，此種線上方式更可讓老師利用工作之餘與其他老師做跨校之間的合作。

以上諸種新式作法，確實讓老師的進修方式更具彈性，也更能融入於老師的日常工作中。Cuban（1993）曾以「龍捲風」做比喻，認為新的教育政策與改革就像是龍捲風的上層一樣，儘管狂風大作，但風眼處卻始終是風平浪靜，絲毫不受影響。他分析從 1890 至 1990 年的美國基礎教育，發現不論教育理論如何更迭，但很悲哀的是，老師改變的幅度卻總是非常有限。以學生中心教學法的改革為例，平均約只有三分之一的老師是願意嘗試此種新的教育理論，另外三分之二的老師則仍然維持教師中心教學法。Cuban 認為，這個現象不應全怪罪於老師懶惰，因為改革涉及許多因

---

[57] 此種方式大多是透過民間團體與大學合作方式，由大學教授主導，現場老師只要申請個人帳號便可參與此種線上同步或非同步的進修活動。以 Connecticut 州為例，University of Connecticut 便主導了一個稱為 Tapped-in 的虛擬線上團隊（http://tappedin.org/tappedin/）。

素，包括老師是否有足夠的時間與精力投入，以及是否能夠得到多方的協助。因此，Cuban 建議唯有在大環境底下加入配套措施，並提供老師必要的協助，才能讓老師願意在教學上嘗試改革。Cuban 的論述，不但是近年來有關教師專業成長研究中非常具影響力的一份著作，筆者認為他的發現尤其對於臺灣的教改非常具有啟發性。觀諸臺灣，目前許多教師不但不習於與同事合作，且常採取「單兵作戰」的方式獨自面對教改政策。但這種因應方式，不但讓老師疲於奔命，更容易因高度挫折感而對新的政策產生怨懟的情緒。以「一綱多本」為例，筆者前述已分析過，此乃老師的責任，但事實上若只憑老師一人之力，確實很難完成，因此建立專業團隊以進行教學革新乃是勢在必行的趨勢。尤其臺灣此次教改強調鬆綁與多元，其精神便在於將權力下放給各個學校與老師。教育現場若能善用此次機會建立學校本位的專業進修方式，則不但更能符合老師的需要，也將大大提升老師的專業素養與自我效能感。

綜上所述，唯有老師增能，才能使專業自主的理想得以實踐。而目前教師專業成長的一個共同趨勢，便是強調老師不應再關起門來自行其事，而是應透過專業團隊的合作方式共同創新知識。雖然美國教育資源充足的情形，臺灣未必都能效法，但家家有本難唸的經，美國當前面臨的許多教育難題，其複雜程度恐怕亦是臺灣人民很難想像的。在許多場合中，當筆者與美國友人分享東方式的教育觀時，尤其談到社會價值中對教育的重視，以及老師在社會地位中的崇高角色時，他們都讚嘆這是西方社會所最缺乏的。因此筆者認為，臺灣的教育工作者實在不應妄自菲薄，尤其老師若能透過此次教改機會積極參與各項革新活動，以提升個人對專業角色的認同，而在上位者更能開放視野放大格局以改造國民教育體質，或許臺灣案例將能登上國際舞臺，而成為教育革新史的另一個典範！

第五節 教法面——課堂教學活動是否融入學業面向情意教育之精神[58]？

前述三節分別由政策面、課程面與教材面檢討，臺灣教育環境中有哪些措施是有利於學業面向情意教育之實施。本節則從教法面探討老師如何在情意教學上發揮最大的功能，此乃因為學生每天有極長的時間待在教室裡，因此老師應可成為學業面向情意教育的最主要推手。

然而，現場的老師是否都意識到自己具有此一重要的角色？以及當他們有高度關懷學生的心意時，他們的方法是否亦得法？以下筆者試以兩份質性研究發現回答這些問題，第一個研究是 2004 年 3 月至 6 月，在花蓮縣一個國中班級所進行的實地觀察研究（此為 2004 年執行之國科會研究），筆者在徵得導師與各科任課老師的同意後，以參與式觀察方式，不定期參與學生上課。由於採較為開放的方式觀察學生，因此有時筆者甚至會整天待在教室中，並陪他們一起午餐與午自習。過程中偶而亦會參與學生的球賽或表演活動，因此該份觀察研究的面向與深度應足以反映真實情境。而第二個研究則於 2004 年 10 月至 12 月期間，與十位國三學生所進行之小團體研究（此亦為 2004 年國科會研究的一部分）。筆者藉由希望感理論為架構歸納學生的問題類型，以說明老師可以如何藉由師生言談以了解學生的問題。

以下首先以某一整天的教室觀察為例，描述典型的國中生學校生活。

一、國中生典型的一天

筆者認為許多學習態度上的問題，除了與學生的個人特質有關外，老師亦難辭其咎。在許多次的大班觀察中，筆者發現學生的學習態度與老師的教學方法是密切相關的。以下以一次全日的教室觀察日誌為例，說明筆

---

[58] 本節摘錄自唐淑華（2004a，2006b）。

者的想法。

　　8：20，第一節課，老師進來了，口中絮絮叨叨地唸著這一次月考同學考得有多糟。考卷是按成績發的，老師當然也按分數打人。老師說：「我最高只打50下！」打到某位同學時，老師似乎特別用力。這位同學抗議[59]，老師便說：「我最高打50下，當然要用力些！」有一個同學忘了在考卷上寫名字，老師說「考差了，還沒寫名字」（嗯，這是什麼邏輯呢？）。接著老師逐題檢討，老師不時責備著同學的不用功，而外面亦斷續傳來社區中的敲鐵聲、叫賣聲。我不禁佩服起班上那少數幾個仍然能夠專心聽課的孩子，因為此時坐在教室中的人是多麼需要意志力，他／她才能夠專注並抗拒無聊與各種噪音啊！

　　9：15，第二節課，這位老師的個性似乎較隨和，班級氣氛也緩和些。雖然這節課的老師不打人，但他不忘諄諄教誨：「讀書有那麼難嗎？用功一點就好了！」他在黑板上寫了一堆英文文法的規則（例如：「ask＋人＋not to V」），我頗好奇，他的學生到底有多少人是懂他的？

　　10：10，第三節課，老師拿著考卷與棍子進來。雖然剛看到我時他有些愕然，但他轉而一笑說這是原則問題。同學們跟他撒嬌說別打了，老師說：「反正我打人也不痛呀！」筆者心想：如果不痛，又傷感情，為什麼還要打？這位老師的口才相當好，一題題講解得很清楚。但我聽得昏昏欲睡，同學的頭也愈垂愈低。坐在臺下的筆者，在筆記本上不禁寫道：「引起動機哪裡去了？為什麼不加些與學生生活經驗呼應的例子？老師呀，加一些故事，或用報紙上的新聞，這樣會不會更有趣？」

---

[59] 事實上這位學生從第一節課就開始被打了，到最後一節課他邊甩著被打的手，邊跟筆者抱怨，「這張考卷還是我今天最高的耶……」筆者問他：「你到底考幾分？」他不好意思的說：「14分！」果然，第二天筆者再去教室時他就沒來了，因為今天還要發更多張考卷呢……。

　　11：05，這節課是上數學，由於20年前筆者從師大畢業時也教數學，這個單元我剛好也上過，因此非常好奇，在經歷過這麼多所謂的新式教學法後，這位老師會不會有不同的教法？老師的笑容相當親切，整堂課的氣氛也還算愉快。但在師生一問一答之間，我覺得似乎只有前幾排的學生是勉強跟得上老師速度的。每解完一題，老師就頗得意的自問自答：「很難嗎？不會很難嘛！」唉！到底難不難呢？我只看到老師在臺上忙著解題，而許多學生則忙著在座位上做著自己的事、丟紙條或是乾脆睡起覺來。我心裡納悶，為什麼老師不叫學生自己上臺去解題呢？下課鐘終於響起，我在筆記本寫下：「一堂只有『解題』、而無『教學』的數學課！從○○老師身上，我看到20年前的自己！」

　　下午連著兩堂自然課，今天是上有關聚合物，老師不苟言笑，在行禮如儀後，她便急忙在黑板寫下今天的重點。老師說到，鏈狀聚合物是一種熱塑性聚合物，不易弄斷……，學生此時開始七嘴八舌。一位學生說：「尼龍繩愈熱，不是就很容易扯斷了？」另一學生也問：「那熱塑性聚合物加熱後，要怎麼做成東西呢？」老師似乎無法回應，只是愣愣的看著學生。老師又開始講到食品的聚合物，當她講到蛋白質轉化為氨基酸時，一位學生突然無厘頭的指著課本的雞蛋圖片說：「那是土雞蛋耶！我們家在賣雞蛋，所以我知道……」還有一位學生更加無厘頭，她說：「雞蛋冰過，還可以孵出小雞嗎？」對於這些像是在開玩笑的問題，老師似乎也變得易怒起來。她突然放下粉筆，板著臉罵道：「你們今天為什麼這麼不配合？」我被老師突然生氣的舉動，弄得有些尷尬。其實這節課算是孩子們今天最有反應的一節課呢，老師為什麼生氣了？她抱怨孩子們不配合，究竟她希望孩子配合什麼？又到底是誰要配合誰呢？在我看來，其實這些吵鬧不能不說是學生的好奇過了頭。但生活中無所不在的例子，其實是最能引起學生興趣的。如果這位老師不是急著要趕進度，而是在鼓勵學生發問與討論之餘，也能提醒學生：好的問題應該要做後續的

轉化才有價值喔（例如：學著自己去找答案、作推理……），那麼她是否一方面不但滿足了學生的好奇心，另一方面也示範了一個科學家在追求真理時的精神?!

最後一節課，輔導室剛好邀請了地方上的少年隊隊長一同共商該校中輟生的問題，我也應邀加入討論。可以看得出來老師們都相當盡責與熱心，因為他們是如此熱切的分享著如何找到學生，並把他們拎回來的經驗。然而坐在一旁靜靜聽著的我，在經過一整天疲勞轟炸之後，心想卻只苦惱的想著：難道找回來就解決問題了嗎？為什麼不用預防式的觀點來想這件事？（例如：每位老師在上課的前五分鐘，都來一點「引起動機」如何？）我不禁懷疑，如果我是那位從第一節被老師打到最後一節課、考卷中最高的分數只有14分的學生，我究竟會不會選擇中輟？而如果國中時代的我不是那麼的幸運，而是那種在學校中既感受不到學習的喜悅，也得不到老師、同學溫情對待的學生，我是否還會成為今天的我？除了中輟，我會知道我的人生有哪些選擇嗎？（大班級觀察紀錄）

帶著疲憊的心靈，筆者在那天的筆記最末記下以下這一段話：

「不是有了教改的洗禮嗎？怎麼現在的國中教育，還是跟二、三十年前我當學生時一樣的無趣呢？在瑣碎的知識中，老師究竟要如何才能存活（survive）下去？要能夠站在更高的視野來看待教育，一個老師到底需要什麼樣的提醒?!」

在這些教室觀察中，筆者不但對所謂的教改產生了更多的疑問，也對目前的青少年更多了一份同理。

二、以希望感模式的觀點來理解學生的學習問題

很多時候當老師是用個人經驗在進行教學與輔導工作時，即使是基於好心的理由，卻會有適得其反的效果，而無法達到真正幫助學生的目的

（此已在上一節談過）。Noddings（1999）便認為，真正能夠關懷（car-ing）學生的老師乃是能夠敏銳洞察學生需求，並予以回應的人。要知道一個老師是否真正關懷學生，便需要透過學生的回饋機制來檢驗老師的行為，否則許多老師便容易假「關懷」之名，卻表現出一點也不關懷的行為。

除此之外，老師如果缺乏一套運作模式（working model）來理解學生的問題，他們不但無法提供有系統的協助，在面臨關鍵決策時刻時，亦很容易憑個人喜好做了錯誤的決定。因此老師之所以是一個專業的工作，便在於其不但「知其然」，且「知其所以然」。以下筆者試以希望感模式中的三個重要因素：「目標」、「方法」與「意志力」，來分析學生的學習問題（有關此模式之內涵，由於本書第二部分將有詳細介紹，因此此處暫時略過）。

為了解國中學生的困擾，筆者曾於 2004 年 10 月至 12 月期間與十位國三學生，利用其兩週一次的社團活動時間，以小團體方式與他們進行了六次對談。由於這些國三學生即將面臨基本學力測驗，因此筆者乃以「如何面對基測」為議題，以了解這些學生的想法。雖然團體成員共有十位，唯為凸顯希望感理論中三個元素的解釋力，此處僅以其中五位學生（分別是小琳、小均、小芬、小彥、小旗）的資料為代表。雖然如此，但筆者仍然相信這些學生是相當具有代表性的，亦即，以下所歸納出來的三類學生問題類型，應該可以用來說明現今許多國中學生在面對一個壓力情境時（例如：面對基測將近的壓力），會因其目標、方法與意志力不同而呈現出不同的問題型態。以下乃根據學生在團體中的發言、學習單、心情日記，以及老師訪談等資料整理而成。

（一）一類看似「目標」明確，卻不知為何而戰的國三學生

筆者觀察到這一類國三學生雖然了解「考好基測」是他們目前最該努力以赴的事，但由於他們普遍對於未來的生涯發展感到茫然，也不知道自己究竟適合走哪條路，因此儘管他們看似有一明確的目標：「考好基測」，其實卻有著「不知為何而戰」的焦慮，例如：成員小琳在她的心情

日記中寫道：

> 「我現在的功課對我來說～不怎麼好～可是～我對考上花女
> 是有信心的～因為～上花女～別人就會覺得～她好聰明哦！！」

然而在其學習單中，她卻寫道：

> 「……有時自己會抱怨我為什麼要那麼苦，每天都要看書，
> 可是聽老師說這是身為一個國中生必經的苦，那為什麼國中生就
> 要有苦？是因為每一個國中生要考基測，所以這種苦是每一個人
> 都會感受到的咩？」

可見基測雖然是她目前最重視的事情，但她對基測的態度卻是相當排斥的。對小琳而言，如果她清楚上花女所代表的真正意義，而非只是讓人家覺得她很聰明，那麼或許她在準備基測時的態度會更為積極，也不會再視基測為其生活中痛苦的來源。

小均是另一個有趣的例子，他對於在乎的事相當執著，可說是一個毅力堅強又頗能抓到學習方法的學生，例如：在一次小團體中，當小芬表示她缺少一些可以幫助她達成目標的策略，小均便適時提供了一個很好的示範。小芬以自己的數學為例，說數學很不好，卻不知道怎麼樣才可以改善。筆者問同學，你們班誰數學比較好？同學們都說小均的數學最厲害。筆者再問小均，那你數學都怎麼讀的？他說：

> 「我如果遇到不會的問題的話，我會去問老師，而且在算的
> 過程中，我自己會花很多的時間自己思考，然後把它想出來。」

（小團體過程紀錄）

可是這麼一個對於困難會努力想辦法解決的人，卻由於目標訂定得不夠具有彈性，反而使他的執著特質，成了阻礙他往前進步的力量。同學們都知道，小均的興趣是在成為籃球國手，他也花相當多的時間練球。但由於最近他的腳受傷，而使他對於未來充滿了失望之情。究竟腳傷是否能好？實在是一個未定數，因此小均的煩惱也成了一道無解題。在學習單

中，他寫道：

> 「我的煩惱可能跟一般的學生不同，因為我是一個運動員，
> 我對籃球的熱愛不是用寫的就能寫出來的，我的老師、母親、教
> 練都叫我走體育老師這條路，我自己也知道當一個國手比當一個
> 體育老師還難，但我的夢想是『臺灣職業籃球隊』（SBL），但
> 是人算不如天算，我的膝蓋軟骨已經傷的滿嚴重的，所以我的夢
> 想可能無法實現，那至於功課方面『盡力而為』啦！」

當筆者問他，難道除了打籃球之外，他心中沒有任何其他的夢想嗎？
他茫然的搖搖頭，表示他對於其他行業毫無所知，他也不知道自己還能做
些什麼。對於這樣的學生，筆者覺得其實是相當可惜的，小均的師長若能
協助他多花一點時間去探索自己的興趣，相信他的潛力將更能有所發揮。

上述這兩個例子都在說明，學習貴先立志，這些國三學生雖知道基測
很重要，但他們卻未必知道自己是為何而戰。因此在幫助這類學生時，老
師應該幫助他們訂定更具前導性質的生涯輔導計畫，而非僅要學生把成績
考好。

（二）一類想念好書，卻沒有好「方法」的國三學生

在跟這一類學生相處的過程中，筆者發現他們非常在乎課業表現，他
們的心情也很容易跟著分數而起伏不定。但由於他們缺乏有效率的方法，
以致於雖然花了相當多的功夫念書，成績卻不見起色，也更憑添其挫折
感。

小芬就是一個典型的很想力爭上游，卻不得其法的孩子。在她的資料
中呈現許多線索，令人既心疼又嘆息：

> 「我國三，但……我的心裡有好多的壓力、有功課、有朋
> 友、有心理、有老師給的壓力、有照顧弟妹的壓力，老實說我的
> 成績有夠爛……每當我想好好說時，卻沒人聽，沒人理我，我通
> 常覺得好傷心又好氣，在學校老師一堂課當三堂用，我根本聽不

懂，我根本就功課不好，但老師要求我考70～80分（指月考），我通常都考60邊邊，我曾努力過，但始終無法進步，有時我努力的要求自己，但卻一直失敗，我之前做不到的事，我都會很傷心的偷偷的哭……我經常交到壞朋友（只會抽菸、喝酒的麻吉），自從父母離婚之後，我常覺得家裡沒溫暖，時常想翹家，自從那時，沒人了解我，沒人願意聽我、願意當我的聽眾，我開始自暴自棄，就這樣！」（學習單）

在她的聯絡簿中，她也反覆地出現懺悔、立志與不斷失望的循環，例如：她在與老師的聯絡簿中寫道：

「考試快到了！自己每天都看三小時的書，卻有時考不及格！why？每次都睡眠不足！一直看書！最近我會利用上課睡覺，but！我知道不行，好痛苦喔！why？why？」「討厭自己不是一、二天的事，從以前到現在，從失望失敗的我，打從心底恨自己，恨自己的兇壞、白目，都別的不會，只會讓人討厭。成績想進步，只進步了英文而已，其他的都退步了好幾百分，好想大哭一場，但我怕同學、別人會笑我，我怕丟臉，我是個勇敢的人，我怕人家會笑我這個單親家庭的人。」（二下聯絡簿）

這樣的觀察，也出現在老師對她評語中：

「……自我要求高，但文化刺激不利，加以家庭經濟條件差，學習上不得法，好強心強，不願尋求同儕和老師教導，使她如『玻璃罩下的蒼蠅』，在學習上撞得滿頭包。」（導師對談紀錄）

因此我們可以看到小芬雖然是個意志堅強的孩子，但她的挫折感卻十足。如果她沒有及早學習到有效率的學習策略，想必在準備基測的路上，她還有一段相當坎坷的路要走。

小彥也有類似的問題，他的煩惱是「……我的功課不好，找不到方法

可以好好的讀書，每次想讀書時，就會精神不好」（學習單）。此外，由於他的意志力也不夠，因此相較於小芬，他採取一種更為逃避與退縮的因應方式：

> 「……最近的生活一樣是馬馬虎虎，想去看書時就去看，不想看的時候，連瞄都不想瞄一眼，根本不像是個國中生，不過我會盡量讓自己調整回來，不要受到干擾。」（問卷）

老師也認為小彥沉溺於網路世界，且是個企圖心及自我要求明顯不足的人，因此一旦遇見問題，便很容易打退堂鼓。

上述這兩個例子都在說明，學習必須有好的方法才易看到成效，因此在幫助這類學生時，老師應該幫助他們熟悉各類學習策略，而非只是一味要他們再用功、再努力！

（三）一類想專心念書，但卻沒有強烈「意志力」的國三學生

如同上述小彥的例子，當青少年抗拒誘惑的能力不足時，即使他們知道他所面對的是一個重要的目標，但表現出來的行為仍是相當缺乏行動力的。在教育現場中，有太多像小彥這類的學生，例如：老師口中的小旗就是個只有「三分鐘熱度」的孩子，他雖然才能頗高，個性亦相當自信，但由於他缺乏靜定堅持的自我要求，以致於在方法上總求速成，心智上又無法專一，上述特質乃成為其致命傷。

在其問卷中，小旗自己也發現這個問題：

> 「現在的我還有許多事情還沒完成，應該說是來不及完成……因為常常有些事情明明規定好了一定要做，卻始終沒有著手……我承認我做事沒有真正完成過，一切都只做到一半……現在的我仍處於迷惘之中，看不清楚自己的目標，但我也改變很多。以前的我覺得努力離我很遙遠，從沒有試著做，不過現在我至少努力過，也得到一些努力應有的代價，但我知道我一定可以繼續完成將來的事物。只要我肯下功夫，我一定行的……。」（學習單）

像這類的孩子，如果能有更多師長的提醒，或許他們的行動力將會更具體。在一次的心情日記中，由於小旗看到電視新聞上，兩名模特兒為了趕場去參加萬聖節 party，在路上被一台巴士攔腰撞上，因而去世的消息，他相當大的震驚，因此他寫道：

> 「……在新聞公布她們的面容時，我驚然發現……其中一位模特兒是我經常在『網路遊戲王』上看到的新天上鬼的代言模特兒。本來想說她曝光率那麼高，應該過沒多久就紅了吧！結果命運捉弄人，在她正要開始她多采多姿的生活時，就這樣走了……我心中有所領悟……人是無法得知……何時會死、病，也不知道何時會成功 or 失敗，只能在現在的時間盡可能的朝自己的夢想前進，努力完成自己的希望，現在的我只能做這些了……為了未來的我……。」（心情日記）

上述的例子在說明，如果學生們的身邊多出現一些有關存在意義與生命短暫之類的提醒，他們的表現當會更為出色。尤其對於這類沒有強烈「意志力」的學生，老師應該適時提醒他們生命的意義，並產生抗拒誘惑的能力。

綜而言之，本節以兩份質性研究發現為論述基礎，對國內教學活動是否融入學業面向情意教育的精神提出一個檢視。之所以用質性的方式呈現研究結果，乃是因為其中有太多的有感而發。由於那是筆者在經歷一整年國中教室的「文化震撼」後所留下來的紀錄，因此其中不乏個人過於偏激與主觀的想法。不可諱言，上述教室中的蹲點，的確讓人看到一些國中現場的黑暗面，但筆者真正的企圖絕非在揭露弊案。筆者相信，類似上述文中那些被直接引述話語的老師與同學，他們絕非特例，在臺灣應該還有很多類似的故事在上演。事實上，20 年前筆者自己也曾經是這樣的老師，也用相同的態度在看待學生的問題。但真正令筆者不解的是，在歷經教改洗禮的教育現場，到底真正改變了什麼?!如果我們對於學生的問題不能以一種更有系統的角度去理解，那麼我們又如何能夠教育他們？因此對於那些在過程中慷慨接納筆者，並願意讓筆者坐在教室中觀察的老師與同學，筆

者衷心感謝他們的協助。但個人認為更重要的則是,我們應該喚起更多關心教育的人對此現象有所自覺與反省,以使學業面向情意教育能在教學現場中真正落實。

第六節 學業面向情意教學的新方向──希望感模式

由上述幾節內容可知,目前臺灣中、小學學業面向情意教育的推行成效相當有限。尤其不論從政策面、課程面、教材面、教法面,都讓我們在在發現其不足之處。因此若要真正落實中小學的情意教育,則教育工作者必須要有更積極的作法。

有關情意教育的進行方式,相當多國內外學者已有精彩論述,包括以身教或言教方式進行隨機教育、以境教方式涵育學生的情意素養、以全校性儀式或活動進行校本課程、以有系統的方式進行情意教學等(相關文獻請參見唐淑華,2004b)。而筆者自 1998 年開始進行情意教育研究起,又特別偏好最後一類:以有系統的方式進行情意教學。之所以特別強調以情意教學此管道推展情意教育,除了來自於個人在教育心理學的訓練背景特別重視教學外,最重要的因素乃是因為筆者發現許多現場老師常誤以為情意教育僅為一種無形的潛在課程(hidden curriculum),故只能透過隨機方式,而無法採取結構、正式方式進行。然而陳伯璋(1985)指出,潛在課程若要能真正發揮其積極功能,有兩項基本條件:一是教師專業知能與自主性應提高,以使對潛在課程的特性和基本概念有所認識;二是在方法論上必須加入「質」的評鑑,以提升課程實施的「品質管制」。因此筆者認為教學者若無更具專業的情意素養,則「隨機」很容易會流於「隨便」──所謂「隨便」,乃是一種「可有可無」的態度;而一件事只要是「可有可無」時,便很難逃脫被那些視為更重要的事所排擠的命運!因此筆者認為,教學者若能透過有系統的方式設計情意課程,應不失為一個更實際

的作法。

　　因此自 1998 年開始，筆者便開始進行一系列情意教材研發及情意教學的研究。尤其自 2003 年開始，更嘗試以正向心理學的希望感理論進行情意教學的量化與質化研究，並企圖結合希望感理論與目標導向理論等觀點，以建構出「希望感模式」。由於筆者認為以往有關與學業壓力調適相關的研究，多半只著眼於提升學生某部分心理能力（如自我肯定能力或情緒管理能力），卻未能如希望感模式是以更綜合的觀點來看待情意教育，因此筆者認為，以此模式為理論架構對國內情意教育的實施更具前瞻性，尤其可提供教育工作者一個具體的介入角度，因此本書接下來的三章將採取希望感模式之觀點，以探討學業挫折的調適與因應。第三章首先介紹希望感模式的內涵及重要變項，以及其與希望感理論、目標導向理論之差異；第四章則介紹如何分別藉由量化方式與質化方式評量希望感；第五章則針對如何提升希望感的策略與具體作法加以說明。透過這三章的內容介紹，筆者希望除了可以幫助讀者對此模式有更進一步的了解，也能夠提供現場老師設計情意課程時一個更具體的參考架構。

第二部分

以希望感模式探究學業面向情意教育

第三章

何謂「希望感模式」？[60]

　　本章主要在介紹希望感模式之內涵以及此模式中的幾個構面。由於「希望」一詞已在古典文學及早期心理學文獻中多所著墨，因此第一節乃針對其在這些文獻上的用法進行論述；第二節則以正向心理學為脈絡，說明「希望感」的新意涵。有關「正向心理學」一詞，乃由 Martin Seligman 於 1998 年提出，並在其擔任美國心理學學會（American Psychological Association）主席期間大力提倡（Peterson, 2006）。由於正向心理學者的共同焦點，都在培養新一代青少年具有更強韌的生命力與積極正向的人生態度，因此這個取向不但已成為目前心理學研究的一個重要趨勢，更成為許多應用領域（包括教育、工商企業等）的新興流派。而其中，Snyder 與其同儕更針對「希望感」這個主題提出一個理論，稱為「希望感理論」（Hope Theory）。筆者認為，由於這個理論提出的架構相當清晰，相對於其他理論更能提供情意教育研究與教學上的參考，因此乃以此觀點做為本書探索情意教學的主要理論依據。

　　惟 Snyder 在其理論中，並未根據不同「目標」的類型進行希望感論

---

[60] 本章第一、二、四節乃改寫自〈從希望感論情緒轉化〉（唐淑華，2008）一文。

述，因此筆者乃嘗試綜合 Carol Dweck 等人之「目標導向理論」（Goal-orientation Theory），而將「希望感理論」擴充而成「希望感模式」。因此本章第三節內容，除了介紹「目標導向理論」之外，亦將說明「希望感模式」各構面在學業面向情意教育上的內涵。最後一節則總結說明，由於希望感與生活各面向的適應能力有相當大的關聯，因此藉由提升希望感以提升學生情意素養，將是一個非常具前瞻性的作法。

「希望」一詞在古典文學及心理學上的定位

　　相對於「絕望」（despair），「希望」（hope）乃是人類在災難之後的最後救贖——在希臘羅馬神話故事中，「潘朵拉的盒子」（Pandora Box）便在描述這個道理 [61]。故事中的人類原本過著一種無憂無慮的生活，然而由於普洛米修斯為人類盜火，天神宙斯乃創造出第一個女人潘朵拉以懲罰人類。宙斯將潘朵拉送給普洛米修斯的弟弟厄庇米修斯作為妻子，並送給這對新婚夫婦一個寶盒作為贈禮。雖然普洛米修斯已事先警告厄庇米修斯不可接受宙斯的禮物，而厄庇米修斯也謹慎地將盒子藏起來，但潘朵拉終究耐不住好奇心，趁丈夫不在家的時候將盒子偷偷打開。於是盒中的「災禍」（Troubles）乃四處飛散出來，而從此所有的災難也降臨人間，使得人類開始受病苦折磨。雖然潘朵拉在匆忙之餘趕緊將盒子蓋上，但此時盒內卻只剩下「希望」（Hope）了。最後，幸好「希望」說服了潘朵拉將它釋放出來，所有由「災禍」所闖出來的禍事才適時得以解除。但人間從此不再是個無災無難的樂土，人類也不再彼此和諧，唯一可慶幸的是：無論可憐的世人出了什麼壞事，「希望」總有法子去安慰他

---

[61] 國內有關希臘羅馬神話有相當多的版本，此處乃引自任世雍、劉開鈴合譯（1987）之《希臘神話》一書。

們。

　　上述這個故事以頗為象徵性且宿命的手法說明，人世間許多災禍都是無可避免的（例如：天神深知人性的愚昧，因此能夠有效地懲罰人類），它同時也提醒我們應該要感謝天神對人類的眷顧，因為祂終究沒有忘記在寶盒中放入珍貴的禮物──「希望」。此項珍寶使得我們無論遭遇何種困境，仍然能夠獲得力量。畢竟「災禍」來之，「希望」亦隨之而來！而「希望」不但是我們生活動力的來源，也讓我們在一切不幸中獲得安慰與救贖。

　　上述乃是古典文學對「希望」一詞頗為美化的想法，在精神醫學領域中則有一位學者 V. E. Frankl，用其生命經驗對「希望」的重要性做了一個現身說法的見證。Frankl 是一位奧地利的精神醫學家，他曾被納粹囚為俘虜。在漫長的牢獄生涯中，使他喪盡一切、飽受饑寒凌虐，且隨時都有死亡之虞。然而當他最後生還，並將其在集中營裡慘絕人寰的生活紀錄發表出來之後，不但出版了一本令人動容與震撼人心的半自傳體文稿──《活出意義來──從集中營說到存在主義》（*Man's Search for Meaning: An Introduction to Logotherapy*）（趙可式、沈錦惠譯，1986），且其存在哲學式的思維，也因而改變了世人對精神疾病的看法。

　　在書中我們可以看到，雖然每個俘虜都經歷了相同的折磨，但有些人卻存活下來，有些人則很快會採取「情緒死亡」、「無動於衷」的態度。Frankl 引用叔本華所說的「苦中作樂」（freedom from suffering）一詞來說明：人有一種不可剝奪的精神自由，這個自由是一種「精神武器」，它能幫助我們對抗空洞、貧瘠、孤絕的惡劣環境，而讓我們找到避難的港口。他亦發現，當俘虜能在內心產生希望時，即使是身處集中營裡，亦能找到「美感經驗」；而當他們對生命有所期待時，便能使集中營裡的生命充滿意義且具有目的性。Frankl 以極富超然與哲理的語氣說出：那些在集中營惡勢力下的犧牲品，其實都是自我抉擇的結果。他觀察到許多俘虜其實是因為看不到可堪期待的未來而自甘沉淪，生命的機運也因而逐漸消逝。因此他勉勵世人，「……人就這麼奇特，他必須瞻望永恆，才能夠活下去。這也正是人在處境極其困厄時的一線生機，即使有時候必須勉強自己，也

一樣……」（趙可式、沈錦惠譯，1986：82）。

當 Frankl 重獲新生之後，他創立了一派與傳統心理諮商理論截然不同的「意義治療法」（Logotherapy）。此學派不強調決定論的觀點（亦即將治療焦點放在探究病人過去的生命經驗），而強調治療者應將焦點放在未來，並努力幫助病人找出生命中的意義。Frankl 認為，每個人都有他自己的特殊天職與使命去實現，因此人最重要的不是去問他的生命意義為何，而是需要藉由負責的態度來答覆生命對他的詢問，「『他』才是被詢問的人，……，每一個人都被生命詢問，而他只有用自己的生命才能回答此問題」（趙可式、沈錦惠譯，1986：124）。

值得注意的是，Frankl 認為，這種崇高的精神境界並非只有在集中營裡才需要，因為人時時都面對著命運的挑戰，例如：以癌末患者為例，當病人對自己的未來失去信心，必然難逃劫數。信念就像精神防線般，人在面對生死病痛時，更需要透過極強勁的精神力量才能夠克服恐懼與戰勝病魔。事實上，Frankl 的這個論點在近年許多醫療文獻中確已得到支持，例如：Jerome Groopman 在醫治許多癌症及愛滋病患者後，於其《希望——戰勝病痛的故事》（*The Anatomy of Hope: How People Prevail in the Face of Illness*）一書中，便語重心長地說道：

> 「雖然『希望』還沒有統一的定義，我發現病人帶我見識到的，似乎可以抓到希望的精髓：希望是一種超越的感覺，讓我們想像自己踏上這條不斷攀升的希望之路，走向更好的未來。希望能讓我們看見眼前的障礙和陷阱。真正的希望不是幻想。希望不但使我們張大眼睛，也給我們勇氣去面對環境的考驗，讓我們有勇氣超越這些磨難。對我的病人來說，真正的希望和我給他們的治療一樣重要。我行醫多年之後，才深切地了解到這一點……。」（廖月娟譯，2005：7）

從上述我們可以體會到，「希望」在人生中扮演著多麼重要的角色！尤其是從許多人類歷史故事中，我們可以清楚發現許多痛苦的磨難都是靠著當事人抱持著對未來的希望而支撐下來的。因此如同 Frankl、Groopman

等人所言，在平凡安逸的日子中我們可能察覺不到它的重要性，但一旦我們面臨命運的嚴苛挑戰時，它的有無，便具有關鍵性的影響了——因為唯有不放棄希望的人才能愈挫愈勇！上述這些內容，不但說明了希望的重要，也再次提醒教育工作者，應以預防的觀點積極培養青少年的挫折忍受力。

第二節 正向心理學脈絡下「希望感」一詞的新意涵

　　上一節是以較為文學性與哲學式的思維看待「希望」，本節則轉向以科學觀點定義這個概念，尤其特別強調在正向心理學脈絡下它被賦予的新意涵。

　　何謂「希望」？雖然「希望」是一個非常普遍使用的生活語彙，在我們生活中不論哪個年齡層的人也都會不經意地說出這個字眼（例如：大人會說「我『希望』變得更有錢」、「我『希望』身體更健康」，學生會說「我『希望』考試能得第一名」，戀愛中的男女會說「我『希望』能得到真愛」，政治人物競選時的政見會出現「我『希望』國泰民安」，而小孩子則常感嘆「我『希望』能趕快長大」）。然而由於在不同時空情境下，同樣一個詞彙可以有不同的解讀，而說話者心中的想法也未必能夠真正反映在字面上，因此要對「希望」一詞做清楚的定義，尤其要對它下一個明確的操作型定義，確實是相當困難的一件事。

　　此外，由上述這幾個「希望」的用法，我們還可發現，這些句子不但在表面意義上非常不同，它的後續影響力也大不相同，例如：一個希望發大財的人應該會更努力工作、一個希望身體健康的人應該會更勤於運動、而一個希望考好成績的學生應該會用功讀書；相對地，由於真愛常是可遇不可求的、國家局勢非一人之力可以操控，而童言童語更是無法當真，因此這些願望是否能夠產生行動的力量，便顯然比較令人質疑了。根據此項法則，我們或許可以如此預測：當一個人所陳述的願望涉及較可能實現或

來自當事人真心渴望的目標時，他／她比較會努力以讓夢想得以實現；而若其目標並非個人之力所能控制的或僅出自於當事人不切實際的幻想，則我們多半會認為當事人只是說說罷了，並不會產生真正後續的行動力。

我們若再從「希望」此字的英文字源檢視，亦可找到它與「目標」之間的關聯，例如：根據《英語同義詞辨析大詞典》（王正元主編，1996）一書的分析，「希望」一詞雖與「願望」（wish）、「期待」（expect）、「等待」（await）等這些概念頗相近，但它與「wishful」、「optimistic」等較不同的地方是，「hopeful」乃是特指那些較「有根據的、經過考慮的，而不是盲目樂觀」的願望（頁 785）。可見當我們在談及「希望」這個概念時，顯然它必須以「目標」做為前題；亦即，一個沒有目標意識的人是很難產生希望感的。而 Snyder、Rand 和 Sigmon（2002）對早期心理學文獻回顧中，亦認為「希望」是一個人對其目標是否能達成的知覺，而目標的真確程度便決定了希望的高低。

綜上可知，當我們在理解「希望」一詞的意涵時，必須同時考量其所指涉的目標，以及此目標被實現的可能性。此項觀點在正向心理學中不但再次被提出，且賦予更明確的意涵。根據 Snyder 及其同事（McDermott & Snyder, 2000; Snyder, 1994, 2000; Snyder, Cheaven, & Michael, 1999; Snyder, Rand, & Sigmon, 2002）的看法，當我們對一件事情懷抱著「希望」時，意指我們不會被動的等待著願望來自動實現，而是我們會以主動的態度去追求目標。因此所謂「希望感」[62]，根據 Snyder 的理論，它乃牽涉到三個部分的互動歷程：一是「目標」（goals）部分：指當我們所追求的目標愈是明確、重要與可行時，則我們的希望感會愈高；二是「方法」（way-power）部分：指當我們有愈多的方法或策略來追求目標時，我們的希望感也會愈高；尤其當目標受到阻礙時，我們能否找到替代方案也影響了我們的希望感，Snyder 稱這部分為 pathways thoughts；三是「意志力」（willpower）部分：指徒法不足以自行，我們必須要有強烈的心理動力去

---

[62] 「希望」一詞可作為動詞，也可作為名詞。為使語意更為清楚，當作為名詞時，乃改稱為「希望感」。

運用上述各種方法來追求目標，這才表示我們是對這件事抱持著高度希望的，Snyder 稱這部分的能力為 agency thoughts[63]。

因此根據 Snyder 的說法，「希望感」乃是一種認知的思考歷程。在此思考歷程中，個體會根據先前所設定的「目標」，反覆推演計算自己是否具有足夠的「方法」達成目標，以及自己是否有足夠的「意志力」去運用這些方法。這個歷程牽涉到三個部分的互動歷程，分別是「目標」、「方法」與「意志力」。Snyder 認為「希望感」即是後二者的加總，分數愈高者，即代表希望感愈高。Snyder 以一個數學公式來表示三者的關係：Hope=Agency + Pathways（Snyder, 2000: 10）。

Snyder 等人認為，尤其當障礙（barriers）出現而使目標受阻時，更可以看到希望感的重要性。因為它牽涉到個體會不會有意願去找尋替代方法，並以類似繞路的方式來追尋原先希望達成的目標。這個概念若以圖像的方式呈現，即可發現希望感結合了有關目標設定、問題解決、自我效能、挫折因應能力等重要心理能力（如圖 3-1 所示）。

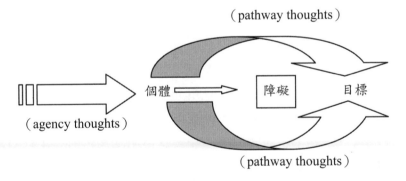

（pathway thoughts）

個體　障礙　目標

（agency thoughts）

（pathway thoughts）

圖 3-1　Snyder 等人對希望感的定義

---

[63] 國內有些學者將 pathway thoughts 翻譯為「徑路思考」（王沂釗，2005）、「路徑思考」（薛秀宜，2004；黃德祥、謝龍卿、薛秀宜、洪佩圓，2003）或「策略性思考」（羅文秀，2005）；而將 agency thoughts 翻譯為「作用思考」（王沂釗，2005）、「激力思考」（薛秀宜，2004）、「勝任性思考」（羅文秀，2005）或「機制」（黃德祥等，2003）。但由於 Snyder 等人分別以 waypower、willpower 來解釋 pathway thoughts 與 agency thoughts，因此本文仍依 Snyder 最原始之概念，將二詞分別譯為「方法」與「意志力」。

筆者認為 Snyder 等人的定義，不但非常清晰多元，且對於情意教育的推展與實施，提供了一個非常具體的行動方針。因為以往有關此議題的教學，大多只是著眼於提升個體的某部分心理能力（如自我肯定能力、問題解決能力或情緒管理能力）〔詳見王怡靜（2001）之文獻回顧〕，因此不論是採取行為演練、認知重建或認知—行為等模式，由於缺乏全面性的觀點，在實施效果上相當有限。但根據 Snyder 的理論，一個具有高度希望感的人，除了要有明確、重要與可行的「目標」以外，他／她還需要有多元的「策略」以及強烈的「意志力」，去運用上述各種方法來追求目標，這三者缺一不可，因此它實際上已涵蓋了有關目標設定（goal-setting）、問題解決能力（problem-solving），以及自我效能（self-efficacy）等重要心理能力了。

筆者認為，學校老師在進行「希望感」的教育工程時，若能以上述架構先行診斷學生的學習狀況，再針對其個別情形輔以適當的輔導內容，將更能提供刀口上的協助。如同上一章第五節筆者以「希望感」模式將學生的學習問題分為三類：「『目標』明確，卻不知為何而戰」、「想念好書，卻沒有好『策略』」，以及「想專心念書，但卻沒有強烈『意志力』」。因此，老師在進行學業面向情意教育時，便可根據學生問題性質來進行更為適性的教導，例如：針對第一類學生，教育工作者可幫助其訂定更具前導性質的生涯輔導計畫，以幫助學生確立具體可行且重要的「目標」，而非僅要學生把成績考好；針對第二類學生，教育工作者可幫助其熟悉各類學習「策略」，而非只是一味要其再用功、再努力；針對最後一類學生，則可適時提醒他們生命的意義，並產生抗拒誘惑的能力，以提升其追求夢想的熱情與運用各種方法的「意志力」。

「希望感模式」各構面在學業面向情意 教育上的內涵

　　由於 Snyder 的希望感理論對於「目標」面向的敘述著墨並不多[64]，因此當筆者在閱讀 Carol Dweck 等人之「目標導向」理論時，發現他們更特別針對目標導向、內隱知識信念與學習效能之間的關係進行探究。筆者認為，此觀點可充實希望感理論中對於「目標」面向的敘述，因此乃決定以更統整的方式來歸納一個情意教學運作模式（以下簡稱為「希望感模式」）。以下首先介紹 Dweck 的「目標導向理論」，再綜合說明「希望感模式」各構面在學業面向情意教育上的內涵。

一、Dweck「目標導向理論」概述

　　根據 Dweck 與其同事一系列的研究（Diener & Dweck, 1978, 1989; Dweck, 1975; Dweck & Reppucci, 1973, 引自 Dweck, 2000），他們發現有些人在面對生活上或學業上的失敗時，常能夠表現出較具適應性的反應模式（例如：即使失敗，他們在情緒上也仍然能夠維持頗為正面的情感，將失敗歸因於努力不夠，而繼續堅持，並自我激勵以採取更具建設性的策略面對挑戰）；相反的，有些人的行為卻是相當不具適應性的，例如：產生強烈的負面情緒、將失敗歸因於缺乏能力、堅持度明顯減少，並逃避挑戰。Dweck 稱前者為「精熟的反應模式」（mastery-oriented response patterns），後者則稱為「無助的反應模式」（helpless patterns）。Dweck 根據實徵資料說明，上述現象不但會出現在年齡相當小的兒童身上，在成年人身上也可看到此趨勢。

---

[64] Snyder 主要是以某項特定目標為著眼，因此屬於 Ford（1992）所謂的「目標內容」；Dweck 則探討人如何追尋某項目標，是屬於「目標導向」的概念，因此二者雖皆稱為「目標」，實則概念頗不相同。本書綜合二者，在「希望感模式」中稱為「目標類型」，以涵蓋二者之概念。

Dweck（2000）在其文獻回顧中亦歸結，上述現象之所以發生，乃因為這兩類人在成就表現上所設定的目標是不同的：前者採取的是一種強調學習目的，是在增進個人技能與精熟程度的「學習型目標」（learning goals）；後者則視學習為一種展現個人能力，並逃避被視為無能的「表現型目標」（performance goals）。由於抱持「學習型目標」導向者比較在乎的是自己是否能夠得到成長，對別人的評價則不太在乎，因此當面臨失敗時，他們會認為這是一個必須再發展個人能力的機會；也由於他們較能夠面對自己的弱點，因此當失敗時，反而能夠透過挑戰自己而獲得改進。相反的，抱持「表現型目標」導向者由於太過在乎是否能夠得到別人的肯定，因此失敗時反而將之解讀為自己就是一個缺乏能力的人，因此導致他們出現許多無助感的現象。

Dweck 進一步分析，個體會設定哪一種目標導向，與其內隱知識信念（implicit theory）有密切關係。根據其實徵研究發現（Bandura & Dweck, 1981; Dweck & Leggett, 1988; Hong, Chiu, Dweck & Lin, 1998; Mueller & Dweck, 1997, 引自 Dweck, 2000），採「學習型目標」者乃是抱持著「增長論」（incremental theory）的智力觀點，亦即認為一個人的智力是由其後天的努力與技能來定義之，故他們較能夠肯定後天的努力；至於「表現型目標」者則認為，人的智力主要是由其天生的聰明才智所決定，這是屬於「固定論」（entity theory）的智力觀點，因此他們認為，人的智力主要是由基因所決定，而後天因素則很難改變。筆者試以圖 3-2 串聯這些概念之間的關係。

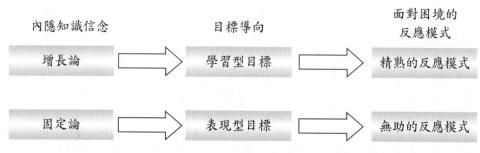

圖 3-2　Dweck 提出之「目標導向理論」中各變項間的關係

Dweck（2000）認為，上述理論尤其最能夠預測學生在面對困難情境時的表現。她特別指出，尤其當國小學生進入國中時，採取「表現型目標」導向者最容易出現無助的行為表現。此乃因為這些孩子從小只被培養成重視競爭，卻無法享受學習的樂趣，因此當課業難度增加之後，他們感受到的比較是一種威脅感，而無法視困難為一種挑戰。尤其為了讓別人對其產生好印象，甚至會不惜出現以說謊來掩飾其失敗的作法。

Dweck 的論述，筆者認為尤其對於臺灣的教育問題相當具有啟示性。雖然國內的教改運動已經如火如荼展開，但不可諱言的，許多望子成龍、望女成鳳的家長並沒有改變他們的觀念。他們對子女最常出現的提醒仍是以「你要考第一名」、「你要考滿分」（亦即強調「表現型目標」的訊息）為主。至於孩子是否樂在學習，或面對失敗時是否能夠以平常心看待（「學習型目標」的思維方式），則不是大多數父母最重要的考量〔詳細論述請參見唐淑華（2004b：254-255）〕。誠如 Dweck（2000）的文獻回顧，孩子們如何形成其內隱知識信念，與父母及老師對孩子的回饋方式有密切的關係。當大人在讚美孩子時若較看重的是孩子們努力的程度，而非其成績的高低，則孩子們就會變得比較不害怕挑戰。因此即使失敗，他們的挫折忍受力也會較好。反之，當孩子認為大人只是「以成敗論英雄」的態度來評鑑他們，或斷定他們是沒有「天份」學習的，那麼他們就會因而變得得失心很重，且會為了逃避失敗的難堪而挑選較簡單卻無挑戰性的任務來做。由於上述的論述乃是由 Dweck 和其同事在進行一系列實徵研究之後所得，且其中除了使用相關研究法之外，亦有相當多研究是以實驗法的方式進行，因此筆者認為其論述相當具有說服力。而 Dweck 的提醒，對於臺灣關心教育的人士更具有發人深省的意義，因此筆者乃將此理論亦納入希望感模式中。

二、「希望感模式」在學業面向情意教育上的內涵

綜合上述 Snyder「希望感理論」與 Dweck「目標導向理論」，筆者乃嘗試建構出「希望感模式」，以作為情意教學的運作模式（參見圖 3-3 所示）。由圖 3-3 可知，希望感模式共包含「內隱知識信念」、「目標類型

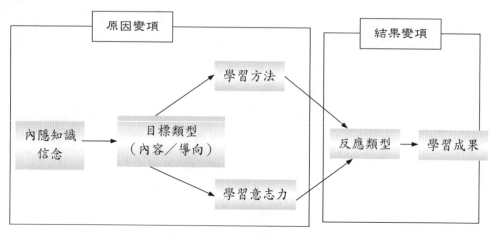

圖 3-3　「希望感模式」的構面

（內容／導向）」、「學習方法」、「學習意志力」、「反應類型」與「學習成果」等六個構面。前四個變項可視為是影響希望感的原因變項，後二個變項則可視為希望感在學業面向上所產生的結果變項。由於下一節將專門談希望感對生活各面向適應之影響，因此此處僅就前四個構面在學業面向情意教育上的內涵做說明。

（一）「內隱知識信念」

「內隱知識信念」乃指學習者的智力觀點，延用上述 Dweck 等人的觀點，此構面有「增長論」與「固定論」兩種類型：前者相信人的智力乃是經由其後天努力而來，因此學習者相信其能力必須經過一連串的努力才能慢慢累積而成；後者則認為人的能力是由先天基因所決定，因此認為學習能力乃是一種固定的、很難透過後天因素而改變的能力。

（二）「目標類型（內容／導向）」

「目標類型」乃指學習者對其成就表現所設定的目標，在此筆者又將之分為「目標內容」（簡稱「內容」）與「目標導向」（簡稱「導向」）兩向度。根據 Ford（1992）的說法，「目標」一詞含有兩個概念：一是泛

指那些我們想要達到的結果，例如：有些人看重的是工作上的成就感，有些人在乎的是人際之間的認同感，更有人關切的則是能否在金錢上達到最大的投資報酬率。Ford 稱此類的概念為「目標內容」（goal content）。Ford 和 Nichols 曾將目標內容整理為人與己、人與環境兩大類的目標（共 24 項），有興趣者可自行參考（詳見 Ford, 1992: 82-83）。上述 Snyder 希望感理論中所言的「目標」，筆者認為乃是屬於「目標內容」方面的概念。

另一個所謂「目標」的概念，根據 Ford（1992）則稱為「目標歷程」[65]（goal process），意指當我們在追尋所欲結果時所展現出來的風格或策略，例如：有些人會以主動、積極或一心求變的精神來追尋想要的目標，另有一些人則是採取被動、逃避或非不到最後關頭不會想改變的態度來因應環境。根據 Schunk、Pintrich 和 Meece（2008）的文獻回顧，目標歷程方面的研究成果又以「目標導向」（goal orientation）此觀點最能聚焦於探討有關學業方面的議題。由於 Dweck 便是「目標導向」研究陣營的一員大將，而其將目標分為「學習型目標」與「表現型目標」兩種類型的觀點（前者認為學習目的主要在增進個人技能與精熟程度；後者則認為學習目的主要在展現個人的能力），亦相當能解釋學生在學業面向上的情意素養，因此此處乃採用 Dweck 的觀點於模式中。

（三）「學習方法」

「學習方法」乃指學習者在學習過程中所使用的方法或策略。根據 Snyder 等人的理論，乃指為了達到目標而採用的方法。因此在學習過程中，學生必須嫻熟各類學習策略以獲得良好的學習成果。Dembo 曾羅列各項自律學習中有效的行為策略（包括時間管理、物理及社會環境管理）與學習策略（包括如何在閱讀教科書時抓到重點、如何在課堂聽講時記筆記與發問、如何準備考試以及應考），這些都是老師在平日教學過程中應教

---

[65] Ford（1992）將目標歷程分為三向度：一為主動—被動（active-reactive）；二為趨向—逃避（approach-avoidance）；三為維持—改變（maintenance-change）。

導的策略（李麗君譯，2007）。

（四）「學習意志力」

「學習意志力」乃指學習者在面對學業挑戰時，是否願意投注心力與克服各項困難的意願。根據 Snyder 等人的理論，乃指當事人是否有強烈的意願去運用各種方法來追求目標。由於筆者在閱讀 Snyder 等人的文章中發現，他們常常是以「willpower」與「agency」二字來交替說明此構面，可見一個人的意志力應該還涉及其對該項任務是否具有足夠信心而定。而根據 Schunk 等人（2008）的文獻回顧，許多採「預期—價值理論」（Expectancy-Value Theory）角度探討動機的學者們（例如：Pintrich 和其同事，以及 Wigfield 和 Eccles 等人）的確發現，一個人的自我效能感不但與其所使用的認知策略品質有很高的相關，且這種自我正面知覺的程度，還可做為預測學習過程的投入程度（cognitive engagement）與學習成就的指標。可見「學習意志力」應可視為學生在學習該科時，願意投注心力的程度與對該科表現的自我效能感。

上述模式對於設計學業面向的情意教育課程有非常重要的啟示。由於情意教育一向被視為是一個混淆與複雜的研究領域（歐用生，1998），因此儘管它是教育學領域中的一個重要而古老的議題，但由於過去學者們在定義情意教育時，係根據不同的理論脈絡，因而產生人言言殊、很難具有共識的現象，亦致使概念上很難梳理出一致的看法。尤其對於一些情意議題的介入方式，例如：如何培養學生的挫折忍受力、如何增進學習自我效能等，則仍莫衷一是、沒有一致的看法。但上述研究發現，則提供教育工作者一個具體的介入角度，例如：我們可以從改變學生對目標類型的設定（如明確設定一個努力的目標，並強調「學習目標」而非「表現目標」），或甚至從改變其內隱的知識信念（如強調「努力觀」而非「能力觀」）等來著手。此外，教導學生各類有效的學習方法，以及增進學生正確的自我效能感也是老師的重要責任。

然而，值得提醒的是，Snyder 和 Dweck 的理論雖然可以用來解釋學生在面對課業壓力時的因應模式，但筆者認為其說法仍有以下幾項限制：

第一，這些理論似乎未能考慮學生在學習不同科目時，是否會因科目屬性不同而調整其知識信念與目標導向。由於近年來教育與心理方面的研究都傾向採取領域特殊性（domain-specific）的角度來進行問題探討（Mayer, 2003; Pressley & McCormick, 1995），因此筆者認為，在探討學生的知識信念與目標導向時亦應適度加入此概念。所謂領域特殊性的觀點，乃假設任何心理特質未必具有普同性，因此需依其所涉及的特殊情境來探討（Paris & Turner, 1994; Wigfield, 1997），例如：一個對國文採取「增長論」的知識信念並設定「學習目標」的學生，當他／她在學習數學時，很有可能反而採取「固定論」，並以「表現目標」來看待學習。

其次，延續上述領域特殊性的概念，所謂「有效」的學習方法或策略，也會因不同的學習科目而異，例如：在學習以強調背誦記憶為目標的科目時，所採用的策略便與那些強調理解應用的科目有所不同。因此某生雖然對國文及數學皆採取「表現目標」的觀點，但很有可能由於他在國文科上擁有更多有效的學習方法與較佳的學習態度，以致於在國文科的反應模式乃迥異於數學科。因此我們若僅以「知識信念」、「目標導向」、「反應模式」等變項來了解課業壓力，卻不加入領域特殊性的考量，則可能流於過度簡略之嫌。

最後，誠如本書第一章所言，課業壓力幾乎是臺灣大多數年輕學子生活壓力的重要來源。身處此一競爭激烈的教育體制，國中學生對於課業很難擺脫「表現目標」導向的思維模式。然而由於各地區的升學人口數不同，就客觀條件而言，各地區的升學競爭壓力亦不盡相同。因此各地區學生雖然都是抱持著「表現目標」的觀點看待學習，但實質上他們很可能在壓力感受上的程度卻是相當不同的。因此有關情境性的差異亦可加入「地區」之間的考量，例如：了解城鄉之間的差異，乃是未來可再深入探討的議題。

綜合上述，筆者認為雖然藉由希望感模式，可了解學生在面對課業壓力時的情意態度全貌，然而由於學生在學習不同科目時，可能會因科目的不同屬性，而做情境性的調整；因此這些議題都是未來有識之士在使用希望感模式進行學業面向情意教育研究時，可再加入考量的變項。

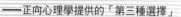

第四節 「希望感」與生活各面向適應的關係

為什麼提升青少年的希望感，是一個重要的教育任務？因為根據 Snyder 和 Hpza 等人的研究，希望感與青少年許多生活面向上的適應狀態皆有密切的關係。以學業上的表現而言，雖然「希望感」與 IQ 的相關並不高，但它不但與學生的學業表現有顯著正相關，而且 Snyder、Wiklund 和 Cheavens 在一個長達六年的縱貫研究中亦發現，希望感與學生的畢業成績、中輟率皆有顯著相關存在（引自 Snyder, Cheaven, & Michael, 1999）。而當 Curry、Maniar、Sondag 和 Sandstedt 以實驗方式介入希望感的提升時，亦發現這樣的課程能夠有效的影響學生的學業表現與其自尊（引自 Snyder, Rand, & Sigmon, 2002）。

在心理適應層面上，Snyder 的研究團隊亦發現希望感與個體許多生活面向上的心理適應狀況有密切關係，例如：在希望感測驗上得分愈高的人，其自我知覺能力（perceived competency）也愈高、正向想法與正向情緒也愈多，並採取較樂觀的歸因型態[66] 以及較積極的問題解決因應策略與計畫能力（引自 Snyder, Cheaven, & Michael, 1999）。事實上，Snyder、Rand 和 Sigmon（2002）以希望感理論的角度觀察，發現高希望感者（high hoper）在挫折因應策略上，較少採取逃避的策略，而會適時彈性地調整目標；相對的，低希望感者（low hoper）常會對未來有災難化的預想（catastrophize about the future），他們面對困難較常鑽牛角尖、念念不忘（ruminate unproductively），甚至不切實際地妄想會有奇蹟出現，而無法從過去經驗中記取教訓。由於低希望感者常常顯現出自怨自艾的態度（self-focus and self-pity），而這只會增加焦慮感而延緩治癒力，或採取逃避的因應型態。因此就心理健康層面而言，高希望感者也較能符合這樣的特質。

---

[66] 根據 Snyder 等人的文獻歸納，高希望感的人對正向事件採取內在、穩定與全面性的歸因方式，而對負向事件則採外在、穩定與全面性的歸因方式。

Snyder 等人進一步以希望感理論來了解憂鬱症患者及其內在對話，亦發現此理論不但可用來分析一個人的關切焦點是否有對焦（on-task rather than off-task focus），當患者學習到更多的意志力與方法的思維時，便能達到正向的改變。因此 Snyder 認為，不論採取哪個學派的心理治療，透過此架構都能有效地協助憂鬱症患者。

此外，在運動、身體健康、人際互動方面，也可看到希望感所扮演的角色。Snyder 等人發現具有高希望感的運動員比低希望感者在運動表現上有更佳的表現；在身體保健方面，高希望感者會採取更多預防疾病的活動（例如：願意接觸健康訊息、從事運動）；在二級預防上，希望感高者在慢性病或其他疾病的治療上也顯現出重要效果；在病痛的忍受力方面，高希望感者也顯出更強的忍痛能力。而在人際互動方面，高希望感者喜歡與人互動、在乎別人如何看你、在社會認知上有更正向的自我知覺（引自 Snyder, Rand, & Sigmon, 2002）。

因此根據上述，我們可以了解希望感與個體在許多生活面向上的適應與表現有密切關係。除此之外，Snyder、Rand 和 Sigmon（2002）亦建議，未來希望感理論可應用於探討公共議題上，因為無論公司、企業、政府、國際組織，皆需建構一個共同目標與願景，成員的向心力才會應運而生，例如：就社會層面而言，一個國家對人民的目標追尋若是較少限制的，人民或許會出現較少的毀滅行為（如自殺）；而電視廣告中若能充滿更為明確的目標、方法與意志力等內容，亦可能形塑一個社會較高的希望感，而帶給閱聽人更大的力量。Snyder、Rand 和 Sigmon 以慢性病為例說明，若大家都以為罹患某個病症之後，就是一件無能為力的事時，那麼大部分的人就不會想再做什麼努力了。但如果廣告能夠傳達一個訊息，讓大家了解維持健康仍有一些基本的方法，包括健康的飲食、健康的生活型態等等，使患者有很清楚的認知，他們就會變得較有希望感，也會對自己的健康採取更積極的作為。

上述 Snyder 等人的觀點，筆者認為相當具有建設性，尤其我們若以「知識就是力量」這句話來解讀，更可以發現「目標」、「方法」與「意志力」對提升希望感的影響。因為當一個人在目標明確的前提下，若加上

相當豐厚的知識背景（亦即他在「方法」部分有較佳的準備度），他就比較能夠遇事沉著，此時若輔以堅定的意志力，其問題解決的能力自然較能發揮作用，最後亦能產生較高的希望感。相對的，若一個人連基礎的知識與方法都缺乏時，就遑論他還可能保持高昂的希望感了。

　　值得注意的是，有一些學者曾針對希望感過高是否反而會造成當事人缺乏現實感，甚至成為一種否認、幻想或逃避現實的防衛機轉。針對此，Snyder 等人特別區分所謂「錯誤希望感」（false hope）與「高希望感」（high hope）的差別（Snyder & Rand, 2003; Snyder, Rand, King, Feldman, & Woodward, 2002），他們並強調在評量個體的希望感時應針對目標、方法與意志力等三方面進行深入檢視。由於此涉及有關評量的議題，因此下一章接續探討有關希望感的評量議題。

第四章

希望感的評量

　　上一章簡述「希望感」在古典文學及早期心理學文獻中的用法，並說明由於此時正值正向心理學思潮方興未艾之際，以「新瓶裝舊酒」的方式揭示希望感的重要性，不但具有時代上的意義，其理路清晰的內涵更提供了情意教育工作者一個相當可行的理論架構，因此本書乃以此理論為基礎，以探討臺灣學子的學業適應議題。然而在進行希望感教學時，一個更基本的問題則是：我們如何得知一個人的「希望感」？尤其如果在進行情意教學前無法評量學生在不同構面上的希望感，那麼我們不但很難規劃出一套適性的學習方案，恐怕亦無法得知教學前後的學生究竟是否有所改變。因此為了提供學生有效的協助，積極規劃精良準確的診斷工具，乃是進行希望感教學的第一步。然而情意教育中一向被認為最困難的任務之一，便是有關評量工具之難尋及缺乏公認的評量程序等問題（張郁雯，1999），因此本章乃專門探討有關如何以各種量化與質化方式評量希望感的問題。

　　中國醫學博大精深，往往需要透過「望、聞、問、切」才可以得知一個人的健康情形。筆者認為，要了解一個人的希望感，也應該透過多重的管道以探知究竟。而 Snyder 等人亦建議，評量兒童的希望感可以採取以下

幾種形式：包括透過問卷評量方式以評量當事人的自陳態度、透過觀察方式以評量其外顯行為、透過訪談方式以評量其日常話語、透過文件分析方式以評量其在書寫文字中所流露的希望感〔詳見 Lopez、Snyder 和 Pedrotti（2003）之文獻回顧〕。由於這些作法所適用的情境、重點皆不盡相同，而其評定的觀點亦頗為不同，因此以下筆者分別以「問其想」、「觀其行」、「聽其言」、「讀其寫」標示出各類工具的特色。

「問其想」——以自陳問卷方式詢問一個人的希望感

以自陳問卷方式評定個人態度的作法，是情意領域中公認為蒐集資訊最為普遍的一種方式（Linn & Gronlund, 1995），而希望感的評量亦不例外。目前以 Snyder 的希望感理論為架構所設計的自陳問卷有相當多份，且幾乎都是由 Snyder 的研究團隊所發展而成。根據 Snyder、Lopez、Shorey、Rand 和 Feldman（2003）指出，這些問卷尚可依其設計理念分為三大類：第一類乃視希望感為一種穩定的「人格特質」（trait），亦即假定希望感是一種頗為穩定的思考傾向，它並不會隨著不同情境而做改變；第二類則認為在不同的領域中，當事人會發展出不同的「領域特定性」（domain-specific）的希望感，因此個體可能會在某些領域有較高的希望感，但在某些領域則否，例如：一個學生可能會對其課業抱持很高的希望感，卻對其人際互動不抱以太大希望；第三類則認為由於希望感乃是一種以目標為導向的認知評價系統，而隨著不同情境改變，個體亦會不斷調整目標，因此希望感乃是一種瞬時改變的「狀態」（state）。

根據上述三種不同假定，Snyder 等人乃分別發展出三類不同性質的量表〔詳見 Lopez、Ciarlelli、Coffman、Stone 和 Wyatt（2000）的文獻回顧〕。針對第一類工具，目前依研究對象的不同年齡，已發展出三份量表：(1)「成人希望感量表」（*Adult Dispositional Hope Scale*），此份量表

適用於 15 歲以上青少年；(2)「兒童希望感量表」（*Children's Hope Scale*），此份量表針對 7 至 16 歲兒童；(3)「幼兒希望感量表」（*Young Children's Hope Scale*），此份量表適合 5 至 7 歲幼兒使用。觀諸三份問卷內容（題目內容參見 Lopez, Ciarlelli et al., 2000），可發現這些量表雖然在選項複雜度與題數上各有不同 [67]，但由於他們在概念上皆視希望感為「一種普遍性特質或個性」，故並不特別侷限於某個特定領域的目標，而是評量個體一般性的「方法」與「意志力」表現，因此在實質內容上三份量表大同小異，並無太大差別。

　　相對於第一類問卷不侷限於特定目標的問法，第二類量表則要求當事人需針對某項特定領域的生活目標作答。Snyder 等人目前業已發展出兩份工具：一份是適合 13 歲以上青少年使用[68]的「成人特定領域希望感量表」（*Adult Domain Specific Hope Scale*），另一份則適用於 6 至 12 歲之「兒童特定領域希望感量表」（*Children's Life-Domain Scales*）。前者主要是測量個體在九個生活面向上的希望感 [69]，包括：社會關係（social relation-ships）、學業（academics）、愛情關係（romantic relationships）、家庭生活（family life）、工作（work）、休閒（leisure）、個人成長（personal growth）、身體健康（health and fitness）、性靈（spirituality）（題目內容參見 McDermott & Snyder, 1999）；後者則是測量兒童在六個生活面向上的希望感，包括：學校課業（schoolwork）、遊戲與休閒（play and recre-

---

[67] 成人量表最初原為四點量表，但自 1993 年起已改為八點量表（Edward, Rand, Lopez, & Snyder, 2007）；兒童版為六點量表，幼兒版則簡化為三點量表。在題數方面，成人版共有 12 題（4 題測量 pathway，4 題測量 agency，另 4 題用來轉移受試者注意故不計分），而兒童版與幼兒版皆為 6 題（3 題測量 pathway，3 題測量 agency）。

[68] 雖然 Lopez 等人（2003）將此工具列為適用於 15 歲以上之成人使用，但在《希望感聖經》（*The Great Big Book of Hope*）一書中，McDermott 和 Snyder（2000）在論及 13 歲以上青少年的各生活領域希望感測量時，便採用此份工具為代表，因此筆者認為此份量表之使用年齡亦可往下延伸至 13 歲。

[69] 此份問卷原為 Sympson 之博士論文，僅包含 6 個向度；但 McDermott 和 Snyder（1999）為使該量表能更完整呈現個體生活的各面向經驗，乃擴增「個人成長」、「身體健康」與「性靈」等 3 個面向，而成為一份包含 9 個向度的量表。

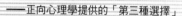

ation）、家庭關係（relationships with family）、安全（safety）、健康（health）、性靈（spirituality）等（題目內容參見 McDermott & Snyder, 2000）。由於題目內容乃是針對不同特定領域所設計，因此藉由量表上的得分，可分別獲知個體在不同領域性質目標上的「方法」與「意志力」表現。

最後一類則視希望感為「一種隨著時空改變因而改變的狀態」，因此需根據受試者「此時此刻」（here and now）的狀態進行「方法」與「意志力」的自我評定。目前僅發展出一份工具，是適用於 15 歲以上的「成人希望狀態量表」（*Adult State Hope Scale*）（題目內容參見 Lopez, Ciarle-lli et al., 2000）。

根據 Lopez 和 Ciarlelli 等人（2000）的文獻回顧，上述量表的內在效度係數皆在 .70 以上（其中「成人特定領域希望感量表」信度係數最高，達 .93；「成人希望感量表」信度係數最低，為 .70～.80）〔詳細數值請參見 Lopez 等人（2003: 102）之表 6-2〕，而這些量表的構念效度亦宣稱相當良好，因此是當今正向心理學領域中頗受重視的工具。茲將上述所提及的量表整理於表 4-1 所示。

表 4-1　Snyder 等人所設計之希望感量表一覽表

希望感類型	量表名稱	適用年齡
視希望感為一種「人格特質」（trait）	「成人希望感量表」	15 歲以上
	「兒童希望感量表」	7 至 16 歲
	「幼兒希望感量表」	5 至 7 歲
視希望感具「領域特定性」（domain-specific）	「成人特定領域希望感量表」	13 歲以上
	「兒童特定領域希望感量表」	6 至 12 歲
視希望感為瞬時可變的「狀態」（state）	「成人希望狀態量表」	15 歲以上

筆者發現，上述這些根據 Snyder 的希望感理論所設計的工具在此領域的影響力相當大，除了其團隊成員會採用這些量表進行實徵研究之外，目前在論及「希望感」此議題時，各國學者亦會直接採用上述工具或加以修訂，例如：美國學者 Valle、Huebner 和 Suldo（2006）便採用「兒童希望感

量表」測量青少年的希望感，並探討希望感作為預測挫折適應能力與生活滿意度的指標；加拿大學者 Grewal 和 Porter（2007）則以希望感理論解釋自殺者的心理歷程；大陸學者陳海賢、陳洁（2008）則修訂「成人希望感量表」，並探討貧困大學生的希望特質，及分析其如何調節憂鬱和幸福感。而 Juntunen 和 Wettersten（2006）則以 Snyder 的希望感理論為基礎，發展出「工作希望感量表」（*Work Hope Scale*），並建議該量表可作為生涯諮商的診斷工具。

目前國內教育領域針對國中、小學生所進行的希望感研究，主要亦修訂自上述工具[70]，例如：筆者曾於 2003、2004 兩年度的國科會研究中修訂「兒童希望感量表」；施周明（2008）於其碩士論文中針對兒童之學校生活所發展的「國小學童學校生活希望感量表」，亦採用 Snyder 的希望感理論為參考架構而編製相關問卷。由於本書的主要關注對象便是國中、小的學童，因此以下再就「兒童希望感量表」與「兒童特定領域希望感量表」等兩份量表，做進一步說明。

一、「兒童希望感量表」

「兒童希望感量表」（*Children's Hope Scale*，以下簡稱 CHS）為 Snyder 等人（1997）針對中、小學生所設計的六點 Likert 式之問卷。此測驗共包括 6 題，其中 3 題測量 pathway thoughts，另 3 題測量 agency thoughts。由於此份量表長度相當短，約 5 分鐘的施測時間即可完成，並可得到 pathway 和 agency 二分數及其總分，因此是一份頗為方便施測的工具。而根據 Snyder 和 Hoza 等人的發現，一般學生在此測驗上的總平均約為 25

---

[70] 黃德祥、謝龍卿等人（2003）曾修訂 Snyder 等人之工具，但他們主要是在比較國小、國中與高中學生分別在希望、樂觀與學業成就等變項上的差異。針對「希望」之測量，他們乃是合併「成人希望感量表」、「兒童希望感量表」（二者皆屬第一類量表）與「成人希望狀態量表」（屬第三類量表）。他們除了根據項目分析結果先進行刪題之外，亦以因素分析方式得到三個因素，分別稱之為「目標實踐」、「困境逃離」與「問題解決」等三類能力。其中與本書較相關者為「兒童希望感量表」，但由於其與筆者所譯為同一份量表，因此本書不再另行介紹。

分（滿分為 36 分）。而得分 29 分以上者，可視為前 15%；得分 21 分以下者，則為後 15%（引自 Lopez, Ciarlelli, Coffman, Stone, & Wyatt, 2000）。由於 CHS 曾在美國各地區施測過，而根據其資料顯示（詳見 Lopez、Ciarlelli 等人的文獻整理），該量表之信、效度皆相當良好（內部信度介於 .72～.86 之間，一個月後的重測信度介於 .70～.80 之間，且與自我價值及正向歸因有正相關），因此為了解此工具是否亦適用於臺灣學童，筆者乃分別於 2003、2004 年的國科會研究中進行 CHS 的中文版修訂。

筆者第一年的研究對象乃根據立意抽樣方式，挑選花蓮縣 204 位國中學生為對象（一至三年級學生分別為 68、61、75 人）；第二年則擴大樣本，以全臺灣北、中、南、東四區國中二年級學生共 396 名進行施測（亦採立意抽樣，北區、東區各 100 人，中區、南區各 98 人）。

雖然此次中文量表之內容主要是翻譯自 CHS，但由於筆者認為，其中未有任何題目是直接探詢學生對自己能力的看法，因此在第一年研究中，乃將原量表增加一題「我對我自己很有信心」，並將之列為 agency 方面的題目[71]。到第二年再增列一題「我覺得我的人生充滿著希望」，用以直接衡量中學生的整體希望感。此份工具共包含 8 個題目（參見表 4-1 所示），在 agency 分量表中有 4 題題目（第 1、3、5、7 題），pathway 分量表有 3 題（第 2、4、6 題），第 8 題則做為效標之用。茲將中文版內容與英文版 CHS 各題內容做一比對（參見表 4-2）。

根據連續兩年之研究結果，筆者發現中文版「希望感量表」之內部一致性皆相當良好（例如：agency 分量表，第一年與第二年之 *Cronbach's α* 皆為 .724；pathway 分量表，第一年 α 為 .798，第二年 α 為 .686；整體信度，第一年 α 為 .866，第二年 α 為 .840），顯示本量表經中文化修訂後亦頗富信度。

而在效度分析上，筆者是以「學業失敗容忍力量表」（陳柏齡，2000）及「憂鬱量表」（魏麗敏，1994）作為效度分析標準，結果亦發現

---

[71] 事實上，若觀諸 agency 方面的題目，會發現其題意皆與一個人的「自信心」較有關聯；而 pathway 方面的題目，則與一個人的問題解決「方法」或「策略」較有關聯。

表 4-2　中文版「兒童希望感量表」與英文版 CHS 之對照表

中文版「兒童希望感量表」	英文版 CHS	說明
1. 我認為我表現得很好	I think I am doing pretty well.	此題直接譯自 CHS
2. 我能夠想出許多方法來獲得那些對我的生活具有重要性的事物	I can think of many ways to get the things in life that are most important to me.	此題直接譯自 CHS
3. 跟其他同年齡的人相比，我的表現跟他們一樣好	I am doing just as well as other kids my age.	此題直接譯自 CHS
4. 當我遇到困難時，我會想出許多方法來克服它們	When I have a problem, I can come up with lots of ways to solve it.	此題直接譯自 CHS
5. 我認為過去的經驗會幫助我面對未來的事情	I think the things I have done in the past will help me in the future.	此題直接譯自 CHS
6. 即使當別人想要放棄時，我仍然認為我可以想出方法來解決這個問題	Even when others want to quit, I know that I can find ways to solve the problem.	此題直接譯自 CHS
7. 我對我自己很有信心		此題為筆者於 2003 年研究中增列
8. 我覺得我的人生充滿著希望		此題為筆者於 2004 年研究中增列，主要在做為效標之用

agency 分量表、pathway 分量表皆與「學業失敗容忍力量表」及「課業相關的憂鬱量表」之相關係數達 .01 之顯著水準（前者之第一年相關係數為 .536、.557，第二年為 .539、.534；後者第一年為 -.376、-.273，第二年為 -.470、-.354）。而其中「學業失敗容忍力量表」之工作難度與失敗行動兩分量表，亦與 agency、pathway 兩分量表之相關係數達 .01 的顯著水準（第一年為 .394～.746，第二年則為 .447～.632）（詳細數據請參見唐淑華，2004c，2005）。由於「學業失敗容忍力量表」及「憂鬱量表」二者都在測量國中學生的學校生活適應能力，而前者的編擬定義較偏重於個體面對挫折時是否有適當的因應能力，後者則與學生之自我概念密切關聯，因此二者與本研究之「希望感量表」皆具有類似的概念，故上述顯著相關結果

應屬合理。此外，第二年研究以第 8 題（測量整體希望感）為效標時，更發現agency分量表、pathway分量表，皆與該題之相關係數達.01 的顯著水準，顯示該題與二分量表有顯著相關性。因此未來在對希望感概念進行衡量時，若為簡省方便之故，則似乎可以採取直接詢問整體希望感程度的單一問題，來衡量受測者的希望感狀態。

綜合上述，中文版「兒童希望感量表」與英文版CHS一樣，目前皆得到相當不錯的信、效度資料。因此未來我們若想要以量化方式迅速了解青少年在一般生活事務上的「希望感」（亦即視希望感為一項普遍性特質或個性時），應可考慮採用此量表，以了解他們在「方法」與「意志力」兩方面的表現。

二、「兒童特定領域希望感量表」

「兒童特定領域希望感量表」（*Children's Life-Domain Scales*，以下簡稱 CLDS）主要是在測量兒童在學校課業、遊戲與休閒、家庭關係、安全、健康與性靈等六個生活面向上的希望感。McDermott 和 Snyder（2000）認為，由於這些向度上的議題對於兒童生活品質具有最關鍵性的影響力，因此若能聚焦在這些領域上，並檢視兒童有關「方法」與「意志力」方面的想法，將有助於增進我們對兒童的深度了解。

根據 McDermott 和 Snyder（2000）指出，所謂「學校課業」領域，是指兒童在學業方面的自我知覺，亦即他／她認為自己在成績方面，是否能有良好的表現；具體而言，高希望感的兒童會設定較為切實可行的目標，且在方法上能夠想出多元的策略克服困難，並願意認真努力讀書以爭取好成績。「遊戲與休閒」領域，是指兒童能否有效透過遊戲與休閒方式以渡過閒暇時光；高希望感的兒童會想出各種點子在生活中創造遊戲的樂趣，當遊戲遇挫時也會有意願找出替代方案。「家庭關係」領域，則是指兒童是否能夠享受家庭生活，並願意以適當方式與家人溝通；高希望感的兒童自認可以有很多方式與家人共渡時光，並有意願與家人維持良好關係。「安全」領域，是指兒童是否能感到自身安全不會受到威脅；高希望感的兒童會認為自己有許多方法來維護自身安全，並在遇到危險時有意願尋求

各種方法以解決問題。「健康」領域，是指兒童是否對於維護身體健康有所知覺；高希望感的兒童自認會有許多方法來照護自己，在意志力上亦願意採取行動以維持健康的狀態。「性靈」領域，則指兒童在宗教、信仰或精神層次上是否能有所寄託；高希望感的兒童會以各種方式表達對性靈方面的崇敬，當遇挫時亦願意尋求精神層次上的解脫。

　　針對上述每個領域，McDermott 和 Snyder（2000）各發展出 6 題六點量表的問卷（3 題在測「方法」，3 題在測「意志力」），並稱之為「兒童特定領域希望感量表」。根據量表上的得分，我們不但可以了解兒童在不同領域上的「方法」與「意志力」表現，更可進一步透過此資料以作為教學與輔導工作上的前導工具。

　　國內施周明（2008）亦曾以「兒童特定領域希望感量表」為藍本，發展出「國小學童學校生活希望感量表」。然而值得注意的是：雖然施周明是採用 Snyder 等人對希望感的定義發展其量表，但他並非直接修訂該工具，而是重新編製了一份量表 [72]。施周明的量表，除了將六點量尺改為四點之外，最大的差異乃在於向度上的選擇。由於施周明認為「環境與常規」、「學習表現」、「同儕關係」、「師生關係」、「自我觀念」與臺灣國小學童的生活更有關聯，因此在領域選取上，「國小學童學校生活希望感量表」與 Snyder 之「兒童特定領域希望感量表」並不相同。此外，在因素能力上，除了「方法」、「意志力」之外，施周明尚評量學童之「目標」表現，因此每個學童在不同領域上，皆有「目標」、「方法」、「意志力」等三項分數。此作法頗異於 Snyder 等人的作法，而有關施周明此項改變，筆者認為似乎可再斟酌。因為根據 Snyder（2000）的說法：「希望感乃是一種認知的思考歷程，在此思考歷程中個體會根據先前所設定的目標，反覆推演計算自己是否具有足夠的方法達成目標，以及自己是否有足夠的意志力去運用這些方法」（p. 8），可見希望感乃是立基於一個已設

---

[72] 施周明以桃園地區國小六年級學童 535 位為對象進行信、效度的分析，在信度方面，內部一致性介於 .502～.775 之間，重測信度介於 .803～.848 之間；效度方面，內容效度以因素分析測得變異解釋量介於 50.6%～69.0%之間，效標關聯效度亦得到顯著結果，顯見該量表之信、效度頗佳。

定的目標前提下，對個人之「方法」與「意志力」的認知評估。換句話說，一個人若沒有明確的目標，又何所謂希望感之有？故筆者認為似乎沒有再評定「目標」的必要。況且倘若一個學生之目標的得分偏低，卻在方法上或意志力上的得分偏高時，則我們又該如何解釋其意涵？因此筆者建議，未來研究或許仍可維持 Snyder 等人之原作法，亦即，僅評定「方法」與「意志力」即可。另一作法，則可考慮 Lopez、Ciarlelli 等人（2000）的方式，亦即先行由當事人針對各個領域目標的重要性（importance）及其滿意度（satisfaction）進行評定〔詳細問法請參見 Lopez、Ciarlelli 等人（2000: 77-78）〕，再就其「方法」與「意志力」進行評量。如此交叉比對的結果，亦可了解兒童的希望感。

綜合上述，Snyder 團隊目前已發展出相當多份以自陳方式了解希望感的工具，這些工具的信、效度皆頗佳，因此在教學與輔導工作上可扮演相當重要的角色。

第二節 「觀其行」——以觀察方式觀看一個人的希望感

在情意評量技術中，除了採自陳問卷之外，觀察法亦是另一類常被採用的技術（Anderson & Bourke, 2000）。就希望感的評量而言，Snyder 團隊亦肯定觀察法的功能，Lopez 等人（2003）便認為，觀察法是「由行動中偵測希望感」（detecting hope in action）。然而，由於自陳問卷與觀察法二者最大的差異，乃是前者是以問卷方式了解一個人主觀知覺的希望感，後者則透過系統化方式客觀地觀察此人是如何在日常生活中運用其希望感，因此二者所評量的希望感是否為相同構念？實為一個值得深思的問題。

根據 Anderson 和 Bourke（2000）的研究，由於觀察法假設透過觀察一個人的外顯行為便可推論其情意特質，然而此項假設是否成立，端賴兩大

因素所決定——外顯行為的操作型定義是否明確，以及觀察者是否具有敏銳的觀察能力，因此 Anderson 等人建議，為了避免產生觀察上的誤差，除了對觀察行為應有明確的操作型定義以及採用訓練有素的觀察者之外，若能在不同情境中進行多次觀察亦不失為可行的解決策略。

事實上，觀察法本來就具有多種類型，例如：我們可以採非常量化取向的方式進行觀察與記錄（如採結構方式進行檢核表格的勾選），也可以採非常質性的方式記錄（如採非結構方式的軼事記錄）。若進一步以觀察情境的性質來看，可分自然情境觀察及人為情境觀察；以觀察程序的結構性而言，可分結構式觀察及非結構式觀察；若以觀察者角色來說，可分參與觀察及非參與觀察；若以觀察者是否接觸觀察情境的形式來看，則可分直接觀察及間接觀察。可見觀察法依不同情境、結構及角色，有非常多樣的作法；且端賴觀察目的，亦可有不同的組合（吳明清，1991）。

就希望感的評量而言，雖然目前 Snyder 團隊已發展出一些較為偏向量化取向的觀察工具，且宣稱以觀察及自陳問卷兩種方式所評量的希望感，其相關數值達中等程度（Lopez, Snyder, & Pedrotti, 2003）。然而筆者認為，嚴格來說，他們目前的作法仍然不完全符合觀察法的要求，因為他們並未真正將希望感在行為上的表現做精確的操作型定義，而僅是將問卷內容做少許變形，由自評方式改為他評方式罷了，例如：Snyder 等人目前所建議的觀察評量工具，便是將現有的自評問卷（例如：「成人希望感量表」、「兒童希望感量表」、「幼兒希望感量表」等工具）之原題目主詞，由第一人稱改為第三人稱，並且由相當熟知受試者之重要他人擔任觀察者填答完成（引自 Lopez, Cicarlelli et al., 2000）。因此，如何發展出一套真正適合做為行為觀察的檢核指標，應是此領域未來的一項重要工作。

尤其針對 Snyder 等人目前的作法，筆者認為最大的問題，乃是觀察者很容易因為其對觀察對象的刻板印象，而形成誤判的情形。由於其評定指標並非以某一項客觀行為做為觀察基礎（例如：針對某項學習行為進行「方法」與「意志力」的觀察），而是根據其對當事人的整體印象來填答（例如：要求觀察者針對當事人在：「*即使當別人想要放棄時，這位學生仍然可以想出方法來解決問題*」進行勾選），因此筆者認為這個作法很難

對學生進行客觀的觀察。事實上，筆者便曾於 2003 年的國科會研究中經歷過此項挑戰。當時在進行 CHS 中文版修訂時，為同時發展中文的觀察版量表，筆者亦採 Snyder 團隊的作法，將主詞改為第三人稱，並邀請學生導師填寫觀察版的資料。結果發現，204 位國中學生的自陳問卷版與觀察版之各項相關係數，從 .096～.133，並未達 .05 之顯著情形 [73]。所幸，當時在該項研究中，筆者採取三角檢證的方式，除了導師方面的資料，尚蒐集學生的故事敘說及個別訪談資料，因此可交叉比對學生的自陳方式與老師的觀察是否有所差異（相關說明見下兩節內容）。可見，如何發展出真正以中、小學生的外顯行為做為觀察指標的工具，將是此領域未來的重要挑戰。

　　綜合上述，以觀察法評量希望感，可對當事人在生活中如何運用希望感有更全面與深入的了解。然而為使此項觀察不致流於主觀，則不但需將「希望感」在行為上的表現做更具體的界定，更應從當事人的實際生活情境上找尋各個可觀察的時機，如此才能對當事人的希望感有更深入的了解。

第三節　「聽其言」——以敘說方式傾聽一個人的希望感

　　前述兩節著重於以量化方式評量希望感，接下來兩節則採質化取向方式探討此議題。本節主要介紹半結構式訪談法，下一節則介紹文件分析法。

　　有關訪談法的特色，根據吳明清（1991）的觀點，乃是因為教育研究

---

[73] 由於兩份工具除了在主詞上有所差異外，其他用詞及敘述完全相同，因此可排除來自翻譯上的問題。但由於當時疏忽，未考慮一個導師是否能夠熟悉全班三十幾位學生的「方法」與「意志力」，因此本結果是否因為老師對學生的知覺產生刻板印象？則有待未來進一步探討。

所需的資料，常常無法全憑觀察方式來「臨場目擊」個體的行動，因此需透過研究者直接向研究對象「發問」而得到受訪者自我陳述的回答。若問與答的過程都以口語進行，那就是「訪問」；若皆以文字進行問與答，那就是「問卷」。故吳明清認為，訪問及問卷皆為調查法中蒐集實徵資料的一種方式，二者差異不大，僅是回答的管道不同罷了。

上述這種將「訪問」及「問卷」歸為同一類，且認為二者皆是調查法資料蒐集方式的論述，出現於許多教育研究法的教科書中（例如：吳明清，1991；林生傳，2003）。然而此處有關以訪談方式進行希望感的評量，Snyder 等人則是採取偏向質性敘說的方式進行，亦即並非將問題完全控制為標準化[74]，而是透過一連串的半結構式訪談問題，以了解當事人的一般性希望感、目標、方法、意志力，以及遇到障礙時的因應之道（詳見 Lopez, Ciarlelli et al., 2000: 69-71）。

茲將 Snyder 等人所建議的訪談問題整理如下。

一、一般性的詢問

- 在追求某項目標卻遭遇困難時，你認為自己是因為用錯方法？還是缺乏能力？
- 當你遇到困難時，你是否有能力制定新的計畫以朝目標邁進？
- 你認為自己大體上有沒有已達成想要的目標？
- 你很難回想起自己過去成功的經驗嗎？
- 當你在追求一個目標時，你覺得是做計畫比較容易？還是督促自己去實踐計畫比較容易？
- 一般而言，你如何知道自己是用對了方法才達成想要的目標？
- 你又如何知道自己的目標已經達成了？當你達到目標時，你的生命有何不同？

---

[74] 文崇一（1989）認為，愈是結構式的訪問，控制愈多，也愈不會有「跑野馬」的討論（頁 553）。而此處所說的半結構式訪談法，則是介於「結構型訪問法」與「無結構型訪問法」之間。

- 當你努力朝向目標邁進時，你會對自己說什麼話？
- 「我通常都能獲得生命中想望的事物」，你覺得用這句話來描述你，貼切嗎？
- 如果請你的父母（朋友、伴侶）用三個形容詞來描述你，你認為他們會說什麼？你自己又會怎麼說？
- 說一件你人生中最傑出的成就，並說說在那件事中你學到了什麼？
- 你有沒有那種歷盡千辛萬苦、最後終於達成目標的經驗？當時是什麼力量讓你堅持下去？說說當時你用了什麼方法來完成目標？

二、有關「目標」的詢問

- 你如何設定目標？
- 你可以詳細說明一個目前正在追求的目標嗎？
- 描述一個你想要達成的目標，並說明你會採取哪些步驟來完成這個目標。
- 在一段特定的時間內，你會為自己設立幾個目標？
- 今天（這一週、今年）你為自己設立了哪些目標？
- 你覺得自己達成目標的成功率如何？
- 你認為自己是一個目標取向的人嗎？為什麼是？（或為什麼不是？）

三、有關「意志力」的詢問

- 當你想要達成一個目標時，你是否會下定決心、全力以赴？
- 你認為自己想要達成目標的動機有多強——以 1 到 10 分為評分範圍，你給自己打幾分？（1 分代表最弱，10 分代表最強）
- 你在設定目標及達成目標方面，有多成功呢？
- 你如何看待現在的你（一個月後／一年之後／五年之後）？
- 你如何確定自己的未來將是成功的？

四、有關「方法」的詢問

- 如果原定的方法無法讓你達成目標時，你是否能夠很快地想出新的替代方案？
- 你通常都是如何達成想要的目標？
- 你都是用什麼策略來解決問題？
- 當你的目標受到阻撓時，你會如何度過難關？
- 對於今天／這週／今年／未來五年的人生，你有何計畫？
- 在過去那些成功達成目標的經驗中，說說你是如何做到的？
- 在達成目標與遇到阻撓能解決困難這兩方面，你會如何形容自己的能力？

五、有關「障礙」方面的詢問

- 當面對一個棘手的困難時，你有何反應？
- 當你的目標遇到阻礙時，你的感受如何？
- 在你的周遭環境中，你是否曾因為他人的偏見，而導致你的目標受到阻礙或延宕？
- 你如何評價自己處理挫折的能力？
- 請分享過去追求目標的經驗中，你曾經遇過的一次重大打擊。

　　觀諸上述的訪談問題，可發現其內容之豐富性遠勝於問卷版之內容，因此若在時間許可的狀況下，採用此方式將比實施一份問卷更有利於蒐集全面性的資料。然而儘管如此，筆者亦發現，上述訪談題項不但多所重複，在形式上亦頗為跳躍，似乎未能針對問題的邏輯順序進行編排。因此在使用這份訪談工具時，筆者建議與其逐題要求受訪者回答，我們毋寧可將這些問題視為訪談大綱，亦即可依據實際訪談情形以彈性調整問題的順序。事實上，在 Lopez、Ciarlelli 等人（2000）文中便曾呈現一則訪談內容，他們亦非逐題訪談受訪者，而是針對談話內容做變化，可見這個作法應該是合理的。有興趣的讀者可自行參閱此則訪談內容（參見 pp. 71-72）。

　　此外，Lopez、Ciarlelli 等人（2000）建議，透過訪談方式不但可以深入了解當事人在不同構面上的希望感，亦可做為後續諮商與輔導的重點。而筆者認為，若能再交叉比對前述幾種由量化方式（如問卷、觀察等）與質化方式所蒐集來的資料，將更可得到全面性與多元性的觀點，例如：筆者在 2003 至 2005 年的三年期國科會研究中，便是先以問卷、導師觀察、訪談、文件方析等方式，進行花蓮縣某一班國三學生的希望感評量，接著才進行後續的教室觀察及小團體輔導等活動。

　　值得一提的是，當時在進行訪談法時，為了挑選有意願的受訪者，以及使訪談內容更為聚焦，筆者乃是搭配書面方式進行。當時是邀請學生先以書面方式敘述個人故事，指導語如下：

> 「以下我們希望你以敘述的方式來介紹一下自己最近的生活。首先可否請你在心中選定一個最近曾經想要達成的目標（不論這個目標是否真正達成了），這個目標是什麼？剛開始你是打算用什麼方法來達呢？後來你真正使用了那些方法嗎？在過程中你遇到了什麼困難？你如何面對這些困難？你是否尋求任何人的協助？你如何維持自己的意志力？在過程中你告訴自己什麼？最後目標達成了嗎？或是你放棄了？你是否改變了原先的目標？最後成功了嗎？不論你是否成功，也請你告訴我從這個經驗中你學到了什麼？」

　　接著再邀請那些勾選有意願接受個別訪談的學生，進行半結構式訪談。結果發現，由於筆者已能透過書面資料事先掌握這些學生的想法，因此再根據這些內容所進行的後續談話也更能聚焦與深入[75]。

　　例如：當時有一位學生（以 A 同學代稱）在書面資料寫道：

---

[75] 在後續所進行一個為期一學期的小團體輔導中，筆者便發現由於先前對學生的狀態有所了解，因此在團體中的對話不會流於泛泛之談，反而能夠很容易切入主題，並符合每位成員的需求。

「……我覺得我的目標是永遠不變的，我還是希望我能當一位獸醫，但是我覺得很困難的是找尋資料，而且我本來想要一點一點蒐集，但有點幫助可是……不知怎麼說。但是，不管怎麼說，我是不會放棄的，也不會改變，因為大自然是如此的吸引我。」

可以明顯看到這位學生不但有明確的「目標」（「……希望我能當一位獸醫……」），也有強烈的「意志力」（「……不管怎麼說，我是不會放棄的，也不會改變……」），唯獨缺乏的是「方法」（「……我覺得很困難的是找尋資料……」）方面的認知。因此在後續訪談中，筆者乃針對方法方面做更深入探詢，以了解其問題所在。

至於另一位學生（以 B 同學代稱），他的希望感則相對較為薄弱，他寫道：

「現在的我還有許多事情還沒完成，應該說是來不及完成……因為常常有些事明明規定好了一定要做，卻始終沒有著手。我承認我做事沒有真正的完成過，一切都只做到一半，現在我仍處於在迷惘之中，看不清楚自己的目標，但我也改變很多。以前的我覺得努力離我很遙遠，從沒有試著做，不過現在，我至少努力過，也得到一些努力應有的代價……我知道我一定可以繼續完成將來的事物，只要我肯下功夫。我一定行的……」

我們可以看到 B 同學的問題，不但出在缺乏明確的「目標」（「……現在我仍處於在迷惘之中，看不清楚自己的目標……」），在「方法」與「意志力」方面，相對於 A 同學，也更顯不足（「……我承認我做事沒有真正的完成過，一切都只做到一半……」）。由於 B 同學的問題更為複雜，因此當時除了與之進行面對面訪談之外，尚參酌其他方式以了解他的想法。有關這部分的說明，將呈現於下一節。

綜合上述，透過訪談可直接了解學生在生活中運用希望感的情形，而彈性調整訪談問題，並搭配其他評量技術（如文字書寫），更可幫助我們

全面且深入了解受訪者的想法。因此，以下繼續說明有關以文字書寫方式
評量希望感的作法。

第四節 「讀其寫」——以文件分析方式閱讀一個人的希望感

　　有關文件分析，Snyder 等人是採故事敘說的方式，由學生的書面作品
或口述內容進行分析，分析重點則在了解學生對於這些事件的詮釋，包括
當時的目標、方法及意志力。此外，他們認為信件、故事、日記、手札，
亦皆可成為分析的素材。

　　有關如何撰寫個人故事，McDermott 和 Snyder（1999）建議可採用六
步驟方式鼓勵書寫者進行寫作。首先，書寫者需先作一個自我介紹，內容
包括個人特質，以及年齡、性別、族群、教育背景、社經地位等背景資
料。由於這部分主要在呈現影響希望感的重要因素，因此在書寫時，
McDermott 等人建議應該愈詳細愈好，就好像是在對一個完全不認識自己
的陌生人做自我介紹般的仔細。步驟二則是指出自己的目標：這個目標不
需要很高遠，書寫者可選一個最近想要達成的目標便可，但重點是在說
出：你有多渴望這個目標？你已花多長時間在追尋這個目標？以及你的人
生是否會因達成這項目標而有何不同？等。步驟三則在描述曾使用過的方
法：書寫者可回憶曾經嘗試過的方法，以及個人對於這些方法是否有足夠
的自信等。步驟四是針對個人的情緒及感受進行書寫，重點在說明你對於
這整件事是否有足夠的熱情與衝勁，以及你對於成功的預期為何。由於這
部分的內容可看出一個人在自我效能上所傳送出來的訊息，因此更是在後
續分析時檢視的重點。步驟五則書寫在目標追尋過程中，是否遇到任何障
礙或困難？而當遇到這些「路障」時，你的態度為何？是鍥而不捨？抑或
改弦易轍，很快新定一個目標？最後，步驟六則說明努力後的結果為何，
包括目標達成與否，以及這過程中經歷了哪些值得作為下次借鏡的教訓

等。

　　而在分析重點上，McDermott 和 Snyder（1999）亦建議應該根據書寫者的用詞，以詮釋性的方式找出這些標籤字（marker）所代表的意義，例如：當一個人在書寫時，使用的字眼或所釋放的訊息，類似於「這根本是一件不可能的任務」、「我覺得很挫折」、「我不知道該怎麼辦」之類的話，便是屬於負向的標籤字；「我有決心達成這件事」、「我對這件事有信心」、「我準備好了」等，則是屬於正向的標籤字；至於「這件事還不明朗」、「我還不是很確定」則為中性標籤字。因此根據書寫者的用詞，我們可以對他們在各構面上的希望感有更清楚的了解。McDermott 和 Snyder 在其文中業已列出幾個完整的書寫例子及其分析重點（pp. 25-38），有興趣者可自行參考。

　　在上一節筆者曾提及訪談與書寫可混搭使用，事實上文字書寫尚可配合閱讀進行。筆者在 2003 年的國科會研究中，便曾將這些技術混合運用於國三學生身上。由於上一節已談過訪談與書寫的進行方式，因此此處僅針對書寫與閱讀的作法做說明。

　　當時為了了解這群即將面臨國中基測的國三學生之心情，乃是先以書面方式提供他們閱讀一篇短文 [76]，再邀請學生根據這篇文章所談的議題在學習單上寫下他們的想法。引導語如下：

　　　　「看完小三學生的煩惱，你（妳）是否有深深的同感呢？那麼現在正在就讀國三的你（妳），是否也有很多的煩惱？你（妳）的心情如何？有想要開始衝刺了嗎？別急，先把自己的煩惱一一釐清，再朝它前進吧！那……你（妳）現在想到你（妳）的煩惱是什麼了嗎？試著寫出你（妳）現在的煩惱，讓自己更了解自己，也讓我們想辦法來幫幫你（妳）吧！」

---

[76] 此文乃摘錄自凌志軍（2004：177-178）所著《成長——發現最好的自己》一書，該篇短文標題為〈一個小學生的煩惱〉，主要在說明一個大陸小學生在面對課業壓力時，其心情苦悶與極度嚮往自由的心聲。

　　透過此方法，筆者認為不但可以鼓勵學生針對設定的議題表達想法，尤其當學生缺乏自由書寫的能力與習慣時，當在邀請學生進行文字書寫前，若能搭配使用前置性文本的閱讀，將更能激發學生寫作的靈感。此外，若能同時參酌其他軼事資料，如學生之心情日記、聯絡簿等，亦更可了解學生在生活面向上希望感的表現與改變的軌跡。

　　例如：在上一節中曾提及的 B 同學，他在「一個國三學生的煩惱」學習單上乃是寫道：

> 「嗯，看完了這篇國三的煩惱，的確有很多裡頭所寫到的煩惱，我都能夠『感同身受』耶！因為功課多……等，反正跟文章裡的都差不多啦！但正因為現在是衝學業的最佳時機啊！也是本分嘛！所以說讀書也是最重要的啦！努力就對了，不是嗎？學生本來就醬嘛！」

　　如前所述，由於他的目標、方法與意志力皆相當不足，因此筆者再以交換日記形式與其進行一系列後續筆談。以下是筆者根據希望感理論對他的提問：

> 「你說讀書是本分，但除了是本分之外，不知你是否也有具體的目標讓你朝著它前進？如果有的話，可以說明是什麼嗎？另外，你認為讀書是重要的，也認為現在是衝課業的最佳時機，那麼你都是如何準備你的課業和考試？或是你用什麼方法或是模式去準備？從你的文章，我也看到你認為學生本來就該讀書，那麼你可否說明一下是怎樣的意念支持著現在的你讀書呢？」

　　而他的回覆則是：

> 「當然，讀書就是為了以後能夠生活更好啊！讀書是本分，也是讓在這個階段的我能夠有朝向明天的認知啊。但通常我是不會讀書的，我都是等到考試前個禮拜才看的，而方法喔，反正有讀就有分嘛！但這種方法對數理這方面是行不通的。所以這兩科

我都是利用上課時間聽，會多少就會多少，反正盡力就能 pass 過
的。……我就是為了要求更完美的生活，當作我精神的支撐柱子
才會讀書，要不然數理的東西我早就放棄了……何必硬撐呢？對
吧！反正會的就盡力學，不會的就努力搞懂一些吧！」

上述如此消極的讀書態度，竟然在一次新聞事件後，很戲劇性的有所
改變。那次他在日記中寫道：

「昨天我在電視新聞上，看到兩名模特兒，為了趕場去參加
萬聖節 party，在路上被一台巴士攔腰撞上，就這樣去世了……在
新聞公布他們的面容時，我驚然發現……其中一位模特兒是我經
常在『網路遊戲王』上看到的新天上鬼的代言模特兒。本來想說
她曝光率那麼高，應該過沒多久就紅了吧！結果命運捉弄人，在
她正要開始她多采多姿的生活時，就這樣走了……我心中有所領
悟……人是無法得知何時會死、病，也不知道何時會成功 or 失
敗，只能在現在的時間盡可能的朝自己的夢想前進，努力完成自
己的希望，現在的我只能做這些了……為了未來的我……。」

像 B 同學這類將學習意義定位在工具性價值的學生，其實在臺灣比比
皆是。而筆者認為這些學生最大的問題，乃是對學習缺乏熱情。所以，如
同 B 同學在交換日記上所說的：「……通常我是不會讀書的，我都是等到
考試前個禮拜才看的。」雖然很幸運的（或很不幸的），B 同學對於學習
的態度，因為一則新聞讓他意識到生命的有限性因而有所改變。但更多的
學生則是渾渾噩噩讀完義務教育，卻仍然不清楚知道自己為什麼要待在學
校接受教育。因此筆者認為這些文字表達，除了提供了一個窗口供我們了
解學生的想法，更重要的是，它更提供了一個我們可以進行後續情意教學
的平台。因此本書下一章將要進入探討有關希望感教學此一議題，並說明
如何透過閱讀與書寫進行學業面向情意教學。

第五章

提升希望感的步驟及 具體策略 [77]

由於 Snyder 等人將希望感視為是個體在追求某個明確目標時，「方法」與「意志力」二者的總和，且二者是相互影響的。因此若要有效提升一個人的希望感，便需要分別針對個體的「目標」、「方法」及「意志力」等三大元素進行輔導。本章第一節首先回顧 Snyder 等人針對提升希望感所提出的各項建議；第二節則以敘事治療取向為主，說明如何以閱讀、故事討論、書寫方式等具體策略，以提升希望感。

 提升希望感的步驟

一、幫助學生發展明確且具體可行的「目標」

根據希望感理論，個體的目標愈是明確、具體與可行，其希望感愈高。因此提升希望感的第一步，乃是先從「目標」方面著手。「有夢最

---

77 本章改寫自〈從希望感論情緒轉化〉（唐淑華，2008）一文。

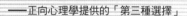

美，築夢踏實」，理論上每個人都應該是個尋夢者，勇於為自己的理想而奮鬥不懈；然而在真實世界中，卻不是每個人對於自己的人生方向都有清楚規劃的。因此對於那些面對人生目標毫無想法的學生，我們更應提供一個可發掘其目標的架構。

由於目標訂定並非憑空而來，它通常會反映在我們對生活事物的關注上，因此，McDermott 和 Snyder 便建議我們，可以協助學生針對各生活領域的議題（包括：學業、家庭、休閒生活、個人成長、身體健康、親密關係、社會互動、精神生活、工作等面向），逐一就其「重要性」與「滿意度」分別進行評估。如此不但能幫助學生鎖定努力的方向，也較能釐清哪些才是真正值得追尋的目標（引自 Lopez, Floyd, Ulven, & Snyder, 2000）。

McDermott 和 Snyder（1999）更將設定目標時可採取的六步驟明列出來，筆者認為這些步驟不但對於助人工作相當有幫助，也可做為自我改進時的參考。首先，步驟一乃是針對生活各面向的目標進行重要性及滿意度評量，進而從中選定一個具高度重要性卻不滿意的面向以進行改變。步驟二則針對步驟一所選出的面向進行希望感評量（工具可參考本書第四章曾介紹過的「兒童特定領域希望感量表」），並釐清究竟是出於「方法」或「意志力」方面的問題。步驟三是以自我對話方式找出個人真正想要的目標，經由達成此目標，個人將能有效提升其對生活的滿意度；Snyder 等人認為，低希望感的人通常過度壓抑自己的想法，因此在此階段我們不妨讓想像力馳騁，並允許自己可以盡情做夢。步驟四則針對目標的可行性進行評估，Snyder 等人認為要進行此項工作，最有效的方式就是將達成目標所需要的步驟一一寫下來。步驟五則訂出每個小步驟所需要的工作期程，此步驟主要是在將飄渺不切實際的夢想轉化為具體的行動方針。步驟六則是調整各步驟的合理順序，並以按部就班的方式達成理想。在其書中，McDermott 和 Snyder 以一個離婚的婦女為案例，說明如何具體實踐此六步驟，他們亦列有一份根據此六步驟所設計的工作單，有興趣的讀者可自行參考（參見 McDermott & Snyder, 1999: 98-101）。

綜上所述，希望感理論雖然認為目標可以是短期也可以是長期的，但

對個體而言,都應該具有足夠的重要性與價值感[78],否則由他人代為訂定的目標,將很難產生足夠的力量。而當目標具有某種不確定感時,雖然能夠增加其挑戰性,然而其成功機率亦需適中,否則成功機率不高的目標,將很難使個體產生希望感。

二、幫助學生擴展與強化「方法」方面的思維

有了清楚的「目標」之後,下一步乃是發展出各種可以到達目的地的「方法」。通常每個問題都有至少一種以上的解決方法,而 Snyder 等人亦發現希望感愈高者,愈能想出其他替代方案。為強化個體在「方法」方面的思維,Lopez、Floyd 等人(2000)建議可採取心像法,亦即讓當事人以拍攝內心戲的方式(making an internal movie),在心中推估每個步驟達成目標的效果,並藉由觀賞個人在影像中可能發生的經驗,以具體建立各種可用的方法。

Snyder(1994: 254)亦具體建議在「方法」方面,可採取以下作法:(1)把遙遠的、長期的大目標分割為具體、可行的小目標;(2)藉由專注在立即的小目標上,以逐步完成大目標;(3)練習使用不同方法來達成目標,並選擇其中最好的方法;(4)在心中演練你需要做什麼才能夠達成目標;(5)在心中想像你如果遇到障礙了,該如何做才能突破障礙;(6)當目標無法達成時,不要急著責怪自己,而要提醒自己是因為沒有使用正確的策略;(7)如果你需要新的技巧才能達成目標,那就去學習它;(8)與他人建立雙向的互動關係,不但你能夠獲得協助,你也能給別人建議;(9)當你不知道該如何達成目標時,積極尋求協助。

---

[78] 在此我們可區分「所欲目標」(desired goals)與「可欲目標」(desirable goals),前者乃屬於個人層面的目標,有較強的情意成分在裡面,也含有較多非理性的成分(因為有些目標在別人看來,根本是不重要或達不到的);而後者則屬於社會層面的目標,是一個社會文化中大家普遍達成的共識。儘管透過社會化的過程,二者仍會互相影響,且個體亦會逐漸將社會價值內化到個人的價值系統中。但由於希望感理論較傾向於探討個人所認定的目標,因此此處所指涉的目標乃是指前者而言。

另外，Snyder 也建議應避免以下幾點：(1)認為一次就可以達成大目標；(2)急著找出達成目標的方法；(3)在第一次嘗試後，就急著認定那是唯一的方法；(4)認為達成目標的方法只有一個，且那就是最完美的方法；(5)當某個方法不可行之後，就停止再嘗試找尋替代方案；(6)一遇到困難，就認定自己沒有天分或不配追尋當初所設定的目標；(7)為獲取安全感，當遇到困難就停止再嘗試；(8)當朋友認為放棄嘗試是較佳的決定時，會為了別人的肯定，而犧牲自己的目標；(9)認為求助就是弱者的象徵。

綜合上述，希望感理論認為「方法」的選擇與使用是達成目標的關鍵，但有時大目標需分解為幾個小目標才能夠漸次完成。當遇到困難時，更需主動嘗試，從眾多方法中找到較為可行的作法，如此才能順利地提升希望感。

三、幫助學生逐步增強其「主體性」與「意志力」

「徒法不足以自行」，即便有清楚的目標與方法，若當事人知覺的自我能力是非常負向消極的，則亦無法產生足夠的動力。根據希望感理論，所謂「agency」就是指，對於自己是否能夠使用 pathway 來達成目標的知覺。這是一種自我內言，亦即「我可以做得到」、「我不會輕易放棄」。尤其在遇到障礙時，agency 會幫助一個人有強烈動機使用其他的 pathway。

Lopez、Floyd 等人（2000）建議，可透過回憶個人過去生命中的成功經驗，以喚醒當事人的意志力。尤其可針對故事中他們如何設定目標、如何克服困難，以及最後如何達成目標等經過，以增強當事人的希望感。而當個體無法回憶自己過去的成功經驗時，治療者仍可鼓勵當事人以正向的角度來找到積極的元素，使得平凡無奇的生活仍存有一絲的希望感。

Snyder（1994: 239-240）曾針對如何提升「意志力」，條列一些具體的建議：(1)告訴自己，你既然已經選擇了這個目標，就應該盡力完成它；(2)學習使用正向的語言與自己對話；(3)對於障礙要有所預期，因為那是在追尋目標的道路上很自然的一件事；(4)把問題視為一種可以振奮自己的挑戰；(5)身處困境時，更要提醒自己過去的成功經驗；(6)即使遇到困境，也能夠嘲笑自己；(7)當原本的目標受阻停滯時，能夠找到替代的目

標；(8)享受追求目標的過程，而不要只把眼光聚焦在最後的成果上；(9)保持均衡的生活習慣與作息（包括飲食、運動與睡眠）；(10)觀察生活周遭的環境，即使那只是微不足道的小事情；(11)若發現心理有狀況，應求助專業人士的協助。

相對的，Snyder（1994: 240）認為一些作法反而很容易扼殺一個人的「意志力」：(1)對於生命中的困境，一再地讓自己感到驚恐而不願坦然面對；(2)用詆毀的方式責怪自己，以為這樣才會讓自己更堅強；(3)當無法立即振奮起來，就變得很沒耐性；(4)遇到困難就驚慌失措；(5)當心情沮喪時，就斷言情勢絕對不會再有轉圜的餘地；(6)遇到逆境就自怨自艾；(7)常常自以為是，並把個人的價值看得過重；(8)當目標已確無達成之可能時，仍然固執不願改變；(9)不斷追問自己的表現是否卓越優異。

綜觀上述，可以發現希望感理論在「意志力」的培養上，非常強調個體對於目標應保持具有彈性的態度。這個觀點，筆者認為與達賴喇嘛在談論「佛教禪定」時，實有異曲同工之妙。達賴喇嘛認為，禪定的一個重要特點乃是思考生命的短暫，以及思索死亡與無常；如果能看破生死輪迴，就可以真切體認到「『原來這一切的煩惱就是我的問題所在』，從而生起解脫的渴望，這種情緒確有助於心靈的平靜」（引自張美惠譯，2003：68）。因此筆者建議我們可以綜合東、西方的觀點，來面對我們人生的大小挫折，亦即以一個更坦然的心態來思考：「人生既是如此無常，何苦如此我執？」尤其當我們設定一個目標後，若事與願違，現實種種考驗與阻難迫使我們的目標無法實現，則我們更應該停下腳步來反省檢討：「事情為什麼會這樣？是自己用錯方法了？還是自己還不夠努力？」總之，套用希望感理論的話，在追求目標的過程中，「目標」、「方法」與「意志力」的確是三者缺一不可的要素。

第二節　以敘事方式提升希望感的具體策略

　　本節接著介紹如何以敘事方式提升希望感。根據 Snyder 等人的觀點，hope 是一種認知的思考歷程，且是可以透過一些教導的方式而習得（McDermott & Snyder, 2000）。雖然我們從出生之後，會經由許多經驗而慢慢學會對未來事物抱持著合理的希望，但透過成人的示範與主動協助，兒童更可以學會以有效的方式來偵測其負向認知。而在 Snyder 等人所設計的教學方案中（例如：Lopez, Floyd, Ulven, & Snyder, 2000; McDermott & Hastings, 2000; McDermott & Snyder, 2000），他們特別推崇以敘事（narrative）的方式來了解學生的 pathway thoughts 及 agency thoughts。他們認為透過成人以說故事與討論的方式，或透過與兒童共讀文學作品的方式，不但可以很容易了解學生內心的想法，亦可以有效提升學生希望感低落的情形。

　　敘事的方式有多種形式，有些是採讓學生回顧創傷性的經驗，有些則是要求學生回憶一些正向的成功經驗，還有一些則是借用閱讀兒童故事的方式，來幫助學生有效提升其希望感〔詳見 Snyder 等人（1999）之文獻整理〕。因此本節接著介紹以敘事方式提升希望感的幾種具體作法。

一、創傷經驗的書寫

　　有關讓當事人書寫創傷經驗（廣義稱為 emotional writing）以達到治療效果的方式，在臨床上已被許多心理治療學者所運用，例如：在 Smyth 和 Pennebaker（1999）的文獻回顧中，有許多研究都曾以書寫創傷經驗的方式，探討此種方式對生理與心理適應上的影響，包括對身體健康狀況、心情、幸福感、工作與學業表現、免疫能力等之影響。他們並引用 Smyth 之後設分析的研究結果說明，進行書寫治療的實驗組受試者，通常比控制組受試者有更好的恢復率，而其效果值可高達 23%。

　　為什麼書寫具有如此神奇的效果呢？這種效果在日常流水帳的記日記方式上，是否會顯現出來呢？Smyth 和 Pennebaker（1999）對後者這個問

題持否定的看法。因為他們認為，所謂創傷經驗的書寫方式（無論是以自傳體的方式或是以第三人稱的敘事方式），都是一種逼使當事人重新正視那些生命中曾發生過的焦慮或問題的方式，因此這種方式與日記最大的差別是，後者通常缺乏認知重組與再次架構問題的方式，而唯有透過認知的思考歷程來解釋與連貫這些過去事件，治療效果才易出現。至於是否一定要用「寫」的方式？在 Smyth 和 Pennebaker 的文獻回顧中倒是發現，即使是用「說」的方式（對著錄音機或對著治療者皆然），只要是內容能夠照顧到上述的原則，其效果都優於僅書寫無關情緒事件的方式。

事實上，除了 Smyth 和 Pennebaker（1999）以外，多位學者亦支持敘事治療的效果，例如：Engel（1995）以兒童為研究對象，發現敘說在兒童生活中的重要性是無可取代的，他們透過說與自己生活經驗有關的故事，或者只是純粹以想像的方式來虛構故事，而這些在情緒上與認知上皆能滿足兒童在「勝任感」（mastery）方面的心理需求。White 和 Epston 認為，唯有「回憶才能忘懷」（廖世德譯，2001：164），他們認為透過敘說故事的方式，可以將問題外化（externalizing），使當事人把自己、關係與問題分開，並重新以新的觀點描述自己。因此由上述我們可以發現，敘說不但具有治療的功能，它亦是我們日常生活裡自然存在的一個活動，對兒童而言，它尤其具有發展上的意義。

然而，如同 Stone 所說，當我們一再執著於敘述同一個故事卻無法擺脫困境的痛苦時，重述故事並不會達到解放的效果，反而使人更容易耽溺在個人的迷思之中。因此，此時我們便需要學習由他人的觀點來重新撰寫故事（張敏如譯，2000）。而筆者認為，此時正是輔導人員介入的大好時機。Gardner（1993）曾經創造一種稱為「交互說故事」的技術（the mutual storytelling technique），這種方式是由兒童先開始說一個故事，但較不同於傳統敘事治療的部分是，接下來的則是由治療者根據兒童故事背後的心理意義，再敘述另一種版本的故事。值得注意的是，在成人版的故事中，人物、情節皆與兒童版的大同小異，但差異的則是，成人版中因應問題的策略與態度較為健康。筆者認為這種方法頗適用於那些受過去經驗所困的當事人，至於對人生經驗尚不甚豐富的青少年而言，Gardner 此種由

他人協助以完成故事的方式更具建設性。

二、正向成功經驗的回憶

除此之外，Snyder 等人亦建議，敘事方式可以要求學生回憶一些正向的成功經驗。White 和 Epston（廖世德譯，2001）亦有類似看法，他們認為在自我故事中，除了描述悲慘故事外，也可邀請當事人敘述成功的故事以達治療效果。因為寫出成功故事即代表當事人具有跳出問題的能力，此不但可成為諮商情境中的資源，當未來問題再度浮現時，亦可作為自我諮商之用。筆者認為這的確是一種頗能增能（empower）當事人的一種方式。

事實上，這種「回憶當年勇」的作法的確有學理可以支持。Bandura（1997）在其《自我效能》（*Self-Efficacy*）一書中，便針對產生自我效能的幾種來源進行說明，其中他特別針對自我楷模（self-modeling）的優點進行說明。他認為尤其對那些有著強烈自我否定感的人而言，當教導、楷模、獎勵對他們皆無效時，則這種「以自己為師」、「以自我為觀察對象」的方式反而會產生最佳的效果。在作法上，Bandura 除了建議可以將已經成功完成的經驗記錄下來之外，他也引用 Dowrick 等人的研究，認為可以透過錄影、科技繪圖等方式虛擬建構出成功的經驗。Dowrick 將自我楷模區分為重建式（reconstructive）與建構式（constructive）兩種形式，前者是表現尚不完美的版本；後者則是經過科技方式處理過的影像（引自Bandura, 1997）。由於後者能將成功表現需具備的各項技能以慢速切割的方式呈現出來，因此透過二者的比對，當事人將能有效提升自我效能感。此外，Bandura 也建議可採用心像方式，亦即透過內在認知方式在腦中回憶個人的成功經驗。

綜合上述，每個人的情緒皆有高低起伏，尤其遇到挫折時我們更容易產生自我懷疑的想法。但透過回憶個人過去的成功經驗，將幫助我們更有效的渡過低潮與沮喪時刻。正向心理學領域近來有一些學者如 Bryant、Smart 和 King 等人（2005），以品味（savoring）過去經驗作為提升正向情緒的作法，亦與此處所言不謀而合，有興趣的讀者可進一步參考之。

三、與兒童共讀文學作品

　　Snyder 等人所建議的最後一種方式，乃是透過成人與兒童共讀文學作品的方式來達到敘事治療的效果。事實上，故事的價值早已受心理學家與教育學家所肯定。由於每個人幾乎都喜歡聽故事，在享受聽故事的過程中，故事也常喚起我們自己的經驗而成為一種指引我們新方向的力量。Robert Coles 在其《故事的呼喚》（*The Call of Stories*）一書中便認為，好的故事讓我們更認識自己。藉著故事情節與人物個性的鋪陳，使我們透過他人的眼睛、他人的耳朵讓我們得以看得清楚、聽得明白（吳慧貞譯，2001）。而 Bruner 在區分「邏輯科學」思維與「故事」思維兩種模式時亦認為：「……好的故事和形式嚴格的論據都可以用來說服別人，但說服的東西是不同的：論據是以真理來說服人，而故事則以其生動來說服人。前者訴諸於求證的程式，因此建立形式的、經驗的真理。故事建立的卻不是真理，而是逼真」（引自廖世德譯，2001：11）。

　　有關如何使用故事以進行討論的文獻，較有系統的作法可參考讀書治療（bibliotherapy）此領域的文獻（例如：王萬清，1999；吳英長，1986；Doll & Doll, 1997; Hynes & Hynes-Berry, 1986）。筆者也曾嘗試以古典小說、少年小說進行故事討論（唐淑華，2004b，2004d），有興趣者亦可採用這種作法。

　　而在文本選擇方面，Snyder 則認為，故事內容可以是小說、故事，甚至是虛構的人物。而 McDermott 和 Hastings（2000）則特別推崇希望感故事若能與學校課程結合則更具加乘效果，例如：他們認為歷史課本中早已充斥許多具有高度希望感的人物，老師若能在介紹歷史史實之餘，也能強調這些英雄人物是如何面對人生挫折以及他們的奮鬥經過，這些將會成為學生最佳的學習楷模。有關此概念，筆者亦曾於 2006 年的國科會研究中，嘗試以名人傳記作為提升希望感的文本（唐淑華，2007），詳細作法將於第六章的內容中說明。

　　綜合上述，我們可以看到，Snyder 等人所建議的以敘事方式進行希望感之提升，此作法並非一個全新的概念。相關的論述，皆可以在不同領域

中找到支持的論述。而筆者亦深信，以敘事方式代替傳統的道德勸說，不但可以增加學習者的興趣，透過開放討論，更可達到多元價值的精神。尤其在意志力方面，如何鼓勵學生願意挑戰困難，並運用各種方法以解決問題，則除了認知上進行問題解決策略教學外，亦可借助敘事方式以進行情意方面的教學。因此有志於提升學生希望感之教育工作者，可參照上述 Snyder 等人及相關領域的建議，以設計相關的方案與活動。

第三部分

以希望感模式進行學業面向
情意教育

第六章

兩個以「希望感模式」為理論基礎的情意教學研究

　　有關於情意教學的進行方式，鍾聖校（2000）認為可分為獨立式與融入式兩大類：前者乃指教師利用某個特定的時段（例如：班會課、自習課或任何空白時段），以獨立單元方式針對某些主題設計教學活動；後者則是將情意態度融入於各學科教學中，故教師在教授該學科時，還可延伸出去探討有關情意方面的議題。本章亦採此分類方式，介紹筆者曾執行過的兩個情意教學研究：第一個是採獨立方式所進行的名人傳記討論團體；第二個則採融入於數學科的方式所進行的行動研究。由於這兩個實徵研究皆在教學現場中進行，因此主要設定的讀者乃是教學現場的老師；目的是在提供兩個實例，以說明教育工作者可以如何應用希望感模式。

 第一節　以希望感模式進行名人傳記之研究

　　本節在介紹一個筆者於 2006 年由國科會補助的研究實例。本研究分三階段進行：第一階段是針對傳記的文本進行內容分析；第二階段則以讀書會方式探索其作為教材之可行性；第三階段則至國中現場進行實際行動教學，以了解這些議題作為青少年情意教學之可行性。首先在傳主的挑選

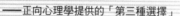
上，筆者乃是根據多元智能的觀點挑選各領域的名人，再選出一批適合青少年閱讀之名人傳記，並根據「希望感模式」逐一進行內容分析。接著，再以讀書會方式邀請大學生參與討論，將這些名人傳記轉化為情意教學之議題。最後，則選擇花蓮縣一所專門收容中輟生的國中三年級某班級，進行四次的現場實地試驗。以下先針對傳記的相關文獻進行回顧，再針對各階段的研究方法與主要發現進行說明。

一、傳記的教育意涵及其相關議題

（一）傳記的教育意涵

近年來傳記圖書已成為愈來愈熱門的出版品，不但在成人出版市場中，每隔一陣子便會出現一本暢銷的傳記類型書帶動整個市場（胡梓，1995），就連以出版兒童與青少年圖書為主的出版社，也多會以系列叢書的方式出版名人傳記。筆者曾對幾家大型書店的兒童閱讀區作過瀏覽，發現皆可以很快速找到名人傳記，這些圖書或是以單本形式呈現（如好讀出版社的《改變歷史的偉大人物》、如意文化的《突破平凡——諾貝爾獎得主成長啟示錄》），或是以系列叢書呈現（如東方出版社的《世界偉人傳記叢書》、光復書局的《世界兒童傳記文學》與《TOP 世界名人傳記》、世一出版社的《世界偉人傳記》、聯經出版社的《成功者的故事》、牛頓出版社的《改變世界的科學家》、文經社的《文經兒童文庫成功小傳記》、嘉新出版社的《兒童勵志叢書》等）。甚至有些出版社還會以百科全書的形式出版此類圖書（如牛津大學出版社的《牛津少年百科全書》）。可見傳記圖書的蓬勃發展，是個不容忽視的現象。

上述的出版熱潮應該不是一個特殊的事件，因為傳記一向被視為極富教育價值，尤其許多父母與老師更認同傳記能夠陶冶青少年的品格與道德。在《品格的力量》（*Character*）（劉曙光、宋景堂、劉志明譯，2001）一書中，Samuel Smiles[79] 便認為：「 *……偉大文物和優秀人物所樹*

---

[79] Samuel Smiles 為 19 世紀道德學家，被視為「西方的成功學之父」、「卡耐基的精神導師」。

立的榜樣是不可磨滅的……偉人的傳記告訴我們可以做一個怎樣的人和人能夠做什麼……」（頁98-99）。

而近年來，傳記更被大量應用在心理輔導上[80]，然而，以傳記作為治療媒材的效用如何呢？根據施常花（1988）的文獻回顧，這個問題的答案屬見仁見智，例如：她發現有一些學者（如 Brown、Haine 等人）非常肯定傳記閱讀的輔導功效，他們認為透過揭露主角人物的問題和挫折，傳記可以像一面鏡子幫助兒童從中探究自我與了解自我。然而施常花也引用 Croff 的說法，認為傳記並不如大家所相信的都能產生神奇的力量；尤其並非所有傳記的品質都是好的，有很多傳記不但篇幅過長，令人讀之索然無味，且內容充滿憂鬱沮喪，此亦讓讀者閱讀起來費神費力而失去讀書治療的效用。此外，傳記所寫的乃是不怕困難或有缺陷人物的成功故事，此易使有問題的讀者產生不真實的期望，例如：不是所有的盲人都可以成為海倫凱勒。因此施常花提醒，選擇傳記作為讀書治療的閱讀材料時宜審慎，否則反而會對讀者構成傷害。

筆者非常贊同施常花的看法，尤其根據 Dweck（2000）的觀點，當傳主被描寫成從小便天賦異秉的故事後，兒童反而會誤以為人的能力都是天生與固定不變的，而變得更「表現目標」取向，不願意挑戰困難任務。鑑於上述原因，筆者認為若要將名人傳記設計為情意教育課程，那麼首要工作便是挑選出適合的文本以做為情意教材，因此針對傳記的內容進行深度分析乃有其必要。

（二）傳記的閱讀現況

誠如上述所言，讀史的主要目的在「以人為鑑」、「以史為鑑」，尤其讓兒童閱讀偉人傳記，可以啟發他們見賢思齊、力爭上游，並成為個人發展生命價值的指南，因此偉人的成長故事對於青少年奠立人生志向應該

---

[80] 此乃屬讀書治療領域（bibliotherapy）。國內學者王萬清（1999）曾對讀書治療定義如下：「讀書治療是諮商員利用圖書為媒介，激發當事人產生新的認知態度和行為，以解決問題的心理治療方法」（頁5）。

有非常深遠的影響。

　　然而儘管如此，實際上兒童並沒有對這一類的讀物有較特別的關注。根據林文寶（2000）一項針對臺灣地區二至六年級兒童（共 1,794 位有效樣本）的閱讀興趣調查研究顯示，在所有 29 項讀物中，兒童最喜歡的讀物類型是「笑話」（在五點評定量表上的平均值高達 4.44），其次是「謎語」（4.25）、「冒險故事」（4.11）；至於「傳記」則排名第 14，平均值僅為 3.46。可見兒童對於此類文本仍只有中等程度的興趣，此現象頗值得老師與家長重視。若傳記的教育意義是被肯定的，那麼我們的確應該更積極地引導學生來閱讀、討論與分析傳記。

（三）傳記人物的挑選標準

　　什麼樣的人物列入傳記才算公平？史學家對於此議題，尚未建立有系統的標準。杜維運（1999）綜合近兩千年的史學研究，認為歷史是人類文明的紀錄，因此留名歷史的人物，須是能改變歷史者、有至德者、有風節者、有學術者、有功勳者、有才能者。另外，有大罪惡者，也應留下來，因為可作萬古之懲戒。本研究雖然不屬史學研究的領域，但上述選擇標準亦頗適用於情意教育。

　　除了選擇在歷史上具有重要地位的傳主之外，如何吸引青少年的閱讀興趣也是在選擇傳記時需考慮之處。尤其就情意教育而言，傳記要能對年輕讀者產生啟發性、激勵作用，便需讓他們產生認同感。廖卓成（1998）便認為，雖然目前坊間寫給兒童看的傳記數量不少，但卻很少有理想之作。因此他建議選擇傳主時，要注意他們的事蹟是否能引起小讀者的興趣；而史料之剪裁，也應與一般給成人看的傳記略有不同。

（四）青少年眼中的名人傳記

　　如何顧及青少年的閱讀興趣及傳記的人文價值，的確是一個棘手的工作——因為青少年認同的傳主未必具有教育上的價值。李家同（2004）曾以一些名人、歷史及社會事件對大學生進行測試，以了解他們的人文素養。結果發現，即使是明星大學的明星科系學生，對許多名人也是一無所

知,例如:有些學生以為「阿拉法特」是一種法國軍艦、「戴高樂」是一種積木、「米開朗基羅」是忍者龜、而「王文興」是王永慶的兒子。

李家同對於這個現象相當憂心,而筆者認為如果大學生都如此了,那麼國中、小階段的青少年當更加嚴重。尤其現今青少年常在流行「追星」,他們熟悉的名人可能都是影視明星,如何藉由傳主的奮鬥事蹟以培養學業挫折容忍力的確是一大挑戰。

話說回來,由於名人傳記的最大特色,乃是故事中的主角皆是真人,而情節亦是實事。這不但符合「人物刻劃」與「情節鋪陳」的重要條件,而且根據 Bandura(1997)的自我效能理論,我們若能借由觀察而看到被觀察者失敗的理由,那麼這樣的替代經驗對效能感的提升將更具建設性。因此筆者認為,若能幫助學生重新認識這些歷史上不平凡的人物,則透過深度閱讀這些名人傳記,學生可以更了解他們是如何立定目標(目標類型)、採取哪些方式(策略),以及如何鍥而不捨(意志力),終至成功的奮鬥歷程。尤其這些活生生的楷模,更可以教導青少年一個重要的道理,那就是:成功絕非偶然,每個人都會遇到挫折,重點是我們用什麼態度來面對挫折!

然而,楷模出現,未必對學生的效能感都有顯著的影響。Bandura(1997)便提醒我們,唯有當我們愈能看到自己與楷模的「相似性」時,觀察學習才能發揮其功能。因此如何選擇傳主,以及如何敘說傳主的生命經驗,皆是此類研究需深思之處。尤其以目前中、小學老師為例,他們應該也不乏以名人故事作為激勵學生的經驗。然而若學生無法感受到他們與傳主的相似性(有可能是年代過於久遠,或傳主被過度理想化),那麼這樣的傳記閱讀便很難讓學生產生效法的力量。此外,老師以何種觀點敘說傳主,亦可能影響學生的解讀方式。設想,若老師個人的知識信念與目標導向皆較偏向「天生論」與「表現目標」時(亦即,認為人的能力是天生的,且成功的定義就是在爭得第一名),那麼當他們在敘說這些名人故事時,有沒有可能會不自覺地強調上述觀點,此反而易讓學生在聽完名人的不凡經驗後,更加自卑、更覺得自己距離「成功」是非常遙遠的?!

綜合上述,雖然傳記的重要性已普遍被家長與教師所肯定,但坊間出

版的傳記圖書是否在品質上皆能發揮啟發與激勵人心的作用，則值得做深度的檢視。尤其若要將名人傳記設計為情意教育課程時，更需對傳記的內容進行分析與轉化，以設計可供情意課程使用之媒材。

二、以「希望感模式」進行名人傳記之分析

誠如本書第三章所述，「希望感模式」共包含六個構面，其中在原因變項方面包括：「知識信念」、「目標類型」、「方法」、「意志力」，而在結果變項則包括「反應模式」與「學習結果」（參見圖 3-3）。由於「學習結果」在此較不相關，因此以下僅就如何使用前五個構面以做為分析傳記之依據進行說明。

（一）「知識信念」構面──以之分析傳記的智力觀點

如前所述，「知識信念」乃探討人的智力究竟是由其後天的努力與技能而來（「增長論」）？或是由基因所決定，故後天因素很難改變（「固定論」）？Dweck 與其同事（Dweck, Tenny & Dinces, 1982, 引自 Dweck & Leggett, 1988）便曾以實驗方式操弄名人傳記之敘寫方式（實驗組較強調「增長論」，控制組則強調「固定論」），藉以了解兒童閱讀不同版本故事後，是否改變其內隱「知識信念」，進而影響其「目標類型」。他們選擇海倫凱勒、愛因斯坦等人的故事為藍本，控制組的文本內容主要是強調這些名人從小便天賦異稟（例如：海倫凱勒與愛因斯坦等人的成就，皆肇因於他們天生的智力），實驗組的文本則強調他們後來的成就皆是其能力慢慢累積的結果（例如：海倫凱勒小時候連一個字也不認得，愛因斯坦在學校時的表現也很令大人擔心，但最後他們的能力都逐漸發展出來，因而有不凡的成就）。Dweck 等人發現，閱讀實驗版本的兒童在後續任務選擇上，的確較傾向「學習目標」（亦即願意挑戰困難的任務）；相對的，控制組兒童則傾向「表現目標」（亦即較在乎別人的評價而避重就輕）。

上述 Dweck 的研究發現頗令人震撼，因為這代表了不論在實驗之前兒童是持何種知識信念，但短期的閱讀經驗便有此驚人效果──不但影響兒童的信念，也影響了他們後續的目標類型！這個結果對目前在臺灣如火如

荼推廣的閱讀運動應該有更重要的啟示，那就是：大人除了在量方面要求兒童培養閱讀習慣之外，或許也應該檢視一下在品質方面，兒童所閱讀的圖書是否能夠真正激勵他們的心志？當然，由此所引申出來一個頗值得深入探討的議題則是——究竟國內坊間有多少寫給兒童與青少年看的傳記是偏向「固定論」的觀點來描述傳主呢？而若他們閱讀到的多是偏向這類的傳記，那麼 Dweck 發現的結果（避重就輕，不願挑戰困難的現象），是否也會發生在本國學生身上？筆者認為針對傳主被敘寫的方式進行分析，以了解在知識信念上這些傳記是屬於哪些類型乃有其必要。

（二）「目標類型」構面——以之分析傳主的目標類型

「目標類型」乃探討人在成就表現上所設定的目標，究竟是視學習目的為增進個人技能與精熟程度（「學習型目標」）？還是認為學習為一種展現個人能力的方式（「表現型目標」）？誠如上述 Dweck 與其同事（Dweck, Tenny, & Dinces, 1982, 引自 Dweck & Leggett, 1988）的研究發現，兒童閱讀不同版本故事後，不但改變了內隱「知識信念」，也影響他們的「目標類型」。因此實驗組學生變得較願意挑戰困難的任務（因為他們在乎的是自己是否能夠得到成長，對別人的評價則不太在乎）；相反的，控制組兒童則由於太過在乎是否能夠得到別人的肯定，因此變得避重就輕，不願挑戰困難。

此外，根據傳主被敘寫的方式，我們尚可進一步了解傳主在追尋重要目標時，是否也受其知識信念的影響，而採取不同取向的目標類型。

（三）「方法」及「意志力」構面——以之分析傳主挫折因應策略及其意志力展現

由於「方法」與「意志力」二者常互有關聯，因此以下一併說明。

根據 Lazarus 和 Folkman（1984）的觀點，當環境中出現阻礙個人目標達成的挫折事件時，個體會對這些事件進行評價（appraisal），而為了因應（coping）這些危機事件，個體亦會不斷以認知與行為方式進行各種努力，以消弭這種焦慮。唯有當個體發現事件遠超過他／她個人現有的資

源，並且將因而危害到個人自身的幸福感時，挫折感才會於焉產生。

Lazarus 等人將挫折因應策略分為兩大類：一個是以問題解決為焦點，此乃直接面對問題情境以改變客觀形勢的「問題焦點因應策略」（problem-focused coping）；另一個則不直接面對問題，而是針對所引發的主觀情緒為焦點以進行調適的「情緒焦點因應策略」（emotion-focused coping）。後者還包括許多方式，如逃避、合理化、情緒宣洩、報復攻擊、正向思考等〔詳見陳世芳（2001）之文獻整理〕。而二類因應方式之使用時機，則會隨著當事人對挫折事件的評價而有所不同：前者是在個人覺得事件是可以改變的情形下發生；而後者則是個人覺得無力可以改變的情形下發生。因此根據 Lazarus 和 Folkman 的說法，即使同樣一個挫折事件，若我們以不同角度來評價它時，它不但會造成不同程度的挫折感，連帶的也會影響後續的因應策略。

雖然上述二種因應策略在 Lazarus 等人的觀點中並沒有好壞之分，但已有學者（例如：Scheier, Carver, & Bridges, 2001; Snyder, & Pulvers, 2001）指出，樂觀者在處理危機事件時通常是較主動的，而且他們並不會拘泥於僅採用問題焦點因應策略，例如：當外在情境非他們所能改變時，他們就會彈性採取如正向思考的情緒焦點因應策略，以平撫自己的挫折感。相反的，悲觀者則大多以被動、無彈性的方式因應危機事件，例如：他們常會採取如逃避、否認、藥物使用等情緒焦點因應策略，以隔絕自己的挫折感。如此，即使是現實情況中應該採取問題焦點因應策略會較為有利時，他們也會傾向於採用情緒焦點因應策略來因應環境。

鑑於上述，筆者認為在分析傳記時，應針對傳主在面對重大挫折時，是採取哪種焦點的解決策略？而在過程中他們又是如何評價問題，以及其意志力是如何發揮功能等議題進行深入閱讀。

（四）「反應模式」構面——以之分析傳主面對挫折的反應模式

「反應模式」是指個體在面對挫折時，是否能夠表現出較具適應性的反應模式（例如：即使失敗，他們在情緒上也仍然能夠維持頗為正面的情感、將失敗歸因於努力不夠、繼續堅持，並自我激勵以採取更具建設性的

策略面對挑戰）？或者表現出不具適應性的反應（例如：產生強烈的負面情緒、將失敗歸因於缺乏能力、堅持度明顯減少，並逃避挑戰）？Dweck（2000）稱前者為「精熟的反應模式」，後者則為「無助的反應模式」。

　　由於本研究中能被青少年選為名人並成為傳主者，都是大家公認的成功者，因此他們在「反應模式」上，應該都屬於高效能的「精熟的反應模式」。但筆者仍然好奇，那些採「增長論」觀點敘寫傳主之生平者，是否會更強調傳主在不同發展階段上反應模式的改變？因此本研究亦將針對此構面進行分析。

　　綜合上述，筆者乃是根據「希望感模式」中的前五個構面（「知識信念」、「目標類型」、「方法」、「意志力」、「反應模式」），以對青少年熟悉的名人傳記進行分析。就「知識信念」構面而言，乃根據傳主被敘寫的方式進行分類，以了解在知識信念上這些傳記是以何種智力觀點被書寫。就「目標類型」構面而言，則根據傳主被敘寫的方式，以了解傳主在追尋重要目標時，是否也受其知識信念的影響，而採取不同取向的目標類型。在「策略」及「意志力」構面方面，則分析傳主的挫折因應策略及其意志力展現；亦即筆者頗好奇傳主在面對重大挫折時，是採取哪種焦點的解決策略？而在過程中他們又是如何評價問題，以及其意志力是如何發揮功能等議題。最後在「反應模式」構面方面，則分析傳主面對挫折的反應模式。

三、研究方法與步驟

　　在第一階段中，筆者首先挑選適合青少年的名人傳記。在挑選傳主方面，為顧及其內容的代表性，本研究鎖定的名人對象為 20 世紀與 21 世紀分屬世界各國不同的名人，並透過 Gardner 的多元智能模式，依照九大智能的架構，進行名人的分類。

　　接著，為了發展名人傳記中可作為情意討論之議題，本研究分別在第二階段與第三階段發展出兩個不同參與對象（大學生及國中生）的討論團體。在大學生團體方面，乃透過管道在花蓮一所大學校園內邀請不同學院的大學生參與。為了更貼近 Gardner 提出的九大智能與增加團體的多元

性，參加的成員分別來自於不同的系所，包含理工學院的材料系，人文學院的心理系、歷史系、中文系、英美系，管理學院的國企系等八位學生。讀書會團體每兩週進行一次，每次討論約兩個小時，皆由參與成員輪流進行導讀，並帶領其他成員進行名人傳記的討論。團體中透過現場錄音，事後進行逐字稿的謄寫與分析，由團體成員的對話與討論內容，整理與設定議題，以作為下一階段時使用。

在國中生團體方面，筆者乃是透過行政協調方式，選擇一所位於花蓮郊區的國中九年級學生（全班共九人，皆為男生）為對象。團體共進行四次，每次約兩小時。由於該校亦是一所長期收容中輟學生的學校，因此相較於一般學校，學生性質亦較為複雜。此種選擇乃特意挑選之結果，此乃因為本研究使用的傳記皆較著重於傳主在面對挫折時，如何能產生不平凡的因應策略，因此筆者認為對於中輟生而言，這類的傳記應更具有激勵的力量。

四、傳主及傳記版本之選擇

本研究首先進行傳記之挑選。由於本研究之目的在分析傳主面對學業面向挫折經驗時之因應策略，因此在傳記內容中，必須包含有特別強調傳主之青少年成長經驗的才納入分析。此外，為兼顧各領域的代表性，本次研究乃依照九大智能的內容，分別由九大類別中找出一至二位名人做為選讀。

根據上述原則，筆者最後選定十位傳主之生平故事以進行分析。此十本書分別為：(1)語言智能：海明威、吳爾芙；(2)邏輯—數學智能：居禮夫人；(3)空間智能：林徽音；(4)肢體—動覺智能：林懷民；(5)音樂智能：蓮娜‧瑪莉亞；(6)人際智能：貝聿銘；(7)內省智能：沈宗翰；(8)自然觀察者智能：珍古德；(9)存在智能：史懷哲。

值得一提的是，在進行傳記研究時，常會發現某一知名人物的傳記不止一本，例如：有關「海倫凱勒」的傳記，便有超過數十種以上不同的版本。由於本研究的重點並非在於進行版本比較的課題，因此凡版本較多者，本研究乃採綜合方式以拼湊出傳主的生命經驗。至於那些版本並不多

者,則採便利方式,以手邊能找到者優先取用。

筆者先行進行內容分析之後,接著招募有興趣的大學生。書單及人員確定後,接著便以認養方式,請參與之大學生從書單中挑選出他們最想閱讀的名人生平事蹟。

而在國中生團體,除了選擇上一階段中較能讓成員產生共鳴的兩本傳記(居禮夫人、蓮娜‧瑪莉亞)為代表之外,由於學生在第一次團體見面時皆表示對於體育感到興趣,因此本研究乃再追加一本與體育選手有關的傳記(為記錄跆拳道國手朱木炎與黃志雄的一本傳記)。因此共計討論三本傳記。

五、主要研究結果與討論

(一)有關內容分析的發現──希望感理論頗能做為分析傳記內容之用

根據 Snyder 等人的定義,所謂「希望感」乃牽涉到三個部分的互動歷程:分別為「目標」、「方法」、「意志力」。本研究發現的確可以以此理論為架構,將傳記內容分別歸類為建立希望感的三種重要元素中。

第一、傳主皆有明確的「目標」:在這次閱讀的名人故事中,可以發現幾乎所有的名人在很小就已經確定人生目標與方向,例如:沈宗翰因看到農民生活疾苦,立志改善農民生活;居禮夫人說自己要成為一個出色的人;珍古德由黑猩猩出發到關懷整個自然界的生命;史懷哲看到一篇報導後,隨後毅然前往非洲行醫……等。這些名人對於目標的確立都是很明確且重要的。

第二、傳主皆能以各種不同的「方法」來追求目標:分析這些名人,發現他們經常透過不同的方法來追求目標;而若是過程中受到阻礙,他們也會尋求其他的方法來解決,例如:沈宗翰學習英文的方法,與在家庭和升學中的掙扎;貝聿銘永遠能夠利用各種不同的方法來說服客戶,即使超過預算也不在乎,而雖然金字塔的建立飽受爭議,但後來也是透過不同方法順利解決,並且成為法國的代表性建築物之一;居禮夫人試過多種的元

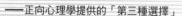

素分離方法後，才發現最適合的方式來萃取鐳元素……等。這些名人透過千方百計，「不擇手段」只為達到自己的夢想，從他們身上充分看到「希望感」是如何運作與發酵的。追求目標的方法愈多，希望感也會愈高，而面對阻礙時，一旦尋求的替代方法愈多，希望感也會愈高。

第三、傳主具有強烈的「意志力」：在這些名人身上，似乎可以發現他們無論是在目標的追尋或是方法的進行上，皆具有高度的執行力與動力來源，例如：居禮夫人在破舊的實驗室中，為了分離出鐳元素，做了千次的蒸餾法；而沈宗瀚為了學好英文，甚至不惜搞壞身體；史懷哲為了到非洲行醫，中年轉行，重新開始學習……等。探究這些名人為何如此投入追求自己的目標，他們的動力來源究竟是為何，大多不脫離一個重要的特徵：亦即他們在訂定這些目標時，都是出自於自己真心嚮往的，而非旁人幫他們所立定的目標。此外，這些名人幾乎都是為了想要為人民貢獻一己之力，而非只是為了爭取個人的福祉。

綜而言之，雖然本研究是透過九大智能的類別將名人進行分類，每一位名人亦具有地域上、專業知能上的差異，但對於目標的追求、如何克服困難的過程，甚至探索追求目標的原因，幾乎都是大同小異的。因此，或許透過傳記的閱讀，可以讓我們從這些名人身上學習到希望感的運作方式。

（二）有關大學生讀書會的發現

1. 希望感理論頗能作為傳記討論的理論架構

針對希望感的三個部分：目標、方法和意志力的互動歷程，本研究亦發現，此理論可作為未來進行傳記討論團體之參考架構。

第一、針對「目標」向度，希望感理論可提醒學生有關訂定明確目標的重要性：在大學生的討論過程中，不免看到他們透露出個人對於目標確定的茫然感，「……但是回到最根本的問題，在於其實很多人都不知道自己要去哪裡，所以我們才發現那些偉人是從很小就知道自己應該要往哪裡走，自己要去哪裡」（2006/11/18，珍古德讀書會內容）。在臺灣的升學教育體制下常令人感嘆，學生對於人生目標與夢想的追求逐漸的被分數所

取代，曾幾何時，學生漸漸忘記了自己的夢想與目標，一路的被升學主義
拱了上來，考上了好高中、好大學，卻也忘記當初自己追求目標的意義是
什麼，而對於自己真正渴望的目標卻很難達成。

　　而閱讀傳記帶給他們的影響則是相當正向的，成員不但表達了對於傳
主能夠清楚確立人生目標的羨慕，也希望自己能夠慢慢培養出那種對未來
的希望感。

> 　　「……希望感似乎像是一個通道裡面看到的一個亮點，你可
> 以跟隨著它，而且那個亮點是很明確的只有一點，不是虛無飄渺
> 的，只要你跟隨著它就會有希望。」「……這個亮點是提供給我
> 們一種安定的環境，你知道只要你好好的跟隨著這亮點，至少在
> 你遇到困難的時候，你還是可以看到它，而它也能夠給你安定的
> 感覺。」「……我覺得重要的是她能夠傾聽自己的心、順著自己
> 的心意去從事自己應該要做的事情。其實要完成一個任務或是目
> 標，中間不是沒有誘惑的，像她當時也有當過秘書，生活也還不
> 錯，但是她就是要完成小時候的夢想。」（2006/11/18，珍古德
> 讀書會內容）

　　因此，幫助大學生找到自己內心所真正嚮往的目標，並對人生課題有
所思考，是大學教育的一項重要工作。

　　第二、透過希望感理論，成員體認到在追求目標的過程中，支持的來
源是重要的，而且是來自於四面八方。

> 　　「……我覺得是環境有沒有提供給予支持的環境與力量。」
> 「……我覺得宗教也可能給予背後的力量。」「……似乎家庭扮
> 演了一個最重要的支持角色。」「……人除了要找尋到自己的希
> 望點外，也應該要找尋那份在背後能夠完全支持你的力量，就像
> 是你永遠都不用擔心你是自己一個人在奮鬥一樣。」
> （2006/11/18，珍古德讀書會內容）

由此可見，「支持」的力量的確可以增進一個人面對追求目標的勇

氣,並且愈挫愈勇,希望感也能隨之提升。

第三、透過希望感理論,成員了解應培養更具彈性的適應力:雖然目標可能沒有辦法達成,但成員發現目標是可以調整的,也就是說一旦遇到追求目標的阻礙,暫時先縮短自己的目標也是替代方法之一。

> 「……有一個目標是很重要,但是要懂得去調整。所以有一個目標會決定你是不是會有希望感,但是本身需要去調整來強化這個希望感。」「……那個調整並不是很快的就可以調整,當然是要經過千錘百鍊之後,真的試了很多方法但是卻沒有辦法達到,你才必須要去調整。」「……很多人可能當時訂了一個目標,但是後來又很後悔為什麼自己當時這麼執著,或許是因為他太執著了,所以他無法彈性的問自己我是不是可以放棄?」
> (2006/11/18,珍古德讀書會內容)

> 「……我覺得人要找到自己真的喜歡,而且能夠真正投入的東西才是重要且學習才是快樂的。而居禮夫人從小就知道自己喜歡的是什麼,所以能夠真正的投入。」「……我都感覺自己都沒有辦法很有動力的去完成事情,所以我很佩服居禮夫人她的毅力。我在想是不是因為居禮夫人從她做的事中找尋到意義,而我正在做的或許是還沒有找到真正的意義,所以才沒有原動力。」
> (2006/12/30,居禮夫人讀書會內容)

因此,一個人唯有傾聽自己的內心來立定人生的目標,後續才會有意願與動力去克服困難、實現目標。

綜觀大學生的團體討論內容,可發現他們對於傳主分別在「目標」、「方法」及「意志力」上的獨特表現,皆頗能領會與讚嘆。

2. 未來在校園輔導工作上的應用——傳記討論團體可作為支持大學生「動力系統」之運作模式

本研究雖然不是一個針對大學生所進行的輔導方案,但由他們的心得

可看到此讀書會對他們產生的影響。事實上,任何一個對於大學校園稍有觀察的人,很容易便可發現當前大學生最常出現的問題之一,即是他們的「動力系統」相當薄弱。如果用 Snyder 等人的語彙而言,即可發現他們或許是缺乏明確的目標(goals),或許是不知道進行的方法(waypower),也或許是缺乏最原始的意願(willpower)。

透過成員的回饋,筆者頗驚訝的發現,大學生對此現象其實並非沒有自覺,只是他們可能需要更積極的協助以改善此問題,例如:本團體一成員說到:

「……很多時候我們都一直想去做一件事,但卻常因為缺乏一種鞭策的動力,結果就因此而怠惰。因為知道如果自己讀的話,或許書會續借了四、五次都還沒念完,而實際上這樣的事也的確真實發生在我身上,因此想藉由團體的力量逼迫自己念書,這算是我參加讀書會最大的動機。」「……我很慶幸加入了讀書會,一方面是督促自己兩個禮拜看一本書,另一方面是可以跟大家互相討論,激盪出不同的想法,我這才知道,原來一個人看書和一群人看書,效果差如此多啊!」(2007/06/04,大學生參與團體心得)

另一位成員亦談到:

「……一開始,除了自己對這團體有些興趣之外,其實更是希望能夠藉由『強迫性』的方式逼自己讀書。後來我發現,這樣的作法還真是有用,在責任心的驅使下,自己開始看了不同的書,到最後,自己真的喜歡上看書。」(2007/06/04,大學生參與團體心得)

由此可以發現利用團體的力量,可以作為個人行事的動力來源,並且從中獲得益處,因此此種閱讀團體或許可做為未來推動校園輔導之用。尤其透過大學生間的互相討論內容,名人傳記變得更活生生的貼近於真實生活,不但故事文本能夠引起大學生的共鳴,在團體中的成員亦不自覺分享

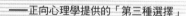
個人經驗。因此本研究雖然只是以讀書會方式進行名人傳記的閱讀討論，但在團體的討論過程中，團體治療中的療效因子卻經常出現。對於大學生個人而言是具有宣洩的力量，而且也會發現自己的生活經驗可能是與他者相同，而達到普同性的認同。閱讀名人傳記，不僅只是閱讀別人的故事，如何由他者的經驗轉換到自身的經驗，並且進行反思與行動，對於大學生而言或許更是重要，而這種經驗的呼應、共鳴與認同，也是在此次團體中可以發現的：

「……我覺得沈宗翰他蠻幸運的，至少他念書能夠念的起來。因為有一些人如果成績好，他就會在這邊找到自己優勢的地方，得到成就感，但有些人念不起來的話，就可能去使壞呀，可能也被放棄了。其實我在國中時也不是讀得挺好的，有過那樣的日子，所以也蠻能感同身受的，那種意志力跟堅持讓我蠻感同身受的。」（2006/10/21，沈宗翰讀書會內容）

此外，由事後大學生撰寫的參與團體心得內容中，發現大學生由此次名人傳記團體受益良多，無論是對於團體的整體感想、名人傳記對個人在面對挫折時的啟發性，或是對於希望感的討論都有所琢磨，例如：有一位大學生便認為自己閱讀完這些偉人傳記後，的確對自己造成一些影響，每當在日常生活遇到困難時，便會想到以名人傳記做為借鏡，砥礪自己。

「……這些偉人傳記的確給了我很大的啟發，在經營團隊和待人處事時也會以偉人做借鏡，例如：多引進不同資源幫助自己做事，或是在很多時候遇到挫折時會想起這些傳記裡的人們，想一想，其實自己不過如此，最後還是得走下去。」（2007/06/04，大學生參與團體心得）

如果文本的經驗能夠直接引起讀者共鳴，並由其中反思自己的經驗，當然是最好不過的了。然而，也有大學生提到，透過不同生活經驗的帶領者進行討論，或許更能夠開拓學生看待事物的觀點，而有更深刻的反思與見解。

　　「……很高興能參加這樣的讀書會，也因為有老師的帶領，
我覺得又對於不同年齡層的人有了一份不一樣的認識，對於不同
生活年代的人的想法也有了不一樣的了解，其實蠻希望以後能再
有這樣的機會能和長輩交流想法與生活經驗的，我想這次的讀書
會是一個開端，也許以後自己會試著讓自己多多和不同年齡層的
人交流，分享彼此之間的生活經驗與讀書樂趣……。」（2007/
06/04，大學生參與團體心得）

　　雖然名人傳記的討論是依據讀書會方式進行，但是由學生所言看來，
如果能夠有一位帶領者，則更會增進學生的想法與見解。因此，在當前教
育體制下，如果大學教師能夠以情意教育的方式進行獨立式或融入式的教
學，那麼對於大學生在情意素養上，無論是在「人與自己」或「人與他
人」的面向上，皆應該會有所影響。

　　在最後一次讀書會中，學生表示參與類似的讀書會是一件很有意義的
活動，應該鼓勵在大學校園中推廣，讓更多人透過討論參與，獲得心靈、
精神、知識上的充實。

　　「……我真的覺得自己很幸運能夠加入這樣的讀書會。如果
有機會的話，希望能多多在校園做推廣，但難度應該頗高。因為
長時間下來有時候真的會倦怠，也會想偷懶……。」（2007/06/
04，大學生參與團體心得）

　　由學生所言不難發現，透過持續的閱讀與帶領對話，的確會對個人有
所幫助，而學校教師與學生如果能夠自發性的推廣，相信會有更多人有所
收穫。由於此次閱讀名人傳記僅是以讀書會的方式進行，就可以帶給大學
生如此大的獲益，試想如果再以情意教育的理念進行討論，相信影響學生
的面向會更多。這也表示在教學環境下，如果現場教師利用情意教育對學
生進行授課，相信學生也會受益匪淺。

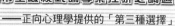
（三）有關國中場域使用傳記討論的發現

　　由於本研究之國中生團體僅進行四次，且過程中一些學生又因其他外擾因素[81]而進出教室，造成每次成員皆有很大的差異性。然而從幾次參與學生的談話內容中可發現，他們並不排斥這類活動，甚至有幾次在討論到與他們生活經驗較相關的議題時，這些國中生們還會熱切的追問傳記情節。國中階段通常很少會有機會坐下來聽老師講故事的經驗，即使是國文課的文本也有不同的焦點，但本次研究筆者發現，當用一本本傳記和這些國中孩子們分享時，只要能拉近學生們與這些傳主的關係，並帶出每個傳主在目標、方法及意志力各面向上不平凡的生命經驗時，這些平日不常閱讀的學生們仍願意仔細聆聽。此亦顯見，只要能有計畫的選擇傳主，學生不見得會排斥傳記，甚至在討論過程中還會出現精彩的對話。以下介紹每次討論的精彩紀要。

1. 《用腳飛翔的女孩——無臂單腳的奮鬥奇蹟》討論重點

　　由於此書是有關蓮娜・瑪莉亞的傳記，因此筆者先用蓮娜・瑪莉亞的CD 引起學生的好奇心，讓他們透過歌聲猜測這個以不太標準的國語唱歌的外國人是誰？再以她的照片（書中沒有手腳的照片），讓學生對「殘障」作一些自由聯想。學生普遍認為此詞代表「殘缺」、「好可憐」。由於 A 生曾斷過腳，因此他特別分享不能跑跳是一個非常不方便、很累的經驗。由此經驗，筆者引導學生們思考：

　　　　「這種殘缺的人通常都是很可憐的。那她為什麼會來唱國語歌呢？她為什麼會跑來臺灣唱歌給大家聽呢？還有為什麼寫了一本有關她的書還翻成中文給大家看？顯然她的生活不是很無聊很單調……像這樣沒有手，腳長得不齊的人，其實有很多事不能

---

[81] 由於這些學生的特殊性，有一些學生或因臨時被通知需與觀護人約談，或因當天未到校等因素，造成許多突發狀況是筆者始料未及的。

做，她理論上應該會很悲觀才對，但是她有沒有呢？」
（2006/05/03，蓮娜·瑪莉亞討論內容）

A 生一再表示蓮娜·瑪莉亞很酷，因為活得這麼累，可以生存下來很厲害。筆者反問他：

「你怎麼知道她很厲害，搞不好她每天都在那裡掉眼淚啊，然後都回到家了還在那裡發脾氣？如果在學校有這樣一個人，你會不會覺得她很厲害，會不會嘲笑她？……比方說你這樣腳斷掉，不能跑，有沒有同學笑過你？」（2006/05/03，蓮娜·瑪莉亞討論內容）

A 生一臉尷尬表示，的確有同學會嘲笑他：

「他們笑你什麼？同學之間笑來笑去的喔？我們來想像一下這樣的人在學校可能不會太好過，在家裡家人可能也會想要把她藏起來。你猜猜像這樣的人有沒有可能結婚？」（2006/05/03，蓮娜·瑪莉亞討論內容）

學生熱切的猜測故事內容。透過此種方式似乎引起學生對該書的高度興趣，筆者接著說：

「通常這樣沒有手、身體殘缺的人，是很難過，覺得很不快樂，但是她不是，我們來看看她的生活怎麼樣，我們來看看她的生活喔。（發書給成員們，指著書中圖片）這個是她繡的十字繡，她沒有手喔！她從小就是個沒有手的人，這是她和她弟弟一起玩遊戲的樣子。她會游泳，而且不是普通的會游喔，妳知道嗎？她參加過奧運，拿過金牌。……」（2006/05/03，蓮娜·瑪莉亞討論內容）

上述討論主要是讓學生對傳主產生好奇，並了解「有志者、事竟成」的道理，而即使是「殘障」的人亦可透過不平凡的方式來面對她的人生。

筆者也以學生四肢健全的狀況鼓勵他們：

> 「想像一下我們各位在座的每個人，你有沒有手？（成員：
> 有）你有沒有腳？（成員：有）所以你們絕對可以做非常多的事
> 情，可是重點是你有沒有願意去做這件事情？還是就是這樣平平
> 凡凡過一生。其實我們每一個人都要努力去學習去做不平凡的事
> ……。」（2006/05/03，蓮娜・瑪莉亞討論內容）

從學生的回饋：「對自己要有信心」、「不要放棄任何事情」、「我
要學習她的樂觀、自信」中，可以發現此次的討論不但已讓他們對蓮娜・
瑪莉亞留下深刻的印象，也對他們產生很大的振奮作用。

2.《居禮夫人——寂寞而驕傲的一生》討論重點

在討論該書之前，筆者先以玩電動的經驗作開場白，讓學生看到生活
中他們與傳主一樣也會遇到難關，而那種廢寢忘食最後一關一關破了的經
驗是很有成就感的事。筆者用「炒菜」作比喻：

> 「瓦斯爐要快炒，火是不是要很大？如果你的火勢是那種溫
> 溫的、要死不活的樣子，好像瓦斯快沒有的樣子，是不是菜都煮
> 不熟？燒開水也煮不起來，一下子就熄掉了？……人也是如此，
> 有些人做事情的時候像大火一樣，事情就可以做的很成功；可是
> 如果你的火是像那種快死的火，你的東西永遠都煮不熟，什麼事
> 情都有可能做不好，有沒有這種經驗？你那種投入、不吃不喝、
> 不想要睡著的樣子，就是因為有一個很清楚的目標，而你想把它
> 解決，像想把魔王破關一樣，在這個過程中你就是很努力很努力
> 的想完成目標。做完它你會覺得得意的感覺，那是一種很投入的
> 感覺，那種投入的感覺會讓你覺得，哇～～即使事情已經過去
> 了，現在想起來是不是還是很棒？」（2006/05/07，居禮夫人討
> 論內容）

透過上述引導，筆者再以下述方式介紹居禮夫人在科學上的貢獻：

「有許多礦物質，裡面的物質是有毒的，可是我們並不知
道，而所謂有毒的東西它也可以拿來幫助人。就像我們剛剛講的
說，如果你們做化療，它會把你的細胞，把你有毒的細胞殺死，
因為有毒的細胞就是指癌症細胞，可是它同樣也會殺死好的細
胞，因為我們的身體假設放射線照到的時候，它會把我們有毒的
東西殺死的同時，穿過去，所有的皮膚也都會潰爛了。所以這是
一個很可怕的事情，所以有很多這種有毒的放射物質是需要被發
現的……比方說好，瀝青礦，鋪柏油的瀝青，它可以提煉出一種
有毒的元素，可是我們以前的人都不知道，居禮夫人和她的先生
一起發現的有毒物質叫做『鐳』，（寫在黑板上），這個發現讓
他們一起拿到諾貝爾獎。其實她是有史以來到目前為止，得過 2
次諾貝爾獎的人。」

在討論過程中，筆者發現學生似乎對這位舉世聞名的科學家毫無所
知。有一位學生居然問道「她還活著喔？」筆者詫異的回答：「她當然沒
有活著，她是十九世紀的人，她是一百多年前的人了。」「真的假的？」
筆者又說：

「她跟她的先生一起得獎是在 1903 年，所以現在幾年？現在
是 2006 年，所以他們一百多年前，他們最早發現了鐳這個放射性
物質。然後後來居禮夫人她又自己單獨得到過一次諾貝爾獎，這
對那時候的人來說，不要說是女孩子，男孩子也一樣，很多人無
法得到，這是很難的一件事情喔！我們現在就來介紹這樣的一個
人，她的副標題叫做（指著書本）『寂寞而驕傲的一生』。」
（2006/05/07，居禮夫人討論內容）

由於國中生較難理解居禮夫人的學術研究成就究竟有何重要，因此筆
者乃是以他們生活裡最貼近的事物（打魔怪）作比喻，讓成員們對於居禮
夫人的事蹟產生興趣。而透過此種方式介紹居禮夫人，學生們除了可以感
受到偉人的厲害，也能了解到偉人不一定是遙遠的；相反的，他們跟這些

偉人也有相近之處。然而，此處討論的另一個重點，則是讓學生思考他們
與偉人究竟有何不同之處：

> 「在打魔王的時候，你全神貫注、不吃不喝的精神，如果你
> 拿來做一件事情，是對你旁邊的人有幫助的，你知道那個事情跟
> 你現在打魔王是不太一樣的，因為你是一種大火，可以把菜炒熟
> 的大火，你可以把一件事情做好。只是有點可惜的是，你現在做
> 的是打魔王這件事情。然而居禮夫人發現鐳，你知道因為發現鐳
> 這件事，造福了多少人？由於她的發現，我們治療癌症時有一種
> 這樣的物質可以使用。如果我們今天去把我們的那種熱情拿來做
> 一件有意義的事情，所謂有意義的事是代表你可以造福這個社會
> 的事情，當然，那個熱情是更值得鼓勵的。」

可見居禮夫人所做的事不僅是她喜歡做的事，也是對人類社會有貢獻
的事，因此我們應該鼓勵學生努力成為一個不平凡的人。

此外，由於市面上也很容易找到居禮夫人的相關影片，因此筆者在帶
領學生閱讀此書時，是配合書中內容播放一段居禮夫婦萃鍊瀝青的過程。
雖然影片是黑白的，但由於畫面呈現了他們在實驗室的艱辛過程，因此學
生很專注地觀看影片。筆者接著引導學生思考：

> 「其實居禮夫人他們的偉大並不是只在於他們發現了鐳，得
> 到了諾貝爾獎，其實她秀出來一種精神就是，如果她有毅力，不
> 管做什麼事情，只要有毅力都可以成功，而且她所做的事情都是
> 對人類貢獻是很大的。」（2006/05/07，居禮夫人討論內容）

配合書本與影片的雙重效果，學生對於居禮夫人的印象果然非常深
刻，例如：在次一週的課堂中，筆者不經意問道：「上次我們看到居禮夫
人她們做實驗，做幾次？」結果有一位平日上課似乎不太認真的學生竟然
立即回答「5677 次」（2006/05/14，居禮夫人討論內容）。可見傳記的魅
力的確不容小覷。尤其透過此書，可以提醒學生，除了想到「玩」，也可
以跟居禮夫人一樣去投入自己有興趣的事。而這件事不一定要是科學，因

為任何事只要有興趣和毅力，投入後都是有所成果的。

3.《贏在我不認輸──你不知道的黃志雄和朱木炎》討論重點

　　學生的生命經驗的確會左右他們對傳主的理解程度，因此為了呼應此次團體成員的屬性，筆者乃加選了一本有關介紹黃志雄和朱木炎的這本傳記。首先筆者朗讀書中黃志雄的一段自述，讓他們了解他學跆拳道的原因主要是為了逃避家裡的問題：

> 　　「對於練習跆拳這件事，我有一個不太想讓別人知道的原因，那就是我對家中狀況的不滿、失望、無力感，可有一個宣洩機會，每當心中有一個鬱悶或煩惱無法向別人傾訴的時候，我就把失落感轉換為無限的精力，盡情發洩在沙包拳袋上面，看在別人眼裡好像練習很用心，好像對跆拳的熱愛異於常人。……」

　　由於許多學生也是來自於功能不太健全的家庭，因此當筆者唸到書中這些內容時，他們似乎很能體會，也比平常更安靜地專心聆聽。

> 　　「除了打罵，爸爸有一個不好的習慣就是愛喝酒。喝了酒的爸爸會變得特別容易發脾氣，連媽媽都拿他沒辦法，所以他講到，只要爸爸一發脾氣，全家就縮著發抖，好像暴風雨來了那樣……我可以體會爸爸老愛喝醉酒的原因，相信媽媽、姐姐跟弟弟都能夠了解，只是實在很難忍受他在酒精作怪時的無理取鬧，即使想要安慰、關懷他，也會被他的兇像所嚇得退避三舍，只是他不曉得什麼叫親子關係或教育心理，只知道用處罰的方式，把命令當成溝通，造成孩子心裡頭常盤著陰影，從小到大，我都一直告訴自己，如果有一天，我當了爸爸，我絕對不要這樣對待自己的小孩……。」

　　由於這本自傳性質的傳記用字頗為淺顯，因此此次帶領方式與前幾次較為不同。筆者乃是請學生們以輪流朗讀的方式讀出內容。而以這種方式進行討論，不但較為方便，也讓學生對傳主的認識更為傳神。此外，以第

一人稱的方式敘寫，學生更能體會黃志雄和朱木炎練跆拳道痛苦的經驗，以及他們在練習過程中找到意義的經過。書中有許多佳句，例如：有一段教練對黃志雄講的話，非常發人深省：

> 「志雄，自我成長跟跨越瓶頸，真的是很不容易的一件事，能夠坦然面對事情、自己的弱點，迎向目標，不斷努力，追求自我，全心全意去達成，這樣的經驗和精神都是難能可貴的，若能秉持這樣的信念，無論是在體能或是轉向任何領域發展，都一定能達成不錯的成績」。（江文明，2004：75）

書中有許多議題皆非常適合與學生做深入討論，例如：有關情緒管理的部分，筆者問學生：「你知道他爸爸為什麼會這樣子？書中講了一些原因，其實有些大人的確沒辦法控制自己情緒，但這是大人的問題，只有他們才能負責，小孩子也沒有辦法……。」而有關運動員的瓶頸，也相當適合與他們討論何謂「運動家精神」。此外，筆者也將黃志雄與黃志雄的爸爸二人遇到壓力的時候做對比：

> 「壓力怎樣才能成為順境呢，你看一下黃志雄他爸爸遇到壓力的時候怎麼處理？（學生回答：喝酒）喝酒、暴力、生氣。就是用一種最平凡的方式去面對困境。這是平凡人常會做的事，只會動拳頭去打他的小孩，其實這是非常懦弱的行為，因為他去欺負比他更弱小的人，可是黃志雄在成熟度上比他爸爸還要成熟，他遇到壓力，而且那個壓力其實是全世界的人都在看耶！那種奧運比賽是全世界都在看，有現場轉播，如果你表現不好，……，所以黃志雄他很厲害對不對？」

綜而言之，本書雖然內容淺顯，但學生應該收穫不少。當討論結束，筆者要學生分享從這兩個人身上學到了什麼，學生的回答皆非常正向：「努力就會進步」、「不要放棄」、「努力，要堅強」、「檢討自己的技術」，可以看到學生不但能體會本書的精神，也充滿了高希望感的信念。

綜合上述，傳記對於大學生與國中生皆相當具教育意義。尤其當筆者

在帶領國中生傳記討論的過程中，更見證到閱讀的驚人力量。我們常說國中生不愛閱讀——尤其是男生[82]，然而事實並非如此。對於這群沒有太多閱讀經驗的學生而言，當我們以一種貼近其生命經驗的方式，帶領他們去認識這些不平凡的人物時，這些偉人似乎變得不再遙遠，而閱讀也在不知不覺中發揮了潛移默化的影響力。以這種故事方式提升學生的希望感，筆者認為應該是一個非常可行的作法。

 希望感模式融入於數學科教學的行動研究

　　本節將介紹另一個筆者在 2005 年國科會研究的實例，以說明各學科領域的教師亦可根據希望感模式以進行融入式情意教學。

　　該研究採協同行動研究的方式進行，並以數學科為融入之學科。之所以特別選定數學科，乃是因為目前國中學生普遍對於數學科感到恐懼，甚至有許多學生已對數學形成了「習得無助感」，因此本研究乃以數學科為切入的學科。而根據筆者的現場觀察，學生有許多學習信念與態度是相當根深蒂固的，若要真正有效地改善其在希望感上的各種變項（包括訂定明確、重要與可行的「目標」，學習使用多元的「方法」，以及培養強烈的「意志力」去運用各種方法以追求目標等），除非老師本身在課堂上就不斷示範出此精神，且常常給予學生持續的關注與提醒，否則效果會非常有限。因此筆者深感要能發揮情意教學之潛移默化的影響力，則非透過融入式情意教學不可。在本節中，筆者首先交代本次研究的背景及脈絡，再摘述此次行動研究根據希望感模式所發展的幾項作法，最後分享在過程中的發現與省思。

---

[82] 根據親子天下 2009 年 12 月號對國小四年級與國中二年級學生所進行的「閱讀興趣調查」，發現國中、小學生的閱讀興趣，呈現出「男不如女，大不如小」的現象，亦即年紀愈大的學生，愈不喜歡閱讀；而男生不喜歡閱讀的比例更是女生的兩倍（資料來源：http://parenting.cw.com.tw/web/docDetail.do?docId=1977）。

一、研究背景與脈絡

本研究最初的計畫乃是希望與一位現場的數學老師進行協同行動研究，以進行教學試驗。因此筆者於 2005 年 9 月至 2006 年 1 月期間，選定花蓮一所國中一年級班級進行每週一至二次的教室觀察。筆者主要是以觀察者的身分進入教室，但偶而該班老師（以下簡稱 SF 老師）亦會邀請筆者上台示範某些解題活動。若遇當天老師採分組教學時，筆者亦會參與小組的討論。由於 SF 老師與筆者是舊識，因此這樣的合作剛開始頗為順利，學生也很快接納筆者成為一份子。然而這樣的默契，卻在彼此無法理解與認同對方的想法而逐漸拉大距離。即便兩個月過後，SF 老師慢慢理解筆者企圖說服他改變的部分，他仍然有太多的不確定感：

> 「……此一教學策略可能發生困難的地方在於要耗費太多時間，尤其數學科不僅教學的進度不能稍有落後，學生學習的進度也不能落後，否則跟不上考試的進度，老師很難向家長交代的。」「……又回到之前的問題，我這樣做，有增加學生學習數學的意志力了嗎？若有一天家長質疑我的上課方式時，我應該如何說服家長這樣的課程進行方式將有助於孩子的學習？不一定有家長會問，但我不能不知道答案，應該要好好想想，找點資料看看。」（2005/11/23，SF 札記）

很遺憾的，這部分的合作最後終於因一些私人因素而不得不喊停。筆者深刻體會到——「合作」是一件多麼不容易的事！尤其在發展教學方案的過程中，若彼此的教學觀有很大的歧異，而又缺乏持續且彼此有溝通意願的前提下，合作的品質的確很容易變質。這一次不太成功的協同研究經驗，雖然結局頗為遺憾，但也讓筆者體會到，若要真正落實希望感教學，教學者必須把握當下的每一個機會，否則即使有心想要進行情意教學，但就效能上而言，仍容易停留在認知層面的教學，而忽略情意方面的催化。

如同 SF 老師所指出的問題：希望感教學真的可行嗎？如果筆者自己都無法說清楚，又如何說服別人一起來改變呢？因此為了親身感受現場老

師的「掙扎」，筆者決定自己親身下海，透過自身的行動以了解現場老師的困境。筆者的身分也由觀察者角色一躍成為教學者，並讓現場老師以觀察者身分檢視筆者的教學。因此於 2006 年 2 月至 6 月期間，筆者乃透過行政協調，以鄰近一所位於郊區的國中七年級學生為對象，進行每週六堂課，為期一學期的臨床教學。以下即為本行動研究的作法及主要發現。

二、如何融入希望感模式於數學科教學

由於希望感模式共包含「內隱知識信念」、「目標類型（內容／導向）」、「學習方法」、「學習意志力」、「反應類型」與「學習成果」等六個構面（詳見第三章第三節內容），而前四個變項更可視為是影響希望感的原因變項，因此此處主要說明筆者如何將這四個變項融入於數學科教學中。

1.「內隱知識信念」

有關「內隱知識信念」的教學重點，乃是鼓勵學生培養一種「增長論」的信念，亦即相信人的能力是需要經過一連串的努力，才能慢慢累積而成的。尤其許多學生容易因一時解不出題來，便認為數學能力是一種固定的、無法透過後天努力改變的能力，因此在教學過程中，老師便需透過各種方法鼓舞他們，並適時提醒學生「努力」的重要。有關於此，筆者在第一次見面便告訴學生：

> 「……數學不用天份很高，如果你要當數學家你可能要有很
> 多天份，但是如果你要學好國中的數學你不需要很多天份，你只
> 要認真上課，然後跟上老師的進度便可……。」（2006/02/14，
> 課堂逐字稿）

我也提醒他們「學不踰矩」的道理：

> 「數學的學習，就像爬樓梯一樣，一個階梯一個階梯……有
> 時我會替那些不知道自己狀況的人感到著急，為什麼？因為，你

現在還來得及的時候你不去處理，你會讓你的問題愈來愈嚴重、
愈來愈嚴重，然後你會發現你的（成長）愈來愈慢，愈來愈沒有
可能性⋯⋯。」（2006/03/16，課堂逐字稿）

為了讓他們了解：學習不可能不勞而獲，也不可能一蹴即成的道理，
在一次月考後的檢討考卷，筆者跟他們有了以下的對話：

師：⋯⋯如果我們上課像灌水瓶一樣那多簡單啊，每個人就把你
的嘴巴張開，我就水一瓶瓶地灌進去，像加工廠一樣灌進去
就好了；但是，學習就不是這樣子嘛，學習是主動的打開學
習頻道，好像收音機有沒有？如果你頻道一打開來，但是你
卻永遠聽不到⋯⋯。

生：收不到訊號。

師：對，那你現在要把你的頻道打開，上課的時候要注意聽。

生：山裡就收不到啦。

師：啊？你現在都在山裡是不是？你現在是在這個平台裡，應該
非常容易地接收，如果你的耳朵沒有問題的話，你就可以收
到。但是沒有錯啊，因為有些訊息對你來說是很難的，那你
要記住，這些對你來說就是難，做個記號，不要同樣的東
西，一次、兩次、三次過去了，對你來講是船過水無痕，一
模一樣，因為如果你這件事遇到了問題發現，嗯，這個地方
比較難，那你就要針對這個部分做一下練習，下一次再做一
下練習。每一個人的學習不可能沒有不費力的，也就是說所
有的成功沒有不勞而獲，所以你要去努力，如果你願意想要
讓這個科目學習得好，你就必須要有些主動學習的方法跟態
度，上課是最基礎的，還有上完課的時候，像每次在檢討考
卷的時候你自己應該先看看，哪些類型常常會犯錯的？那你
就要針對這部分做一下練習。⋯⋯（2006/05/08，課堂逐字
稿）

此外，很多學生很難克服對數學的恐懼，他們不相信自己可以解出答案來，甚至一看到沒看過的題目就放棄了。筆者認為，這乃是因為學生存有一個錯誤的信念，那就是他們認為所謂數學好的人，就是能夠在解數學題時一眼就知道答案的人。因此筆者提醒他們：「勤」的確能夠補拙，但即使如此，看到不熟悉的題目仍不要馬上放棄，尤其認真思考過後所解出來的題目會更有成就感：

「……數學是在考驗你動腦筋的，你愈是沒有看過的題目，愈是在考驗你有沒有在動腦筋……有一種叫做例行性題目，有一種叫做非例行性題目。例行性題目就是課本上、習題上所有的題目，如果你多練習你就比較容易對，像我們上課在講的，每一次每個題目你都要老師講過，那些題目基本上就變成一種例行性題目；可是一個題目你如果沒有看過那就是叫做非例行性題目，表示你在當下你看到它的時候，你會慌掉，每個人都會慌掉，可是這時候你就偏偏要很沉著地來想，動腦筋來想。有一些人，非例行性題目對他而言其實已經變成例行性題目，因為他看過很多的題目，他常常在做題目，所以對 A 這個同學來講它可能是非例行性題目，可是對 B 這個同學來講卻已經是例行性題目。你可以知道做一個非例行性題目通常要花比較多的時間，要比較專心，要比較來動腦筋喔，所以不會馬上做出來，這就是為什麼我們在要考試的時候，你應該先把那些例行性題目抓出來，因為例行性題目是基本的運算，平常看過的題目你就應該要會做的，你如果一開始就挑戰非例行性題目，你簡直是在跟你自己作對！因為非例行性題目對大家來講都是需要動腦筋來想的，你可以勤能補拙，可以練習很多非例行性題目，像是參考書裡面有很多是非例行性題目，因為它有些是會變形的、上課沒看過的。如果你希望考試的時候看題目不要難倒你，有一個辦法就是勤能補拙。你就多做題目，讓那些非例行性題目可以變成例行性題目。再來你就是要先相信你自己，不要看到非例行性題目就馬上放棄，因為那些題

目或許是你動腦筋就可以做得出來的。……如果你對於數學這麼恐懼的話，那你的考試考得再多，考得再好也都沒有用，因為你一看到你沒有看過的題目你就慌掉，你就不願意相信你自己。『相不相信你自己』其實是一個好與不好的解題者最大的差別……。」（2006/05/02，課堂逐字稿）

為了讓學生了解沒有人是天生就聰明的道理，筆者也以自己小時候的求學經驗為例來鼓勵他們：

「……唐老師從小時候開始就是一個學習很慢的小孩子，我記得我那時候三年級的時候，很多的老師講話我上課都聽不懂，我也沒上幼稚園，然後我們家很多哥哥姐姐他們都在忙他們自己的事，所以我上小學的時候很痛苦，很多老師講話、寫的字我都看不懂，老師簡單的一句話『等一下』、『明天要帶便當』，我都聽不懂這是什麼意思，都呆呆地坐在教室裡面。還有一次我記得很好玩喔，老師走過去說：『你看，我們班有個笨蛋喔，查字典他寫成查字曲。』然後，大家就哈哈哈在那邊笑，然後我也跟著哈哈哈在那邊笑，結果老師走過來打我的頭說：『就是你啦！』所以，我也是這樣長大的。然後我國中一年級的時候，我數學一樣不及格，所以沒有人天生下來就很聰明的、就很厲害的，可是你可以努力的，重點是你要不要努力。我小學四年級感覺突然開竅了，我突然聽懂老師在講什麼，然後我就覺得學習這件事情很好玩，然後我開始花很多時間且願意去學，那我國一又開始這樣，我每到了一個新的學習階段，適應的都很慢，所以我上國一的時候也是一樣，常常老師的話聽不懂。後來我就回去問我姐姐，到底要怎麼樣才可以把它學好？她回答我說：『那妳每次上完課，妳有沒有回家練習？』我說我不知道要做這件事，後來我姐姐就帶我去買了一本參考書，我就開始每天規定自己，不是老師規定喔，我就規定我自己說，因為我想要進步嘛，我規定我每天要寫多少題目，這是功課之外的，那慢慢寫就會發現，

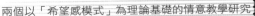

咦，你本來不會的，就會慢慢會，因為你從不會到會，這過程是需要有時間的。但是我剛剛講的，你需要持續地在進行，所以我把我的經驗告訴你，主要是說沒有人天生下來就是聰明的，有些人也許吧，但是那是非常非常少數的人，那些人也不是我們能夠模仿的，我們也拿他們沒辦法，可是老天爺給了你腦袋了，你就要去用它，要去善用它，除非你是智障，完全、你完全沒有辦法進入那個學習的狀態，那如果你不是的話，你需要給你自己的加油，那可能不是老師講一遍、講十遍、講一百遍就有用的，像我看到這個考卷上面的題目，我就覺得，咦，好奇怪喔，有些我們已經講好幾遍了，為什麼你不會？表示你一定有一些盲點在那裡，可是如果你不去抓到這些盲點，去把你學習的困境抓出來，沒有真正想通了，那個其實沒有用，因為題目再一變，又不會了。好，提醒你們，這個學習可以慢慢慢慢來，但是總之一定要有進步，要有速度。」（2006/05/08，課堂逐字稿）

由於以往筆者有許多研究經驗是使用讀書治療的技術（詳見第五章第二節），因此在此次臨床教學中，筆者亦結合閱讀的力量來進行隨機的情意教學。筆者除了利用「好文章分享」的方式，尋找與教學相關的素材，讓他們知道學數學可以怎樣幫助自己的生活，有時筆者也會以逐字逐句方式分享一些個人的讀書觀點：

「……我今天剛好中午在等著上課的時候，讀到一本書，我覺得有一段話我想跟你們提，你們專心地聽這一段話，這一段話標題叫做『不要小看自己！』『……很多事和自尊有關，大人不斷告訴你，若有自尊，你的人生會更滿足，不過，別人並不能給你，或教你如何看重自己，自尊必須從自己內心產生，必須透過自己的成就才能獲得。自尊也是從別人看你的眼光而來，那是你對自己能力的感覺，是你肯定自己，在學習上的感受，你對自我的看法和感覺，很多是在學生時代發展成形，因此，念書和學習成就，成為獲得自尊的主要方式。』然後它這邊講到各種方法，

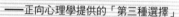

『……不要用別人的標準來評估你自己，為你自己的學習訂出合理的高標準，然後以這個標準來自我評估。』好，這篇文章蠻長的，我在看到這篇的時候蠻有感觸的，現在要月考了，其實這只是一個小小的考試，在你的人生中其實它不算什麼，不是什麼一個偉大的東西，不是你考壞了，你的世界就末日了，所以其實月考不算什麼。不過月考是一個很好的段落，剛好一個月你學習的差不多了，那你來看看你自己學習的狀況，如果你要再利用這幾天來衝刺，這其實是一個非常好的機會，現在開始到月考前，有好幾天可以衝刺，其實是非常好的時間，包括今天，兩節課，明天早自習，喔，你在這個階段中，你可以試著去做，像我剛剛唸到的：『為自己的學習訂出合理的高標準，然後以這個標準來自我評估』，每個人都應該訂出自己的不同標準……。」
（2006/03/23，課堂逐字稿）

此外，筆者也會拿一些由國中生在報上的投稿，跟他們分享國中生的心情：

「來，發一篇文章給你們看，這篇文章是我昨天在中國時報看到的一篇作文[83]……這篇文章是一個國中三年級的學生寫的，……它的題目叫『夢魘：數學』，來，我們一起來讀，『手握著筆，汗珠由額頭沁出，四周鴉雀無聲，心情隨著時間的流逝，愈來愈緊張、害怕』，好，你知道他在寫考試的，對不對？『筆下的紙在不斷擦拭後，已由潔淨的白轉成淺淺的灰；繁複的公式一遍又一遍，卻解不出正確的方向，即使有再偉大的夢想，也無法延續。忽然間，紙上的數字全不安的扭動起來，嘲笑著我；精神愈來愈恍惚，腦袋如一團絲線般糾結在一起，無法理出清晰的思緒，人與數字對峙著，停滯在那兒，不進也不退……』。」
（2006/04/11，課堂逐字稿）

---

[83] 此為一位國中生在報上的投稿，資料來源：中國時報 2006 年 4 月 10 日 C4 版。

　　朗讀此文的目的，是在透過文章中主角對於考試的恐懼，讓學生說出他們對考試的感受。筆者也借用劉墉的〈你有資格玩嗎？〉[84] 一文，來教導學生「自我節制」的重要（2006/04/17，課堂逐字稿）。

　　綜而言之，如何培養學生對學習產生一種責任感，是筆者在本研究最想要達成的目標之一。尤其這對於那些先前數學學習經驗不佳的學生而言[85]，這實在是一個相當具有挑戰性的任務。而隨著課程逐漸進行，筆者的確發現此班的討論風氣變得愈來愈好，尤其當筆者問到有沒有人願意上台解題時，有一些平常不甚活躍的人竟然也會自願上去解題。茲以某一次課堂中的對話為例：

師：好，現在還有沒有不會的，再上來做一次？好，覺得自己不
　　會的再上來做，好，我要另外一批人，你覺得你不太會做
　　的，我要上來看看你做的。好，我來改一下題目。（學生 A
　　自願上台）

生（A）：我要簡單一點的，好不好？

師：好，這樣好不好，我改一下簡單的題目。

生（A）：我不要幾分之幾的。

師：好，我改一下題目而已……有上來過的就不要再上來了，快
　　點，自己覺得不太會的人就上來，不要怕丟臉，你一定要克
　　服自己的恐懼感，我才知道你的問題在哪裡。好，快點，很
　　好，挑戰自己很好。你只要寫在黑板上我就知道你這個觀念
　　會不會了，如果我看到你有錯我就幫你改一下。那如果你已
　　經做完的了，也不要呆呆的坐著好不好。不是有一些進階的
　　題目嗎？你們不是有一些進階的可以去挑戰你自己啊，自己
　　去找難題挑戰自己，好，我來看看你的問題……好，可以，
　　你可以下去了。來，快點，這次還有沒有人要上來做的？挑

84　此為網路文章，資料來源：http://n.yam.com/view/mkmnews.php/355548。
85　由於在教導一個單元之前，筆者通常會先拿一些相關的國小題目考他們，結果發現有頗
　　多學生連一些基本觀念都不清楚，可見此班有相當多人是需要補救教學的。

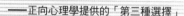

戰一下你自己，你上來我就知道你的問題在哪裡了。你現在
是什麼情形？（與另一位學生 B 討論他的解題過程）

⋮

師：好，來，還有沒有人要挑戰一下你自己的？這個，我們剛才
第五個題目還沒有做到喔，第五題的題目它問某一個正數，
剛剛題目是多少，剛剛題目是 2，對不對？我覺得，它為什
麼要問我們這種題目呢？怪異喔。它如果要問我們某個正
數，那麼我們心中只要隨便想一個數字就可以了對不對？
……（繼續討論題目）。（2006/03/13，課堂逐字稿）

筆者發現以這種上台挑戰自己的方式上課，學生似乎感受到上數學課
的壓力變小。因此即使要下課了，學生還在喊：「繼續做！繼續做！」
「沒關係啦，一題，再一題就好」（2006/03/13，課堂逐字稿）。

此外，同學之間彼此討論數學的風氣也逐漸展開，甚至當他們發現有
一些同學因解不出題被「掛」在黑板前時，也會有一些熱心的同學主動上
來幫忙別人。對於此，筆者非常讚賞：

「……我覺得如果你看有同學被掛在那裡，其實我很鼓勵你
自己上來自動的教他，我覺得那種感覺會讓我很感動，像剛才有
沒有？剛才那個××說：我要上來教誰，○○也是，有沒有？我
覺得這種同學愛，非常值得鼓勵，因為同學有問題彼此之間就要
互相幫忙，今天你幫他了，明天說不定你還要請他來幫你的忙，
所以我們班上的同學一定要互相幫助以培養感情，所以你看到有
誰掛在那裡，其實應該主動的上來看看喔，然後你也要一邊做自
己的進度，不要在那裡發呆；上課是自己的事情，學會也是自己
的事情，所以不要因為我沒有叫你做，你就不會做，你要學會自
動自發喔！今天有好幾位同學勇敢地挑戰自己，我很鼓勵你們
喔！我覺得很棒，還有一些同學還沒有上來的，我覺得你也要想
辦法克服自己的障礙、自己的恐懼感，我知道這真的滿恐怖的，

我想如果我是你們的話，我也會了解這個不敢上來的心情，但是
你克服的話，就有機會得到別人的幫助……。」（2006/03/13，
課堂逐字稿）

在第一次月考之後，筆者除了讓學生對考試做一些檢討之外，也讓他
們分享哪些人他們最想感謝，結果發現同學之間互相感謝的氣氛相當濃厚
（2006/03/30，課堂逐字稿）。被感謝的人不但相當驚喜，感謝別人的人
也非常大方承認。透過這種方式讓學生公開說出對別人的謝意，筆者認為
不但可以直接形塑友善班級的氣氛，也間接讓學生了解每個人都有被別人
幫助的機會、每個人也都需要成長。

2.「目標類型（內容／導向）」

有關「目標類型」的教學目標，有兩大重點：在目標內容方面，主要
是在培養學習者以主動、積極的精神，來追尋某個心中想要的目標；在目
標導向方面，則是幫助學習者將學習目的設定為增進個人技能與精熟程度
（「學習型目標」），而非以競爭的手段來展現個人的能力（「表現型目
標」）。

為了讓學生對於學習數學的目標及態度更為積極，筆者在學期初第一
次上課便提醒他們基測的存在及其目的，以及三年之後他們將面臨繼續升
學或就業二者之間的選擇。由於本研究進行的場域是在一所花蓮偏遠地區
的國中，因此有許多學生對於基測是毫無概念的（甚至有些學生早已將國
一上學期的課本丟掉），顯示這樣的提醒仍是有必要的。

師：你知道為什麼有個基本能力測驗，你們有聽過嗎？為什麼要
有這樣的考試，能不能政府就讓大家抽籤嘛，就可以上哪個
高中，大家用抽籤不就好了嘛，為什麼還要這麼麻煩，還要
考試？

生：……抽籤的話有些人可以讀比較好的學校……

師：對啊，不太公平，對不對，如果你連九九乘法表都不會，然
後，現在你抽到去念花中或花女，你知道念一般高中是要準

備考大學的，那你就會發現糟糕了，你要去念高中了，卻連小學的九九乘法都不會，這樣的人念高中，好像有點對已經準備得很好的人卻連抽基本的高中都抽不到的人很不公平，是不是？所以大家應該憑實力嘛。你如果實力夠好的人，或者你的興趣、你的能力適合念高中，你就準備去念大學，要不然你就不要念高中。如果你不上高中，你知道還有什麼其他選擇嗎？國中畢業之後你還有什麼其他選擇？可以念什麼？……。（2006/02/14，課堂逐字稿）

此外，筆者也跟他們介紹「九年一貫課程綱要」的功能：

「你如果要有專業能力，你就要思考，你國中畢業還要再讀什麼，……國中不算是有專業能力，因為國小、國中這九年，都算是義務教育。義務教育也就是說，如果現在你在臺灣，你當個國民，你就一定要受的教育，你沒有選擇，所以每個人都要受過九年義務教育，這九年不算專業能力，因為它只能教你一些基本的東西，這就是為什麼你們三年以後要考那個基本學力測驗，它的全名叫作基本學力測驗，因為這測驗是在考你有沒有基本學力，意思就是說你上完基礎的義務教育之後，你有沒有一個最起碼的標準、最起碼的東西；所以說老實話，你在國中學的東西，叫做基本學力。真正高深的東西，你要到高中以上，慢慢再更多的教育，因為那時候就不叫義務教育，我們的政府只有賦予這九年是每個人都要有的，那你們當然知道九年義務教育的目的，因為你想想看如果我們臺灣有一堆的文盲，那很可怕對不對？我們的國家沒有任何的競爭力，所以一定要有這個基本的訓練，可是為什麼我們還要有個叫作基本學力呢？這麼麻煩幹什麼？我們每天來上學，背著書包來上學，然後九年完了之後，政府給我們文憑，不就好了嗎？對不對？現在問題來了，你現在在臺北受教育、你在花蓮受教育，也許你在綠島、你在澎湖受教育，每個老師如果不知道要教什麼，也就是如果老師之間沒有一個默契，對

於每個小孩子到了12歲以前都應該學什麼東西，如果老師之間沒有一個默契，那也許我在花蓮，我想要教教一些跟花蓮有關的東西，很好啊，焦點跟花蓮有關的東西很好啊，可是像數學、國語這些科目怎麼辦呢？以數學來講，數學到底要學什麼東西？如果我們老師今天覺得隨我自己高興，我想教你這個，然後另外有個老師想教你這個，那糟糕了，因為我們九年完了之後，我們的素質會不會不整齊？會不會？很可怕對不對？所以我們政府一定要有個把關動作，說沒有關係！你們在每個地方，老師可以認真的去教你們覺得重要的，但是一定要有個規範，有個默契，大家至少要同意哪些東西大家都要學會，這個默契呢，我們政府就把它寫成一本手冊叫作『九年一貫課程綱要』，這本書你們不用去研究，這是老師要負責研究的，也是老師們要去了解的東西。尤其我們在不同的地區，用不同的版本，可能有些學校他們用南一版的，有些學校用康軒版的，這麼多不同的版本，你們有聽過『一綱多本』這個詞嗎？一綱多本？綱，就是指這個綱，課程綱要的綱，多本——各種版本，你們學校選的這個版本，可能跟在臺東的某些學校不一樣，可能這跟臺北市選的也不一樣，那如果我們每個老師都教不一樣的東西，我們用不一樣的課本，我們怎麼知道我們的素質有沒有一樣？這就是為什麼我們的政府它現在要做這樣的事情，那我們老師就要研究說，到底課程綱要，以你們現在七年級來講，你七年級的每一個領域到底要學到什麼，因為以我現在數學來講，數學這是我這學期要教的，那我就要開始研究，比方說我現在要教你們什麼，我就要研究一下你們七年級到底要學什麼，雖然有課本，有些同學會去補習班，有些同學會用參考書啊，那有些題目到底要不要教，該教不教我必須要有個判斷，因此我就要研究這本手冊……。」（2006/02/14，課堂逐字稿）

上述說明的目的，主要在幫助學生對於數學學習有更明確的目標。而

在每個單元，筆者亦會根據課本及習作設計學習單及複習卷，並將教師手冊中所列的學習目標抄錄上去，以讓學生了解基本題型及能力指標之間的對應關係。筆者發現這個作法不但對學生是個很新的經驗，也相當有助於其學習，例如：學生在學習日誌便提到「我是在老師出的複習考那時才弄懂的」、「做完複習卷之後，我總算知道我是哪裡出問題了！」

由於許多學生不了解為何需要學習數學，以致於他們常常對數學興趣缺缺。因此筆者常會在課堂上藉機提醒他們學習數學的意義，並讓他們了解生活中無所不在數學：

> 「……數學喔，就是一種化繁為簡的符號，一種溝通的語言，比方說你看如果我要說『甲比乙大』，寫國字要寫四個字，我直接用『甲>乙』多麼乾淨俐落，有沒有？數學就是在講乾淨俐落的東西，把一些文字、一些需要用文字敘述的東西用符號來代替。」（2006/02/14，課堂逐字稿）

> 「……你會發現，數學比中文更精確，如果今天我用一個符號跟你講說這個跟這個，你就很清楚知道對不對？可是如果我用中文講，你反而會『霧剎剎』（台語），所以你有沒有從現在開始覺得說，哇，數學真美。」（2006/02/16，課堂逐字稿）

在解題過程中，當學生遇到變化較大的難題時，筆者除了同理他們，也會提醒他們學習數學的態度：

> 「對喔，這個題目其實是屬於難的題目，因為它的某些解題動作其實有點複雜。（某生回應：好累。）（老師和全班同學聽到該生的回應之後都不禁哈哈大笑了一下。）好啦，打起精神，數學這種東西就是讓你的頭腦要做運動，像你們剛才上體育課是你的肌肉在做運動，現在是你的大腦在做運動，那不動的人頭腦就會愈來愈遲鈍。你想想看，很多的發明，比方說電腦，想像一下在還沒有電腦的那個時代的人，他是怎麼發明出電腦的？（某

生回應：用想的。）對呀！他動腦筋，所以如果你平常不動腦筋的話，你怎麼可能會在遇到問題的時候還可以想出辦法來呢？數學其實就是在幫助你鍛鍊你頭腦的心智能力喔，所以不要害怕思考。好，我們來看下一個題目喔，這也是屬於這一類的題目……。」（2006/03/20，課堂逐字稿）

筆者也會試圖從生活中找尋相關的資料說服他們，生活中其實無所不在數學，例如：有一次筆者在報紙上看到一則航空公司的廣告「3×7 > 21」，由於剛好那陣子我們正在上不等式，因此筆者就帶這則廣告到課堂上，並讓他們腦力激盪，為什麼三乘以七會大於二十一？以下為一段我們的對話：

師：不是應該要等於嗎？它也沒有寫大於等於喔，那是表示它寫錯了嗎？嗯，有沒有人看過這個廣告？

生（全）：沒有。

師：沒有，好。那我們來猜看看，我先暗示你這個是新加坡航空的廣告，它至少達到廣告效果了，因為我們通常看廣告會翻一翻就過去，可是我一看到這個，欸？怎麼會 3×7 > 21？它就吸引我進去看了，所以我覺得廣告的策略很重要喔，以後如果你有興趣做廣告的人，其實你也要舉生活上有趣的論點來吸引人家的注意力。你可以猜一猜嗎？如果你今天是個企劃人員，想像一下為什麼你要用『3 × 7 > 21』這個不等式來做為宣傳？」（2006/02/23，課堂逐字稿）[86]

學生接著紛紛猜測，有學生說「可能是單位不同」，有學生說「因為他們數學不好」，筆者也因此出了一份延伸閱讀單，要他們試著從文學作品中找到作家類似的手法。結果有一位國文程度很好的學生竟然相當有創

---

[86] 該廣告的主要訴求為：由於該航空公司天天有三班飛機，週週 21 班，可以快速連接全世界，因此顧客的選擇多更多；而其在心理上的感覺，更會覺得如果要去新加坡，不管何時都可去。所以實質上雖然只有 21 班，可是它的心理效果會覺得比 21 班還要多。

2006.02.16 ◼◼ 國中七年級下學期 數學學習單

動 動 腦 時 間

座號： **1** 姓名：◼◼◼◼

同學們： 大家已經瞭解不等式的意義了,現在

讓我們想一想~

生活周遭裡有哪些具體的例子吧!

一、文學作品 (例如 : 唐詩) 裡,哪些含有不等式概念的句子?

請舉出一些例子：人生不滿百,常懷千歲憂

解 人生<百 人生憂千歲 good

二、你是否能夠以圖像的方式,畫出一幅含有不等式概念的圖……

三、生活裡,還有哪些用到不等式的想法?盡量發揮你的創意,
請紀錄下來吧

車速為x 40<x<60

速度為40~60之間

圖 6-1 一位學生對「不等式」的文學聯想

意地寫道「人生不滿百，常懷千歲憂」的句子（參見圖 6-1），相信他不但理解了不等式的概念，也同時發現了語文數學化的妙趣。

在教學過程中，筆者也發現許多學生因為太過擔心數學成績，導致他們在學習時患得患失，甚至看到數學就害怕，此真是呼應了 Dweck 的說法。因此為了讓這些學生不要僅採取「表現型目標」來看待學習，筆者在課堂上花相當多時間提醒他們「成績」與「進度」的意義。有一次上課時，筆者在黑板出了幾題讓他們練習，學生馬上問：這是考試嗎？筆者回答：

> 「……其實在學的過程中，你本來就要一直不斷檢驗自己的狀況怎樣，因為你學的狀況不太良好，那就是表示說你應該要了解一下你的問題在哪裡，然後你考得很好，這表示說你在這個過程中學得不錯，才能得到好成績……」（2006/02/21，課堂逐字稿）

做完題目之後，筆者接著再讓他們以舉手方式統計學生的答對率：

> 「好，這邊舉手的用意不在羞辱你，我要讓你知道你在班上平均的地位、相對位置，也就是說你可以知道班上，有同學是可以全對的，有同學他可以錯得比較少，如果你現在發現你錯誤蠻多的，那你自己要有一個警惕喔！因為我們現在就第一次月考的範圍來講好了，我們現在才第一小節，所以你自己要去評估一下，如果你錯很多的話，你知道進到第二小節去，你會有一些困難，所以你發現本章四個重點中，這一個重點你尤其要注意一下，你會錯得特別多，那就要多做這一個部分的練習，比方說你很不會判斷這個（指著黑板上的第一個重點：會判斷數值是否符合不等式），你這兩題全部都錯，那你就要知道這個目標你還沒有達成。同樣的，如果你發現你做這個翻譯題時（指著黑板上的第二個重點：翻譯文字敘述為不等式），這個題目你如果都不會，你要多找一些練習題。……」（2006/02/21，課堂逐字稿）

而在進度方面，筆者也鼓勵他們要進行自我評量：

> 「……我想問你們，我把 2-3 正比上完了，那你們呢？你自己的進度達到沒有？我只知道我教完了。你自己對於這個單元所學的東西，有不了解的地方嗎？你必須要自己跟上來，否則進度是老師的進度，沒有用，就算我都講完了，你如果沒有學會，那都不算數。……」（2006/03/02，課堂逐字稿）

此外，筆者會不斷提醒他們要建立跟自己比較的「學習型目標」：

> 「……每一個人的學習狀況是不一樣的，有人學得比較快，在這一個科目學得比較快，在另外一個科目學得比較慢，數學這一個科目也一樣。我了解每一個人的學習狀況不一樣，所以我沒有要你去看同學有多少人考幾分、去做比較，但是我要你自己跟你自己做比較！你要好好地問一問自己，在這個過程中，我有沒有盡力地去做好這件事情？如果你能夠對得起自己，那我覺得這邊你就不用再說了。如果你發現你其實還可以，你還有努力的空間，那你應該好好地去學習。因為，數學這個東西，我講過好多次，它是一個爬樓梯，就像骨牌一樣，前面倒了，後面就跟著再倒，我不希望你的學習是有落差的，你要想辦法把它補起來！……」（2006/03/30，課堂逐字稿）

為了鼓勵不會的學生挑戰自己「算錯了也沒關係呀」，筆者會用「徵求錯誤答案」的方式讓他們敢把心中的困擾說出來：

> 「來，我徵求錯誤答案……（生：錯誤答案？）對，徵求錯誤答案，每個人要寫一個喔，我不要對的答案。（生：我的是正確答案。）好，那你寫一個錯誤答案，很有可能同學會犯什麼錯誤？」

透過此方法，筆者企圖讓他們以後設認知的方式，來檢驗自己的迷思概念。

「欸，你們班真的很天才喔，竟然會寫出這個，好，來，你現在知道喔，哪一個錯誤比較合理？你評估一下自己考試的時候最容易犯的錯誤在哪？」（2006/02/23，課堂逐字稿）

藉由討論每一個錯誤類型，也讓他們對學習內容加深印象。

此外，如何鼓勵學生上課時遇到不懂處能夠勇於發問，亦是一大挑戰，因此筆者除了以加分方式鼓勵發問的學生，亦公開表揚那些願意挑戰自己的學生：

「（對著某生）○○，你要不要上來做這一題？（生：可是那一題我不太會。）數學，就算算錯了也沒關係呀，至少你把你的錯呈現出來，我們才能幫你找出問題在哪裡。會做，那就全部我來做就最快啦。」（2006/04/11，課堂逐字稿）

「想睡覺的人請上來做一下，動一下腦筋，不要害怕丟臉，我們現在大家都認識了，對不對，所以做不出來，笑一笑就算了。」（2006/03/06，課堂逐字稿）

綜合上述，不論是提醒學生數學學習的意義，或是鼓勵做錯題目的同學講出錯誤的答案，筆者的目的都在幫助學生建立一種更為正向積極的學習態度與目標。尤其那些平日學習成就不佳的學生，通常他們都會覺得自己很失敗、備受挫折，但是筆者希望能夠鼓舞他們以正面的態度來面對自己的錯誤，因此借用「挑戰自己」、「徵求錯誤答案」等方式，不但不會減損學生的自信心，筆者相信更能讓全班同學對於自己會發生哪些錯誤產生深刻的印象。

3.「學習方法」

每一個學科領域都有其獨特的學習方法，數學科亦然。因此有關數學學習，首先筆者提醒學生，就如同其他科一樣，上課專心是非常重要的：

「……有很多同學很依賴參考書，也很依賴補習班，其實我覺得，如果你行有餘力，你有很多時間，你體力也很好，你可以做這些事，但是基本功一定要會。基本功是什麼時候在做的？上課的時候做的。上課的時候老師要求你要會的東西，你一定要先把那些基本功打好，基本功你不做好，然後你在那邊做那些很難的題目，人家只要稍微變化一下，你又傻眼了。所以學數學一定要有這樣的一個概念……。」（2006/02/14，課堂逐字稿）

為了鼓勵學生勇於發問，筆者也提醒他們要即時提出問題：

「來，我邀請那些呆滯的眼神跟我對話，有一些人好像不太知道我們在算什麼，來，講話。把問題抓出來，我昨天看到書上有一個比喻，它說當你聽不懂的時候，就好像去旅行的時候車子開走了，你才突然發現你的重要行李留在火車站，那怎麼辦？你是車子繼續開呢？還是下車去拿回行李？（生：下車去拿行李。）你的車子開得愈遠再回去撿那個行李，你就會愈來愈遠了。因此你一發現你的行李不在了，你就應該趕快下車去拿行李。你開回去就好了。所以現在問題就是：我們現在在開一個車子，我們大家現在在開一輛車子，你有個重要行李，就是那個數學這邊你不懂的東西，現在掉在火車站了，那麼你最好趕快回去撿它，把那個行李撿回來。如果你不懂，就要趕快下車，不要再繼續開車，因為車子會愈開愈遠，我在開很遠的時候，那你要回來撿行李，可能撿不到了。所以現在如果你發現不懂，趕快就停止，好不好？那我要停止的方式，就是你要幫我停止，不然老師會一直開一直開……所以那個你的行李現在在哪裡？告訴我，你的行李現在在哪裡？在車上？（生○○：我的行李已經被火車帶走了。）好，你得要現在停止我，你得要付出一個代價就是會被大家笑一下，可是他們真的會佩服你。來，○○你來說說看……。」（2006/04/06，課堂逐字稿）

筆者也提醒他們學習一定要用對方法：

「最重要的是，學習一定要有方法，要找到自己困難的地方，然後找到原因，為什麼這個地方我老是會做錯。可以問問同學，有機會問老師，一定要想辦法來克服自己的問題。因為如果你不願意改善的話，你只會讓你的問題愈來愈嚴重，愈來愈嚴重，直到有一天，別人要幫你都很困難。我要再提醒你一件事情，那就是學習這件事情其實沒有那麼困難，但是你一定要花一些心思，因為沒有不勞而獲的事情，如果你想要成績好，絕對沒有不勞而獲的事情，但是只要你有努力，一定可以看得到你的成果。」（2006/02/23，課堂逐字稿）

具體言之，以下為我在課堂中教學生的幾項重要學習方法：

(1) 學習閱讀課本內容
在第一次上課時，筆者便提醒學生閱讀數學課本的重要：

「……我現在先教你怎麼樣讀數學課本，因為你上課不能依賴我，我們上課時間很少，說老實話你還有那麼多的課外時間，你一定要學會自己學數學，老師只能站在輔助你的角色，所以你的自修或課外自己要花時間讀書，雖然我了解你們還有很多的科目，然後你也覺得說課外的時間應該要玩……但是你現在要靠自學的方式，因為人本來就可以自己學習呀，沒有說規定老師一定要教過才會……好，你翻開的一開始一定是目錄對不對，左邊那邊的編輯大意就是編輯在寫這本書的時候他的一個重點喔……你看它第一點，根據教育部在 2003 年 11 月修正公布的『九年一貫數學領域課程綱要』，有沒有，剛跟你講過的數學課程綱要，就是我剛說的這本，所以呢他寫的第一點就告訴你這本課本，你去圖書館找任何的一本編輯，不管哪一個出版社所出的書，他一定第一點都是這樣子的，就是他根據這一本來編的……來翻到一開

始的第四頁，頁碼都在最左上方右上方那邊的地方，好你看一下第四頁喔，那當然第一之一就不等式對不對，那表示這一小節要教你的叫做不等式，那你現在呢，你就算看不懂這不等式，可是我要你知道課本的結構基本上都怎麼寫，你看喔，它都有一個那個咖啡色的符號下面畫一條線，不等號的意義，有沒有？你有沒有看到？在這邊，不等號的意義那邊，是不是都有畫這個線，咖啡色的下面有畫一條線的……你們現在知道我在講什麼喔……好，你注意看一下這個主題，然後你再跳到下一個一樣有畫咖啡色線……來我們來比看誰最快……。」（2006/02/14，課堂逐字稿）

筆者提醒學生，尤其發現不懂時，更要把課本拿出來閱讀：

「……好，我上次有教過你喔，要學著看課本，如果你回家的時候，發現有些數學不懂，你要把課本拿出來讀一讀，它的重點就在上面。我們上課只是在用一個比較生活化的語言解釋它，可是你不要期待所有東西一定要上課講過，因為你可以自己看得懂課本，好不好？」「……你要學著去抓重點。尤其課本裡面通常會有一些黑體字，黑體字會把那個地方的原理原則整理出來，所以那個部分你理解完之後，你要試著把它記下來。」（2006/03/02，課堂逐字稿）

(2) 了解做數學要動腦筋，不能想把它背下來

很多數學學不好的學生是用不求甚解的方式來學數學，因此筆者一再提醒學生一定要理解：

「……其實數學，等到要『算』數學這個動作已經是很後面了，如果我們把數學分成從上游一直慢慢走到下游、最後流到大海來比喻，流到大海像是在做計算，那已經在最後一個動作了，可是在最上游的地方是你要先把題目看懂，然後想一想這題目屬

於哪一類型的，如果你判斷類型對了，其實你已經走入正確的途徑了，因為有些人在那邊埋頭苦幹的算，可是根本就走錯路了，算了半天之後其實白費工夫，所以你在學數學的時候一定要動腦筋，不要去想要把它背下來，因為數學絕對不會讓你背得完的，我可以再出十題，都考同一個觀念，但是我也可以出十個長得很像但是不同類型的題目，所以你一定要學會理解……。」（2006/02/14，課堂逐字稿）

「其實數學需要背的、需要熟記的是最少的，你懂就懂，不懂只要知道不懂的原因是在哪裡就可以了，所以數學這個東西其實不要放棄掉，你要想說這個是最能讓你拿分的地方，因為你看，國文、英文，你要背好多東西才會，但數學這個東西就是，你會了就會了，那你不會的原因是在哪裡，你只要把它想通了，就不會那麼難了。」（2006/03/20，課堂逐字稿）

「……我覺得你們有一個壞習慣，就是你以為，如果題目你做過，考前你看過，然後你才會考好。如果你在考試的時候遇到新型的題目，你就不相信你自己可以做。但是如果你常常以這個方式來思考的話，這樣子你是沒有辦法考好的。學數學是要培養出好習慣，因為每一個科目學習的方式不一樣，數學科尤其一定要你理解，你不要想要把題目背下來。很多同學現在成績好，可能因為你把題目背下來，那我告訴你，你撐不到國三，好，或許你可以撐得到國三，可是，我相信你的基測也一定會考不好。因為當你想要用背的方式去做數學題目的時候，基測題目絕對不會讓你可以背得出來的，它一定是要你去理解，讓你去思考的。我相信有些同學可能是因為你小學沒學好，所以現在你完全不相信你自己可以去解題。可是我覺得如果你願意上課的時候，每一次試著去相信你自己，給你自己一個機會，這樣的學習一定會比較有效率……。」（2006/04/11，課堂逐字稿）

(3) 了解記筆記的重要

此在對自己的學習產生後設認知，因此筆者鼓勵學生用筆記本將自己的難題寫下來：

> 「我希望你對於你的學習是負責的；意思就是說學習這件事情是你自己的事……老師的責任只是在幫助你解決這些困難，可是如果你不願意承認或者面對你自己的困難，那就沒有人可以幫助你。所以在這個過程中，你要對於自己的學習有一些監控、記錄……比方說在上課時你要學會記筆記……我用個比喻好了！我們在學習有點像是我們在沙灘上走路，有一些小小的石頭你可以跨過去，踩上去都沒關係，沙子踩得很舒服；可是有些大的石頭，你如果不把大石頭搬開的話你走不過去……（某生回應：爬上去。）爬上去的前提是你要爬得上去呀！你如果爬得上去那基本上那不叫大石頭，大石頭一定是以你的力氣自己搬好像會有點困難的。因此有一些石頭你可以輕易把它移開繼續走，有些道路則是需要有人幫助你清理的。那你現在就要去區辨一下哪些石頭是屬於你可以忽視掉的，因為你自己的能力你就可以 handle，你就可以處理；可是有一些石頭跨過去是有困難的，那麼這個地方你就要注意一下，表示下一次你如果遇到同樣問題很有可能還會被絆倒，那你就要記錄，那我就希望你把這些東西記下來。還有一種石頭是你現在就算要自己搬你都沒辦法搬，你需要有人來幫你搬的，那這個地方你更要記下來，因為等一下如果旁邊有救援的話，你才知道哪些需要別人幫你解。我這樣的比喻意思就是說，這本筆記就像你走在學習的道路一樣，有些東西你可以自己去做判斷要不要記錄下來，因為那些是小石頭，你可以自己就輕易度過……有些東西是你過的時候有點困難，覺得下次我一定要提醒自己要注意一下，我要小心，那個部分你就要記錄下來，在月考之前你應該再重新好好的檢視一下，因為那個內容表示說你當時在學的時候你是有困難的。你也可以稍微去記錄一下你在學

這個東西的時候你的感受，或者你自己的心得……所以在筆記左邊的欄位可以記錄一些比較認知的、思考的那個部分，右邊的那個部分記錄你的心情、你的感受的部分，因為我們人是有兩面的嘛！有些東西雖然它很困難，但是你學起來覺得很喜歡，你很喜歡這種挑戰那這樣很好，可是有些你就覺得：哇！學起來好困難喔，這時你要求救呀！比方我說那種大石頭，那我每個禮拜在收過來的時候，我就知道原來這個東西對你們來講是大石頭……那麼下次上課我就會再做一些設計，來讓你了解。如果有很多的同學可能都是有這樣的困難，我就要在上課重講；如果是只有少數的同學，我可能就在上面做一些小提醒或者是給你一些解題的說明或者是我自己的想法。所以那個本子是我們之間對話的方式，也是你跟自己對話的一個方式，……我們常常在考前都不知道要複習什麼，考前的複習就是要找到你平常覺得學習上有困難的地方，所以你一定要平常就開始做這些記錄，要不然你等到月考前你怎麼做準備？那我也相信如果你有照著這樣子來做的時候，等到月考前你一定會有一個對自己很好的評估……我希望你用很自在的方式來寫這本本子，上課的時候如果你覺得好像哪個部分你不懂，趕快去把它拿出來，這本本子就是讓你自由的使用它的，或者你課外的時間你發覺在做算術的時候有一些難的題目，你也可以把它記在上面。」（2006/02/14，課堂逐字稿）

(4) 找出自己的錯誤類型

很多學生習慣在訂正錯誤時，用立可白將錯的地方塗掉，筆者則提醒他們應該藉此找到自己的錯誤類型：

「錯的地方不要用立可白擦掉了，你的錯誤是很有價值的，它可以提醒你下次不要再犯。……所以你要把它打勾、劃掉都可以，但是你要用另外一個顏色的筆作記號，如果你有錯的地方，也要用不同顏色的筆把正確答案抄上去。」（2006/02/21，課堂

逐字稿）

筆者也建議他們可以自行設計一些特殊符號，以提醒自己考前再做一遍：

> 「你一定要平常就要準備一本武功祕笈，如果有特別難的東西，可以準備一枝特別的筆，平常你不會輕易動到那個顏色的筆，但是只要一用到那個顏色的筆，你知道，你考前一定要再對這一類的題目特別注意，……或者如果你沒錢買一枝特別顏色的筆，那就製造一個特殊的符號，這個符號是你跟自己溝通的符號，就是只要看到這個符號出現，考前一定要再一次複習練習，設計一個特殊的符號，提醒自己要再注意一下。」（2006/02/23，課堂逐字稿）

尤其在考前，筆者更鼓勵學生要採地毯式找到自己不會的地方：

> 「你要先把這些題目地毯式的搜尋過去，你自己判斷一下，你哪些卡住了，不太熟悉的，所以你要先抓到你自己哪裡不會，你自己先把它偵測出來，像雷達一樣，你要很誠實的面對事情，哪邊不會的，你要在你的本子裡面把它抄下來，然後空出個位置，不要只有抄題目，沒有空白的位置，因為空白的位置是要讓你最後把答案給寫上去的，你要自己去找到問題。」（2006/03/20，課堂逐字稿）

此外，筆者也善用小排長的功能。由於筆者規定學生每天至少要做兩題數學，因此筆者委託小排長監督這項工作，並請他們用便利貼將同學有錯的題目貼起來。而在考前，筆者也讓學生以小組討論方式，用小紅點貼紙來評定題目的難度[87]，透過上述這些方法，皆有助於筆者掌握學生的困

---

[87] 此乃筆者自行創出的方法，為了讓學生在考前願意承認自己的困難，以及所挑的問題是有代表性的，筆者乃以小組方式發給學生紅色小貼紙，讓他們表決哪些題目我們需要在課堂上一起解題。

難並適時調整教學的進度。

(5) 透過自己出題學會抓重點

由於班上學生程度不一，課堂中常有一些進度超前的學生，因此筆者會鼓勵這些學生學會之後，也可以試著去出題考別人：

> 「已經做完的同學，我會給你個挑戰，讓你來出題目，你來幫我出題目，等一下來考同學，好不好？……現在已經寫好的同學有幾個？我希望你們幾個同學，針對這些重點（即黑板上的重點），出個題目，出個有水準的題目可以跟同學交換寫……。」
> 「數學學會了之後喔，還要學著去出題目來考別人，那就真的很屬害了，要不然你看呀，為什麼像老師，老師要負責考你們，老師不只會解題目，我還可以考你，我還知道你哪邊不會喔……。」（2006/02/21，課堂逐字稿）

此外，筆者也鼓勵全班學生一同建立題庫，以訓練自己歸納重點的能力：

> 「……我們自己來出題庫！因為我覺得如果你在考前就有題庫的概念，考試怎麼出，我們都會有一些掌握，因為你有在做一些預測嘛。所以從現在開始，一直到我們第二次段考以前，為了對考試多一些掌握，我們要多一點出題庫的練習……。」（2006/03/30，課堂逐字稿）

(6) 了解應用問題不能急著做，要加上圖像思考以幫助理解題意

很多學生對於應用問題特別焦慮，以致於一看到題目不是乾脆放棄不寫，就是埋頭苦幹，奮力作題。因此針對應用問題，筆者特別提醒他們一定要先做「翻譯」的動作，並試圖在冗長的題目中找到句子的重點：

> 「天啊，這麼長的題目，這是怎麼一回事？想像一下，這個題目如果不懂，你就再唸一遍，嗯，講到這邊我就要再提醒你，

你通常在看一個題目的時候，你要知道什麼是重點……」「能夠畫圖就盡量畫圖，這樣會幫助你節省你思考的時間。」（2006/02/21，課堂逐字稿）

但是，筆者發現學生似乎不太習慣這個「將題目圖像化」的方法：

「這個題目雖然看起來好像很複雜，可是其實你只要花一點時間試著用圖來想像一下，我會建議你，看到應用問題的時候，如果你覺得你憑空直接想像很難，你就畫一個圖看看，然後用你的那個本能來解一下，題目是不會那麼複雜的。其實你是因為被它嚇住了，所以才會覺得這個題目很難，要不然其實你會發現題目是你會的……。」（2006/03/20，課堂逐字稿）

即使這樣的提醒一再出現在課堂中，但是筆者發現學生仍然很難養成這個習慣：

「你剛剛看到這個題目的時候，你看到這麼長的題目會感覺到好像被它卡住了，有沒有？應用問題常常會讓你有這種感覺，所以你要設法把那個條件、每個距離，……，像我剛才做的就是怕我會忘掉，所以把關鍵的部分都寫在旁邊，事實上有些你寫在那邊的都不一定用的上，但至少你把那些題目簡化了，像剛剛我說的，如果你懶得用文字來思考，你可以用圖像的方式來思考，這是應用問題一個非常重要的關鍵，你一定要學著畫圖，把它圖像化，應用問題如果你不做這個動作的話，一堆文字就會占據你腦子裡面的許多空間……。」（2006/03/21，課堂逐字稿）

「你有沒有發現數學其實就是在做翻譯的動作，好像在學英文，在學另外一種語言，數學其實是另外一種語言，……，像是英文，但英文是外來語，但數學不是外來語，數學是一種文字的，需要把它轉換成文字符號的一種語言，它的好處就在於很精簡，你看講那麼多話，寫那麼多字，我才用兩個數學式子就把它

代出來了……。」（2006/05/23，課堂逐字稿）

對於這個學習習慣，筆者認為需要在更早的小學階段就要建立起來，否則一旦到了國中，數學難度加深加廣之後，學生就更容易覺得數學是一門很難的學科，而乾脆採取放棄的態度。

(7) 容易粗心大意的人更要留時間做檢查

許多考不好的學生常會抱怨自己不是不會，而是太過粗心。筆者對此種論調，是頗不以為然的……

> 「……有些人說自己只是粗心大意，抱怨數學粗心大意是沒有人可以救你的，因為數學除了考你會不會，還有一個很重要的，就是考你能不能夠仔細，所以做完之後你要盡量留時間檢查一下，盡量注意這些事情。其實像我們大人，有時也會犯這些粗心大意的錯。所以就是要細心呀……！」（2006/02/21，課堂逐字稿）

> 「你知道數學這個科目就是在考驗你的細心，每個科目都在訓練你們不同的能力呀，數學就是要培養你冷靜思考與細心……。」（2006/03/30，課堂逐字稿）

> 「考試時你自己要小心，因為數學這種東西除了考你會思考以外，還有很細心，假設答案是 3，你寫 3.1、寫 2.9、寫 5、寫 4，這都是不對的，答案 3 就是 3，數學是精確的，數學是在訓練你精確的。我們中國人的語言訓練裡，比較可以青青菜菜（台語）喔，差不多就可以，所以如果你假設答案是 1 的什麼詞，可以替換過去，這個很多地方都可以認定，數學要求要非常精確，所以你做完答案的時候，你要驗算，讓你自己不要事後後悔說：哇，好討厭，東西進來居然就粗心錯掉了……。」（2006/03/13，課堂逐字稿）

「數學考試的情況是它很容易會有失常，因為只要有一個地方，一個小細節你沒有注意到，你可能雖然觀念都會，但是你還是會錯掉。所以數學分數喔，可能有大起大落，就算你很厲害，很多的時候考試還是會失常，所以在考數學的時候，你的基本態度就是要保持非常沉著，頭腦要很清楚的狀態，所以考前絕對不要熬夜，數學熬夜是沒有用的，你需要保持比較清醒的狀態去考數學，搞不好會發現，你臨場還可以動腦筋去想出來。數學應該是平常就要累積實力，而在考場時，基本上小心是很重要的。你不能到考試的時候說：我會啊，可是我粗心啊。抱歉，『不粗心』就是數學在考的一項重要能力呀！」（2006/05/11，課堂逐字稿）

綜而言之，數學是一門許多學生害怕的學科，但是很大一部分原因是因為缺乏好的學習方法與習慣。而在本研究中，筆者發現許多學習方法早在小學就應養成，但很可惜的是，大多數國中生卻未俱備，此亦徒增了國中數學老師的教學困境。

4.「學習意志力」

「學習意志力」的教學重點，乃是培養學生面對難題時能夠擁有堅持下去的勇氣及意志力。由於根據「預期—價值理論」（Expectancy-Value Theory），一個人的投入程度與其自我效能感有很高的相關，因此在教學中，首要工作乃是幫助學生建立適度的自我效能感。因此筆者教導學生，在做題目時應學會將題目依難度歸類：

「……記不記得我們上次考試的時候，我們就有講過，要把題目分級，簡單的、中間的、難的，好，如果你一開始考試你就去挑戰那個難的題目，你不是自找麻煩。可是如果你前面的，簡單的、中間的分數已經有抓到的話，你這樣就會覺得很輕鬆了，因為再多拿的就是你賺到了嘛，那沒有答對就算了嘛。……上次考完了之後，我有問同學說，你想不想把考試題目做個分類？結

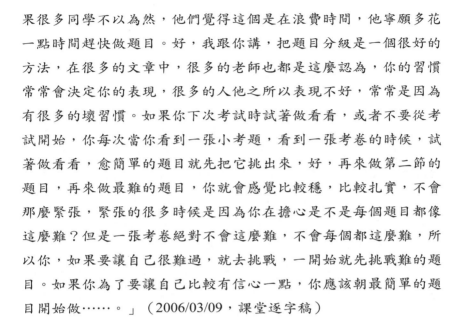

果很多同學不以為然，他們覺得這個是在浪費時間，他寧願多花
一點時間趕快做題目。好，我跟你講，把題目分級是一個很好的
方法，在很多的文章中，很多的老師也都是這麼認為，你的習慣
常常會決定你的表現，很多的人他之所以表現不好，常常是因為
有很多的壞習慣。如果你下次考試時試著做看看，或者不要從考
試開始，你每次當你看到一張小考題，看到一張考卷的時候，試
著做看看，愈簡單的題目就先把它挑出來，好，再來做第二節的
題目，再來做最難的題目，你就會感覺比較穩，比較扎實，不會
那麼緊張，緊張的很多時候是因為你在擔心是不是每個題目都像
這麼難？但是一張考卷絕對不會這麼難，不會每個都這麼難，所
以你，如果要讓自己很難過，就去挑戰，一開始就先挑戰難的題
目。如果你為了要讓自己比較有信心一點，你應該朝最簡單的題
目開始做……。」（2006/03/09，課堂逐字稿）

筆者也提醒學生不要有「一直想拿滿分」的心態：

「……你要學會判斷哪些題目的分數是你一定要拿的，數學
不是從滿分開始扣起！數學是從零分開始算起，你知道我的意思
嗎？就是，你算對一題，就多一分。好，所以你不要一開始就從
要得 100 分來開始想，從 100 分開始你會給自己很大的壓力，而
且你只要發現一個題目不會的，你就會很緊張，就在那裡著急。
應該先想，你是從 0 分開始，每一個都是從 0 分開始的，你賺了
一題，這一題你就多了一些分數，你用這樣的思考方式，所以，
你看到題目的時候，就不會被卡在那裡了……。」（2006/03/
20，課堂逐字稿）

此外，為了提升學生的自我效能感，按學生的程度予以不同難度的題
目也是必要的手段。然而由於研究場域的學校行政並不支持依能力分組教
學，因此筆者只好根據平常成績將學生分成三類（A 程度最好，B 次之，
C 最差）。一週之中，筆者會留出一些空檔時間讓學生依其組別分配解題

任務，例如：C 組做習作，B 組做課外題，A 組則給予更為挑戰性的題目。由於筆者認為 A、B 兩組學生有獨立解題的能力，因此筆者是讓他們以二人一組方式進行討論，C 組則給予個別指導。筆者也會鼓勵學生彼此討論數學：

> 「……這種學習方式，我希望你要對自己負責，你要學習善用你小組討論的這個資源，如果你發現你有題目卡住了，就應該利用機會去跟同學討論一下，不要自己一個人在那裡孤軍奮鬥，因為數學很多東西是搞不好人家一講，你就聽懂，所以最好不要讓自己在那裡奮鬥，所以我把你們分兩大組，兩兩一組，這是有用意的，好不好？然後另外呢，如果你是個別學習的這組，好，我希望你遇到問題，馬上到前面來，因為我就在這邊等你來問問題。好，而且，我們這邊不是在求速度快的，但是我要你確實的，這上面的東西你都要會的……。」（2006/03/09，課堂逐字稿）

而分組討論時，由於筆者主要是在教導 C 組，A 和 B 兩組則分頭做題目。而為方便 A、B 兩組核對答案，筆者乃將正確答案貼在黑板上，讓學生做好之後自行核對答案。學生對這種方法很感興趣，即使下課時間到了，仍認真在做數學，並到黑板前核對答案。

筆者認為除了一方面增強學生的自我效能感之外，另一方面也需要培養他們的毅力。因此筆者也提醒他們持續努力的重要，以及日積月累可能產生的功效：

> 「……你至少每一天都要練一些基本功，像我是練瑜珈的人，如果我一個禮拜才練一次瑜珈，我就會發現自己容易變得腰酸背痛，就好像你們現在在學數學一樣，如果你每次只有上課時候才做數學，那你就會發現你每次要上數學的時候都很陌生，如果你每一天，訓練自己去練習一下，接觸一下數學，就不會那麼陌生了……。」（2006/02/21，課堂逐字稿）

有趣的是，由於筆者只規定學生每天要「做」題目，卻沒有規定他們要做「哪些」題目，此種作法頗異於以往他們老師的規定，因此學生紛紛以許多假設情境來考驗我的「智能」。下列為一段課堂中的師生對話：

師：……我要一直提醒各位同學的就是說，學習是你自己的事，像剛才就有同學問我說，好，那如果我們現在每一個人自己去選，那有些人一直都選很簡單的題目，要怎麼辦？可以嗎？有同學剛剛下課就來問我，你們覺得可不可以？

生（大多數人）：不可以！

師：不可以。不可以的理由是什麼？

生 A：沒有進步的空間。

師：沒有進步的空間，嗯，找簡單的題目，不是更有進步的空間嗎？

生 B：他一直找他會的，然後他就只做他會的。

師：他永遠在逃避難的題目。

生 C：他這樣永遠都不會。

師：難的題目他都不會，嗯，有沒有人覺得可以呀，為何不能找簡單的題目？有沒有人認為是這樣子的舉一下。（無學生舉手）

師：各位，那我告訴你們我的想法。我的答案是：「可以呀！為什麼不可以？因為，學習是每個人的自由啊，如果有一些人覺得說，我想要安全一點，我想要挑一些簡單的題目，可不可以？」嗯，我說可以，可是我會同時接下去說，有一點可惜喔，因為如果我們每一天都做至少兩題，二到五題的範圍，持續下去就是很可觀的數字了……。（2006/02/21，課堂逐字稿）

學生也問筆者，對於沒做的人該如何處罰？學生建議筆者可以用「愛的小手」（體罰）處理，筆者則一笑置之：

「……我跟你們講，我是不打人的，且而我跟你們講，有一些事情會比打人還更讓你覺得難過。道理還是一樣，學習是自己的事情，所以，如果你不願意對你自己做任何事情，說老實話，沒有人會關心你，因為學習是你自己的事，人生是你自己的，我只能帶你做到這樣。但是如果你願意在學習裡面，你要讓你的數學至少要有起碼的條件，那我覺得這是一個好機會……你自己的態度需要做一些修正。因為你已經上了國中了，再接下來的二年級，一定會比一年級更有挑戰性，所以你應該在一年級的時候，好好打基礎……所以每一個人，每一天都要找兩題。那我覺得一直做簡單題目很可惜的理由是，如果你每一天都找類似的題型，但是這一節的重點裡面有四大類型題目，四大類型的能力你應該要滿足，可不可以自己挑戰一下？好像你吃東西一樣嘛，你要平均一點才不會偏食，偏食你就營養不良，所以如果你發現，我今天找了一題這個（第一類的題目），一題這個（第二類的題目），你明天可不可以找一題這個（第三類的題目），一題這個（第四類的題目）？好不好，就是至少練習一下不同類型的題目，挑戰一下自己面對不同類型的能力，這樣會不會好一點？」
（2006/02/21，課堂逐字稿）

學生又再問筆者，那如果他們抄後面的答案好不好？筆者的回應是：

「一樣，這是你自己的自由！我只能說很可惜，想一想你為什麼會花錢買這本參考書？這本書明明就是要來讓你做一個練習，你怎麼會想到要用應付的？你要應付誰呀？你要應付我嗎？好，就算我不知道，給你一個很高的分數，差別是什麼？如果你沒有學到東西，你應付我，你能應付誰呢？你知道我的意思嗎？學習是你自己的事情，你遇到困難了，你只要求助，你一定會得到協助。可是如果你用敷衍的態度，那我只能說很可惜，真的很可惜……。」（2006/02/21，課堂逐字稿）

　　上述對話凸顯了學生不習慣對學習採取自主的態度。這樣的態度似乎反映在他們看到難題時便採取放棄的作法。為此，筆者花許多時間跟他們溝通：

　　「……你看到一個不會的東西，你就放棄了喔？你知道嗎？做數學絕對沒有一眼馬上就會解的，因為如果這樣子的話，那些題目就不值得做了，因為沒有挑戰性嘛！數學好玩的地方就在於，欸，我沒看過，但是我拿出我的筆跟紙，玩一玩、算一算，欸，這邊試一試，那邊試一試，搞不好就被你試出來了……。」（2006/02/23，課堂逐字稿）

　　「……雖然數學是要學習以最快速的方法去解答，因為呆呆的算會很累，但是如果你是在考試，比方說月考或是基測那麼大的考試，你真的算不出來，你沒辦法用快速的方法，沒有關係嘛，反正與其在那邊發呆，放棄那個題目，如果你真的什麼事情都沒辦法做，你還是可以慢慢的算，搞不好你還真的可以算的出來，千萬不要輕易的放棄……。」（2006/02/27，課堂逐字稿）

　　「有時候數學也是要憑著一點點的直覺啦，……很多人都不相信自己，一看到題目就說，ㄚ這我一定不會的，一定不會的，根本懶的想，寧願在那裡發呆，寧願在那裡甩筆，寧願在那裡等著下課，等鐘響，你也不願意想一下……。」（2006/03/06，課堂逐字稿）

　　「像選擇題的那種題目啊，不要輕易放棄，你用你的那個本能，解一下那個題目，搞不好雖然你不會那個題目的正確計算過程，也許什麼課本、老師上課講的那些你也聽不懂，但是你可以用你的本能把這些題目給做出來，……動一下筆，不要在那邊發呆，數學不是用看的，數學是用算的，拿起筆來算一算搞不好就

被你給算出來了，所以一定拿個筆來算一算。」（2006/03/21，
課堂逐字稿）

筆者認為上述學生呈現出來的問題，其實來自於態度問題：

「上數學課的求生法則，就是努力的聽懂。如果你發現，大
家的速度比你快太多了，就先把式子先抄在旁邊，等下課再去理
解。不要聽不懂，然後也不記，你就會發現你沒有任何求生的能
力……你知道，達爾文告訴我們適者生存，所以你一定要學會怎
麼生存。而數學課的生存法則就是努力的聽懂，如果你勇敢一點
就努力的發問。要不然你就直接把式子列下來，把它抄一下。也
許你現在很緊張是你看不懂啊，搞不好你下課慢慢看就看懂啦。
所以你不要在那邊發呆，不留下任何紀錄那就很可惜了。」
（2006/03/21，課堂逐字稿）

此外，培養學生對自己的學習狀態有自知之明與後設思考的能力，也
是相當重要的。筆者會在課堂中帶領學生反思：在做題目過程中，有沒有
發現什麼問題一直困擾你們？有沒有感覺比較進步？

「……我覺得你們不要只有停留在分數上面，你們應該稍微
思考一下說，欸，這題目它到底難的部分在哪裡？是什麼部分讓
你覺得很難？因為你得要學會怎麼去克服覺得難的東西，不管你
今天是不是學習數學科，任何一個科目都一樣，你一定會覺得某
些部分你現在目前覺得很困難，那你要思考：這個難的地方到底
是什麼地方？到底在哪裡？……學習一個東西你一定要抓到學習
的那個方法、那個關鍵，有很多人他花了很多的時間、力氣跟緊
張，心情在那裡很緊張，可是事實上對自己沒有任何的幫助，只
會愈來愈覺得很挫折，緊張也不知道在緊張什麼，你的緊張有沒
有辦法幫你？所以還是要找到自己的學習，你可以學習什麼？去
找一下這個方法……。」（2006/03/13，課堂逐字稿）

由於數學科的屬性與文史科最大的不同，乃因其受舊學習的影響更甚，學生一旦放棄現階段的學習，未來勢必要花更多時間重拾。因此筆者時常鼓勵學生要勇於面對現在的學習困難，絕對不要對自己的問題自欺欺人：

> 「……數學不是平行的概念，數學是一個漸進、直線的概念，你一定要先走完這顆石頭你才能走下一顆石頭，可是那你說那怎麼辦呢，我有些石頭是我小學時候都還沒走過的，那怎麼辦？沒關係呀！如果你現在願意挑戰你自己，從現在開始嘛！因為其實小學的東西雖然說很多啦，有六年的東西，可是基本上我們現在國一學的跟六年級是銜接的……，小學一年級到三年級是一個階段，四、五年級是一個階段，然後呢六、七年級是一個階段，再來八、九年級又是另一個階段，所以你要進入八年級之前呢，我要提醒你最好趕快把六年級的東西順便補一下，因為六、七年級是銜接的，是在一起的……。」（2006/02/14，課堂逐字稿）

綜合上述，學習本應是一個自主的歷程，而在教學過程中，筆者也希望能夠提供學生更多的自主權。然而如何培養自動自發這件事確實相當具有挑戰性。筆者承認並不是所有學生皆能珍惜這些尊重，對於有自制力的學生，本研究所提供的學習機會的確讓他們有更多互相學習的機會，大多數時間他們也能認真討論負責的題目；然而筆者也發現有一些學生是一邊討論一邊就玩耍起來的，需要筆者不斷提醒他們。此外，少數學生無法準時交作業也是另一項挑戰。許多現場老師或許會用棍子或剝奪其下課時間來解決，筆者曾經在上課時花不少時間與學生討論這件事，然而或許因為筆者並沒有長時間待在研究場域裡跟他們耗，因此這件事最後僅能不了了之，交由導師去處理。筆者認為如何讓學習態度被動的學生願意回家寫作業，除了應該多管齊下之外（包括學校與家庭的共同合作），也要更積極增進學生的責任感及進行補救教學。最後是有關能力分班／分組的問題。此雖為一個老的教育話題，但對於數學科而言，筆者認為能力分組確實有

其必要性。在本研究中由於礙於行政協調上的困難，筆者無法實施此理想，但是在第二次月考之後，筆者曾在班上進行一個小實驗。筆者邀請該班原數學老師幫 A 組上課，筆者上 B 組，C 組則交由兩位大學生進行個別輔導。結果發現在各取所需的狀況下，學生的表現比平常出奇的好。甚至當筆者在黑板上出一堆題目，讓學生自行選擇時，發現原來不太有自信的 B 組學生竟然願意挑戰較靈活的題目。這是多麼令人深思的一個現象呀！為什麼這麼一個可以讓老師及學生都感到是一大福祉的能力分組，在正常的教學情境中卻如此難以實現呢?!這是一個頗為弔詭的問題。

三、行動之後的反思

經過一個學期的行動研究，筆者企圖將希望感模式融入於數學科教學中。雖然對於此種融入式的作法更具信心，但也引發筆者對偏鄉的教育問題有更多的沉思。以下為筆者的反思。

（一）所有小六學生皆準備好上國中了嗎？

本研究是在一所典型東部偏遠地區的學校進行，該校有相當多弱勢族群學生，包括原住民、學習低成就及單親隔代教養等類型的學生。在進入此班級前，筆者曾以觀察方式了解學生的上課情形。一個很有趣的現象是，教室後半部的學生幾乎都呈昏睡狀況，即便老師聲嘶力竭，很「用力」地上著課，許多學生依然不動如山、安然入睡。或許早在他們進入國中之前便是這樣了吧？「習得無助感」的推波助瀾，讓他們不但安於在教室中當一個「客人」，似乎也註定他們未來國中這三年難逃「陪讀」的命運。

這樣的現象在筆者進入他們班之後，自認為有些改觀。然而這一類低成就的學生，當身處於一個常態編班的大班級中，他們被忽略的情況仍遠超乎我們的理解。在一次月考之後，筆者曾讓學生寫一些對自己的反省以及想對筆者說的話，結果有一位月考分數總徘徊在個位數的學生竟然寫道：「唐老師，感謝你這個月的教導，我會永遠記得你的恩情……。」我好奇的叫他來問：「你為什麼這麼說，有這麼嚴重嗎？」他告訴筆者，他

從小學一年級開始，每一堂的數學課都在睡覺，因為老師根本懶得理他。他靦腆的笑笑說：「你很好，因為你都沒讓我在上課睡覺……。」

如同上述筆者曾說過的，常態編班是現今當局推行的教育政策，但筆者卻認為，這未必是一個符合教學原理的作法。尤其當筆者一進入現場時，首先感到最困擾的便是學生程度參差不齊的問題。很慚愧的說，進入現場的前幾個禮拜，筆者也的確難脫一般數學老師的心態，整天企圖馬不停蹄的趕進度，緊接著考試，然後又開始趕進度，學生根本很少有機會彌補上一次考試的缺失。一陣子下來，學生不但充滿了挫折感，筆者眼中似乎也只看到程度好的學生。筆者體驗到：「**一個老師如果無法暫時放掉進度的壓力，或者真正思考分數的意義，他就很難顧及適性教學。**」因此當筆者逐漸意識到自己其實愈來愈拖不動學生的學習興趣與成就時，訝然反省到，我跟那些只會抱怨學生程度太差、成就動機不高的老師，又有什麼兩樣?!有了這樣的反省，筆者開始試著在教學中適時加入希望感模式中的各項元素，例如：當學生解不出題目時，以往他們會習慣性的歸因是因為自己不夠聰明，筆者則會提醒他們：「**沒有人是天生不用努力就可以獲得好成績的。**」筆者拿自己當例子，說小時候自己也被許多老師、同學嘲笑，但因為個性不服輸，最後終於克服了困難。另外，筆者也慢慢試著放掉成績的壓力，當學生考試考差了，就鼓勵他們：學習的重點不是在跟別人競爭，而是利用考差的機會來反省自己還有哪裡不懂。此外，最大的突破是：筆者不再對全班規定相同的作業，坊間出版的試卷也棄之不用。筆者改以自己出題的方式，來了解他們對每一單元的精熟程度以及錯誤類型。另外，為了讓不同程度的學生能在教室中各得其所，在教學法方面，筆者也嘗試採用較為多元的方式來進行教學，包括分組上課、自己設計教具、期末採用過關評量等多元方式。

那幾位明顯的連國小中年級數學程度都沒有的學生，由於學校中並無資源班的設施，筆者亦在期末時以國科會經費聘請大學生助理協助進行個別教學。筆者深知這樣的研究成果不可能寫成一份嚴謹的學術報告——因為結果實在太不可能複製了。但這樣的研究經驗卻相當寶貴，它讓筆者真切體驗到：當「城鄉差距」是一個後山老師所無法改變的事實時，老師必

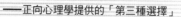

須要更有創意來解決問題。因為相對於一些處心積慮要讓他們的小孩得到最好教育的父母（最極端的莫過於近日報載全臺灣有許多父母在瘋讓孩子進「資優班」的例子），這些偏遠地區的孩子們，他們的父母可能是連午餐費都繳不起。所以除了老師能夠提供的教學，他們就再也沒有其他的資源了。如果老師們不努力幫助他們建立對學習的主控權，讓他們找回希望，他們的未來會在哪裡呢?!

（二）改變了什麼？

執行完這個行動研究案，筆者感到前所未有的疲倦感與挫折感。除了每週六小時的國中教學讓筆者疲於奔命，真正挫折的是，筆者似乎對於偏遠地區的教學也束手無策。這個研究讓筆者深刻體驗到，它涉及的絕對不只是老師的「愛心」問題，而是涉及老師的「專業能力」是否足夠，以及行政配套是否健全的問題。與筆者合作的該班原數學老師 LC，在寫給筆者的札記中，她說：

> 「……其實我很佩服老師的決定，畢竟為做研究而親自到國中現場教學，老師大概是第一人，可能也是最後一人。尤其國中學生和國中教學現場與老師已脫節許久，加上老師本身大學中的工作，相信一定增加不少負擔。老師的研究出發點與目的，我能明瞭，但教書這麼多年，用過聽過不少方法，真的還沒有辦法去兼顧到每一個孩子，只能盡力並將遺憾抱歉減到最少。隨堂看老師上課，讓我見識不少，尤其見到老師每一堂都針對前一堂心得即時的修正改變教學策略，這種教學熱忱，更值得後輩學習。」
> （2006/03/28，LC 老師札記）

然而筆者是否改變她了？或者筆者的教學模式是否可以複製呢？答案則是頗悲觀：

> 「這週老師上課的方式還是偏重於情意教學，認為『學習要靠自己』，另有很多的討論課程；我不是很認同這樣的理論與教

學方式，畢竟大班上課，討論效果不佳，另有進度問題，太多的情意教學勢必壓縮上課的時間，不過這正是我們一剛開始就談過的，老師的研究和我的認知本來就有很大的出入，所以為何一開始老師就認為要自己上課，原因也在此吧！」（2006/04/27，LC老師札記）

　　雖然筆者服務的系所在本地已開設在職專班多年，也一直協助縣內教育局承辦相當多的教師進修業務（上述這位 LC 老師也是從本所之教育學分班畢業的），然而這些研習與進修活動，卻似乎沒有真正改變現場老師的心態。即使地處偏遠，大多數的老師仍然視照顧「少數精英」為自己的職志，卻不對如何提供弱勢學生真正機會平等的學習環境謀求改善之道。其實弱勢低成就學生的輔導，本來就需要一套由政策、到各級行政人員、到老師、到家長的運作機制，例如：此次行動教學中，筆者便發現能力分組應該是數學科比較合理的作法，然而跟學校反應，得到的回應卻是礙於行政上排課有困難，因此無法實施；另外，當筆者發現有幾位學生根本連國小中年級的程度也沒有時，詢問校方是否可以採取資源班方式進行補救教學，得到的回應也是該校沒有此筆經費。因此最後只好由筆者個人以國科會經費請大學生來幫這幾位學生家教。輔導弱勢低成就學生時，如何使各個環節能夠緊密相扣與合作無間的確是一大挑戰，尤其行政之間的緊密聯繫，更是一個未來迫切需要處理的議題。

第七章

把希望感教學帶到家庭中

> 我的一生有一半以上的時間擔任教職，我太清楚老師可以如
> 何讓孩子變得平庸，或者相反的，成功激發出孩子的卓越潛能
> ——無論他教的科目是什麼。（引自姜雪影譯，2008：19）

本書一開始就分享了一個信念：「充實」（enrich）外在的學習情境
（包括增進學習內容的趣味性、提升學習環境的友善性）以及「加強」
（enable）學生的學習表現，固然都是值得鼓勵的方向，然而一個更重要
的教育方向則是「增能」（empower）孩子，讓他們由內產生一股能量與
動力，讓他們不但樂於學習、產生足夠的競爭力，也讓他們未來面對各項
失敗或挫折時，可以有足夠的心理強度去面對，此便是本書最強調的「第
三種選擇」。由於大部分弱勢的孩子只能依賴學校教育來增能他們，因此
上一章內容的讀者主要設定為教學現場的老師。然而如同 Covey（姜雪影
譯，2008）所說，平庸的老師頂多只能造就出「世俗的偉大」，這種偉大
都與職位、名銜有關，和得獎、財富、名聲、成就有關，也都是經過與別
人比較而產生；優秀的老師則會努力讓學生體會到「本質的偉大」，此種
特質與一個人的誠信、工作倫理、待人態度、創造力，以及紀律有關。它
不需要與他人比較而產生，而是根據一個人能否堅守一些亙古長存、放諸

四海皆準的原則來衡量。雖然 Covey 並沒有特別提及希望感，但筆者相信一個對自己的未來懷抱高度希望感的人，他必然已經具備了「本質的偉大」之條件。因此任何關心教育的人，都應該積極幫助孩子建立起這種「本質的偉大」，而其中一個很重要的人當然就是父母。是故在結束本書之前，筆者想以一位母親的身分發聲，訴說家長可以如何透過教養子女的過程參與教育，以提升孩子的希望感與學習動機。由於筆者於 2007 至 2008 年帶著兩個學齡階段的孩子到美國休假一年，因此有機會全程參與孩子們適應異國文化與語言障礙的過程。在陪伴他們之時，筆者不但親身經歷了身為低成就學生家長的那份挫折感，也了解身為「弱勢」族群應該如何自立救濟才不會一直屈居弱勢。因著這種「切身之痛」，因此本章第一節便是記錄在這個過程中，筆者身為一個母親，是如何藉由希望感模式，一步步來幫助自己的孩子。本章的讀者主要設定為任何關心孩子教育的家長，筆者深深相信：每一個關心教育的家長絕對都有能力可以扳回孩子在學習上的劣勢，而家庭對於提升孩子的希望感更扮演了舉足輕重的地位。本章最末則以弱勢教育的未來方向作為結語，以說明任何關懷臺灣教育的人都可以為提升孩子的希望感盡一份心力。

 **第一節 背景說明與問題描述**

筆者於 2007 年，很幸運地獲得傅爾布萊特基金會（Fulbright Foundation）為期一年的獎助，因此有機會與外子一起帶著兩個學齡階段的子女前往美國康州大學（University of Connecticut）進行研究進修。當時女兒就讀二年級，兒子則升上五年級。但由於我們住的學區，小學為 Grade K-4 年級，中學為五至八年級，因此本應仍就讀小學的兒子，到了美國即因學制不同而跳升為中學生。兩個孩子在學校中都接受了 ESL 課程[88]（很巧的

---

[88] 乃為 English as Second Language 的縮寫，此為對於來自非英語系國家學生的補救教學。我們的學區是採抽離方式進行（頗類似臺灣中、小學資源班的進行方式），因此每週這些學生會離開原班級到 ESL 老師的教室接受幾個小時的英文教導，目的在幫助他們儘快適應班級中的課程。

是該學區 ESL 課程採巡迴教師，因此都接受同一位老師的教導），兩人也都因語文程度低落的緣故，在學校淪為低成就學生。然而值得玩味的是，兩人卻有著天壤之別的學校經驗。以下先說明他們如何因班級老師對於落後學生的態度不同，以及同儕接納他們的程度不同，而導致迴異的學校經驗。接著說明身兼教育學者與母親兩種身分的筆者，是如何透過希望感模式幫助兒子建立其希望感。

一、女兒的學校經驗

剛到小學報到沒有多久的女兒，在開學前便收到一封來自他們班導師的歡迎信。信中內容主要是介紹他的個人資料（包括年齡、家庭狀況、個人興趣等），以及歡迎女兒成為他班上一份子的話。又過了沒多久，學校也寄來一封邀請信，邀請我們全家參加夏日某個午後在學校舉行的 ice cream party。就是這些貼心的動作，讓女兒在未開學即對新學校與新同學充滿了期待，也讓身為家長的我們對於女兒將要去適應一個新環境的憂心稍有寬減。而透過 party 所認識的家長，不但幫助我們了解學校的許多規定，他們的孩子後來也成為了女兒的好朋友。

開學後沒有多久，令人印象深刻的第一件事便是親師座談會。由於是採個別方式，因此每個家長皆有機會單獨與老師晤談。而在會談過程中，老師會不時拿出女兒在學校中的作品與我們分享，似乎才沒多久他便已對女兒的學習狀況頗有掌握。而儘管他對於臺灣不甚了解，但他對於外來文化似乎很感興趣。因此在短短二十分鐘的會談中，我們不但稍微了解女兒在校的適應狀況，也交換了彼此對於教育的想法，以及東西方不同的教養觀。

由於美國小孩差不多也是在小學一、二年級才開始學 phonics[89]，因此雖然女兒在口語能力上無法跟得上同學，但感覺上她與班上其他同學在文

---

[89] 在語言學習中，一個重要的能力即是從印刷文字中找到發音的規則，此乃解碼（decoding）的動作。而究竟應該強調學習每個字母與音之間的發音規則（code-emphasis），抑或以整個單字的意義為單位（meaning-emphasis），並無定論。相關論述參見 Mayer（2008）。

字閱讀這件事情上，並無太明顯的差異。她每天帶回來的家庭作業大多是簡單的練習（包括習寫字母、拼字、算術等）與畫圖，外加課外閱讀二十分鐘。老師對於她的語文落後情況瞭然於心，不但會給她適合程度的練習，也非常有耐心等待女兒迎頭趕上。老師常常會在她的作業上寫些鼓勵的話，以讚許她的努力。雖然女兒偶而也會抱怨她拿回來的功課過於簡單（相較於其他同學），但我們了解這是老師有意的安排。

此外由於教室中還配有一位助理老師，因此當女兒在班上聽不懂的時候，助理老師便會坐在她旁邊予以適時協助。而同學之間的包容力也很大，有一次女兒回來說她今天邀請一個好朋友○○參加她的大提琴表演，但是○○無法出席，所以她很失望云云的話……，筆者頗好奇字彙量不大的女兒是如何對○○說出這些複雜的英文句子，沒想到她竟天真的說：「我就跟○○說 "Tonight...Chello!"」接著筆者又問她怎麼知道○○不能來，她說：「○○就搖搖頭說，I... Can't!」這樣包容的環境，讓她非常喜歡上學。她每天總是帶著點心高高興興地搭校車去上學，再蹦蹦跳跳地跳下公車回家。從女兒所畫的圖中（圖 7-1），可以看到畫中歡樂的氣氛彷彿是她心情的寫照。

另一件讓筆者印象深刻的事情，則是女兒帶回來的成績單[90]。老師會在每個學習階段勾選他在每個項目上的評定，再以質性方式寫出他對女兒的整體觀察，例如：在學年之初的成績單上，老師只註明希望是透過面對面方式跟家長解釋他的觀察，但對於孩子的表現他則不願太快做評論；但隨著與孩子相處的時間愈久，他的觀察不但愈來愈深入，敘述也愈來愈詳細，例如：在 3 月份的成績單上，他寫道：

> Jane is adjusting well to Goodwin School. Jane's reluctance to speak English makes it difficult for me to assess her understanding of some concepts. In mathematics it is clear that Jane has a good understanding

---

[90] 美國的中、小學，常以"Quarter"方式（而非「學期」的方式）切割時間，由於一年共有四個 Quarter，在扣除放假日之後，平均而言一個 Quarter 大約為期二至三個月。而每個 Quarter 結束，老師會根據其為學生的總評定而發回「成績單」（report card）。

圖 7-1 一個快樂的二年級女孩所畫的圖

of the concepts taught this marking period. Jane has continued to make progress in her reading. She can now read 87 percent of the grade one Bedrock (sight) words, and 61 percent of the words from the first half of the second grade list! In her guided reading group, Jane is reading short predictable stories to develop her sight word vocabulary and help her understand English language patterns. Jane is a wonderful girl. I am enjoying working with her. （中譯：Jane 在本校適應得相當良好。但她不願意開口講話卻讓我很難幫助她理解一些概念。從她的數學表現看得出來，她對最近上課所教的數學概念理解得相當不錯。在閱讀方面，她也持續在進步中。目前她的識字量，以一年級的標準字彙來看，通過率是 87 ％；針對二年級的字彙，則為 61 ％。在引導式閱讀團體中，她目前正在學習閱讀可預測性短篇故事，這個技巧主要是在增加她的字彙量，並幫助她理解英文句型。Jane 是一個很棒的小孩，我很高興有這個機會陪她成長。）

而在學年結束時，6月份的成績單則寫下：

I have seen so much growth with Jane over the past few months! She is speaking to me and understanding a great deal of classroom instruction. Jane's English reading skills are emerging. She can now read 93% of the sight words on the second grade list as well as spell 92% of the second grade sight words! She has a solid understanding of most of the math objectives in the second grade curriculum. It has been a pleasure working with Jane this year. I hope you all enjoyed your year in the United States. Best of luck on your return to Taiwan!（中譯：我看到 Jane 在過去這幾個月中有非常顯著的成長！她不但願意開口跟我說英語，也看到她對學校所進行的各項教學活動有相當大的理解。Jane 的英文閱讀技巧突飛猛進。目前在閱讀方面，她可以讀懂 93 ％二年級程度的內容；在拼字方面，也可以拼對 92 ％二年級程度的字彙！在數學方面，以二年級的數學學習目標而言，她亦有相當完整的理解。這一年有機會教導 Jane，對我而言是一件很快樂的經驗。我希望你們全家也都能享受這一年在美國的時光。祝你們一切順利！）

透過此方法，我們看到的是一個孩子的成長軌跡，而非她與同學之間的競爭（此相當符合 Dweck 所強調的「學習型目標」，而非「表現型目標」）。筆者相信這一年的求學經驗對女兒而言是相當正向的。因為現在的她，不但熟諳 phonics 的發音規則、能夠輕鬆唸出英文單字，也深深喜愛美國文化。她認為這是一個友善的國家，她很希望以後還有機會再回去找她的好朋友。

二、兒子的學校經驗

相對於女兒，兒子的學校生活就沒有那麼幸運了。由於他讀的是學制中的中學，而美國中學的疏離情況一向令人詬病〔詳見 Wigfield（1994）的文獻回顧〕，因此這一段適應對於心智年齡尚處於小學生的他格外困

難。雖然在臺灣，他的成績頗為優異，但由於他的英文程度與其美國同儕實在差距太大，再加上教室一再變動[91]，與班級同學並沒有穩固的情感聯繫，這些皆降低了同儕之間的接納程度[92]。導致他在學校裡很難跟得上大家的進度，他也一下子就被老師貼上了「低成就學生」的標籤。

成績一向就不是筆者與外子最為關切的問題，因此起初筆者對於兒子的學業問題並不以為意；唯一稍感詫異的是，在親師座談中，筆者與外子便明顯感到老師對兒子的「敵意」。我們非但無法感受到像女兒老師的那份接納，反而感到她對兒子的表現相當不滿，而更重要的是，言談中她似乎對於兒子的進步並不看好。

筆者真正注意到兒子在學校的適應問題，是在一個「說謊事件」之後。在此事件之後，也讓筆者開始真正關注到弱勢學生學習問題的嚴重性——原來他們在課堂中不被公平對待的情形是這樣「寧靜地在進行著」，而我們若對他們的問題不予重視，則最後付出的代價恐怕不止是在成績方面，恐怕還包括了品性與道德方面的問題[93]。

平常兒子都會被老師留下來加強功課，而「說謊事件」事發當天，由於筆者與外子剛好開車路過學校，因此我們突發奇想：何不給兒子一個驚喜[94]?!沒想到我們到了學校卻撲了一個空，老師詫異的說兒子今天跟他請了假，因為他說家裡有事。我們趕緊衝回家，卻看到兒子好端端地坐在電腦前玩遊戲。他看到我們回家，頗為無辜的解釋道：學校廣播說今天不需要留下來上社團，他也跟老師確認過了呀……。筆者心中一陣涼：究竟是他說謊了？還是其實他跟老師有嚴重的溝通困難？如果是前者，是否代表一向乖巧、不曾說謊的兒子，成績變壞了，品性也開始變樣了呢？而如果是後者，那麼他在學校每天又是如何跟別人溝通呢？

---

[91] 美國中學採跑班制，很像臺灣的大學方式，因此每一節課學生都要到不同的教室去上課。下課鐘聲一響即成鳥獸散。

[92] 當他讀簡媜（2007）的《老師的十二樣見面禮——一個小男孩的美國遊學誌》時，他一直問：為什麼我們學校跟簡媜說的完全不一樣?!

[93] 筆者有一篇相關論述，有興趣的讀者請參見唐淑華（2006a）。

[94] 兒子通常都是搭校車上下學。

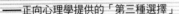

　　總算在我們的詢問下，他陸陸續續說出他在學校的情形，例如：老師每天留他下來，就是叫他抄課本後面 Index 所列的單字，卻沒有加上任何的解說。這件事情讓他覺得就像是抄天書一般令他痛苦，「老師為什麼要這樣折磨我？」他也說出在學校中被「歧視」的情況，例如：上閱讀課時，他與班上另一個孩子就會被叫到一旁的電腦前去練習電腦輔助軟體，因為老師認為「反正我們也聽不懂」！整個學期他們就這樣被「遺棄」在電腦前面，而沒有機會跟大家一起上課；去學校圖書館借書時，他也需要裝模作樣地借一些他根本看不懂的書回來，「因為如果借太幼稚的書，就會被同學嘲笑……」。筆者終於了解為什麼他常常回來就會說：「我恨學校！我恨學校！」也了解為什麼他會常常抱怨：「老師對我說話為什麼總是那麼大聲？」當時筆者總會安慰他：「可能是老師怕你聽不懂吧！」而他的回答，現在想起來，實在頗有智慧，他說：「可是我是聽不懂，又不是聽不到！」唉！原來就算是立意良善、用心良苦的大人，若是協助方法不得要領，孩子也只會傷得更重。而若是一開始便對孩子的問題存有刻板印象，對於知識信念又有著偏執的想法，再加上缺乏自我反省能力，那麼製造出來的問題就更嚴重了。

　　上述這樣的歧視，讓筆者回想起十餘年前在美國留學的經驗。當時若不是憑著自己不服輸的個性，恐怕也是很難苦撐過去。然而當時，筆者身心皆已頗為成熟；這一次，年僅 10 歲的兒子，能夠獨自面對嗎？身為母親，是否該更積極地協助他？筆者亦自忖：「一向樂於研究『學習動機』的我，總是能夠冷靜理智的分析別人孩子的問題，此次我是否也能應用教育理論來幫助自己的孩子呢？」存著這些「好奇」，於是筆者進行了一個小型的個案研究。以下便是筆者應用希望感模式來幫助兒子的具體作法。

希望感模式的在家應用──一個母親的行動

在處理兒子的問題時，筆者大致歷經了三個階段。分別是：「急病亂投醫」階段、「大量閱讀」階段，以及「希望感模式」階段。

一、「急病亂投醫」階段──尋求專家意見

由於 ESL 並非筆者所熟悉的領域，因此本著做研究的精神，筆者先上網找到一些 ESL 的專業網站。發現美國這幾年在談「證據本位」（evidence-based）的教學，的確累積了相當多寶貴的文獻與資料，例如：在以下幾個網站中，筆者便找到了有關英語教學方面的專業資訊：The Florida Center for Reading Research（http://www.fcrr.org/）、Center on Instruction（http://www.centeroninstruction.org/index.cfm）、Dynamic Indicators of Basic Early Literacy Skills（http://dibels.uoregon.edu/）。這些國家級的研究中心，對於 ESL 有許多非常好的建議。但頗令人納悶的是，在資訊這麼發達的時代，為什麼兒子的老師卻不參酌這些專業意見，只會以土法煉鋼的方式要孩子抄抄寫寫。這樣的補救教學有何效果可言?!

而如同這些專家所建議，閱讀基本上涵蓋了「學習閱讀」（learn to read）以及「利用閱讀學習」（read to learn）兩類能力。前者這項能力主要是在國小低、中年級習得，後者則是高年級以上的學生在學校能否生存下去的關鍵能力。這也是為什麼女兒沒有太大的學習挫折感，因為老師所教的正是她要進入英文世界所需要的能力；但兒子在學校卻會如此痛苦，因為他的同學老早便已進入「利用閱讀學習」的階段，而他則仍未學會「學習閱讀」這種能力。

為加強其「學習閱讀」的能力，筆者首先從增加其字彙量以及正確發音下手。由於這類基本功頗為枯燥，因此在增加誘因方面，筆者以「背單字可以換取玩電腦時間」的外在動機來鼓勵兒子。由於目標便是以熟記臺

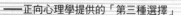
灣教育部所公布的 2,000 個單字為原則，因此在目標內容上相當明確。而在過程中筆者也教他一些基本的 phonics 拼音規則，並讓他透過錄音筆將自己的發音錄下來[95]，因此他漸漸掌握到英語發音的規則，也快速增加了字彙量與認字拼音技巧。

為了讓他更快跟上班級進度，筆者向各科老師借了課本回家[96]，並陪他一起進行課前預習的工作。其實課本的內容並沒有那麼難，有些東西甚至早已在臺灣就學過了，只是他並不知道這個道理。筆者認為他在課堂中茫然無緒，固然有一些內容可能是真的聽不懂，但有更大一部分其實是來自於心理作用——因為他不相信自己可以聽得懂。剛巧筆者從臺灣帶了一本遠流出版社翻譯的《大英簡明百科》，因此在讀課本時，我們只要一發現讀不懂的地方，就馬上翻閱百科全書或上Google來補充背景知識。透過此種鷹架方式，兒子漸漸抓到了學習的要領。

二、「大量閱讀」階段——閱讀救了我的兒子

上述的陪伴雖然稍有助益，但根據「自我決定理論」（Deci, 1975; Deci & Ryan, 1985; Deci et al., 1991），學習者的「勝任感」與「自主性」才是讓學生產生學習動力的兩大重要前題（詳見本書第二章第一節的說明）。以他目前的語文程度，筆者認為透過學校現有教材顯然無法讓他達到「樂在學習」的目標。因此如何創造一個可以讓他產生心流的學習環境（Nakamura & Csikszentmihalyi, 2002），乃是此階段最主要的考量。首先，筆者先幫孩子們辦了一張社區圖書館的借書證。美國的公共圖書館實在方便得令人不可思議，住在社區的居民，不論是否為美國公民，便自動享有借書權。書的借閱數量完全沒有限制，借閱期限則為三週。行動不便者，館方還可幫他們將書本寄送到家裡。而紙本的書以及視聽媒體（包括音樂 CD、有聲書、VCD、DVD 等）的收藏量更是多到讓人瞠目結舌。因此我們每週都到圖書館借了許多繪本回家。筆者不但陪著孩子每天大量閱

---

[95] 除了唸生字，也訓練他朗讀短文，此在增加其閱讀流暢性。
[96] 美國教科書是學校的財產，因此學生只在學校中使用，並不需要帶回家。

讀 [97]，睡前也讓他們聽故事 CD，藉以增進其聽力。

然而兒子剛開始對於閱讀繪本的興致並不大，因為他認為故事內容實在非常幼稚，因此他的進展並不大。真正帶領他進入英文閱讀世界，應該算是 Norton Juster（1961）寫的《魔法收費亭》（*The Phantom Tollbooth*）這本書了。這是一本頗為古典的青少年文學作品，書的一開始就是一句非常貼近青少年的話：「從前有一個男孩名叫 Milo，他不知道該如何安頓他自己──不是『有時候』，而是『一直都如此』」（*There was once a boy named Milo who didn't know what to do with himself-not just sometimes, but always.*）。由於這個男孩也不喜歡上學，認為學校是一個浪費生命的地方，因此相當貼近兒子的心情，一下就擄獲他的注意力。而故事中的主角 Milo 由於發生了一些奇妙的經驗，因而改變了他的人生觀以及學習態度，這也是筆者認為兒子可以效法的楷模。整本書僅有幾張插圖，文字也不算簡單，但由於內容非常有想像力，因此在與兒子共讀的過程中，我們都常被作者慧黠的文字技巧給逗得哈哈大笑。兒子不時會讚嘆：「怎麼有這麼好玩的英文書呀！」他的話語提醒了筆者，很多時候我們認為識字量不大的孩子便無法進入閱讀的世界，亦即認為「只有生字詞足夠精熟，他們才能進行閱讀」[98]，因此在進行補救教學時總會一味專注於其弱點能力，卻忽略了他們其他面向的優勢能力。然而在兒子身上，筆者發現透過大人的耐心陪伴，若能引導他們先進入趣味性濃厚的文字世界，讓他們對閱讀產生興趣再回過頭來補強其基礎功，或許也是一個可行的策略。

之後兒子又在網路上發現一個由 Random House 出版社所架設的官方網站（http://www.randomhouse.com/kids/magictreehouse/），此網站內容主要在介紹《神奇樹屋》（*Magic Tree House*）[99] 這套書的內容及其作者。這個網站最特別之處是，小朋友在閱讀完後便可以自行上網測試自己的閱讀

---

[97] 由於女兒學校規定每天要閱讀二十分鐘，因此在美國這一年，她至少讀了三百本繪本。而這些書大多都是從圖書館借來，不需花費一毛錢。

[98] 此為 bottom-up 的概念。

[99] 這套書在臺灣已有中譯本，由小天下出版社發行。內容是一對兄妹在不同的時、空進行探險的經過。非常有助於兒童了解歷史、文化等內容。

理解程度，凡答題成功者便會獲得一枚精美的獎章，此非常符合 Dweck 所說的「學習型目標」精神。由於兒子不需要再擔心與別人競爭，而是跟自己挑戰，因此他像著了魔似的迷上這套書。不但在家中狂熱地閱讀，他也帶去學校利用課堂休息時間閱讀。他也不再要求筆者陪讀（因為他實在等不及，想要趕快看到故事結局），在閱讀過程中他若遇到一些生字，也會主動問我們或急著去查電子辭典。更棒的是，由於他發現圖書館也有此套書的有聲書，因此讀完之後他還會要求我們幫他借 CD 來當成睡前故事聽。這個閱讀過程，讓他突然自信心大增。事實上，他在離開美國前，不但已經挑戰完這套書[100]，他的神奇樹屋護照上也蒐集了 42 枚獎章（參見圖7-2）！

圖 7-2　兒子完成的《神奇樹屋》護照獎章蒐集冊

---

[100] 2008 年暑假我們回臺時，此套書已出版到第 42 本，之後回臺他又用網路訂購買到有聲書。

三、「希望感模式」階段──釐清孩子的「知識信念」與提升其「意志力」

除了學習方法的教導之外，在陪伴的過程中，筆者漸漸體會到，其實兒子最需要的是改變其「知識信念」以及「意志力」。由於他在臺灣時，是個從來不需要非常努力就可以得到好成績的學生，因此他不自覺地以為成績好乃是因為自己很「聰明」。但是到了美國，一再的挫敗經驗讓他又很快相信「莫非自己是笨蛋?!」這種採取「固定論」的內隱知識信念，正是讓他很容易用「表現型目標」來定義自己的成敗，也是讓他用逃避的態度來面對學習問題的最主要因素。因此為了說服他「努力是有用的」，筆者將他所有從學校帶回來的學習單都予以編號，並一一放在卷宗夾裡，讓他時常檢視自己進步的軌跡；也常常提醒他，他並不需要跟他的美國同學競爭（「你的美國同學如果到臺灣用中文跟你一起讀書，他們也會很辛苦的！」），重點是他要學會跟自己比賽（「你願意挑戰自己就是很棒的事！」）。此外，筆者與外子也主動跟孩子們分享我們以前在美求學的奮鬥經驗，傾聽他們在學校發生的大小事情，並給予他們無條件的積極關注。因此他漸漸能夠找到自己的方向，從他的成績單也可以看到他在學校的表現愈來愈有起色。

四、Happy Ending？

故事快要講完了，上述經驗應該也還算成功。兒子後來又陸續挑戰了好幾本他原本不敢碰的書，例如：當時美國同學們在流傳的《哈利波特》（*Harry Potter*）、《貓戰士》（*Warriors*）等幾套書，他都陸續看完了。事實上回到臺灣之後，他的英文閱讀興趣仍然持續而沒有中斷。筆者一直在思考：這一個兩年前才只懂得 26 個英文字母的孩子，為什麼現在卻培養了閱讀英文小說的習慣──他每天在睡前甚至都要聽一段英文小說才會捨得入睡！我想兒子的美國老師是絕對不會相信這件事情的。事實上，筆者頗替這位老師曾經有一個難得機會可以見證到一個低成就小孩的成長歷程，但她卻沒有把握這個寶貴機會而感到遺憾。一個老師其實更應該保有

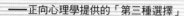

高度的希望感呀！

　　事實上，兒子的情況是非常幸運的。因為他生於一個資源還算豐富的家庭，他的學校問題回到家中很快便能被父母所同理，情感上的支持也如同緩衝劑（buffer）的效果，讓他的壓力與挫折很快就能得到減緩。但整件事情真正讓筆者陷入思考的是：究竟誰是教室中的「弱勢」？誰可以幫助這些孩子脫離弱勢？我們又可以用什麼方式讓他們脫離弱勢？這些都是筆者打算用本書最後一章來回答的問題。

第八章

許弱勢孩子一個公平的未來
——代結語

　　當我們思考「弱勢」一詞時，通常最容易聯想到的便是這個人的背景變項，例如：族群、性別、年齡、社經背景等。社會學者薛承泰（2003）便認為，目前學習弱勢的三大來源主要為身心障礙者、家庭貧困者與偏遠地區者。然而，當筆者讀到 Ruby Payne 所寫的《一個理解貧窮的新架構》（*A Framework for Understanding Poverty*），她的觀點讓我相當讚嘆[101]。筆者認為她的論點足以用來回答為何有些孩子會自然而然地成為教室中的「弱勢」，而她在書中也清楚指出誰最有能力幫助這些孩子脫離「弱勢」。因此以下乃先介紹她的觀點，接著再回到本書的焦點——希望感模式，以重申這些「弱勢」學生的問題可以透過希望感模式來理解並進行後續的輔導。

---

[101] 這本書在美國已賣出一百萬本，幾乎是教師專業成長的必讀書。然而筆者很遺憾地發現，這本書似乎未受到臺灣學者的重視。不但在國家圖書館的全國圖書目錄中未能查到這本書，亦未有中譯本。

誰是教室中的「弱勢」？誰可以幫助他們脫離「弱勢」？

第一節

筆者是在一個演講場合中巧然聽到 Ruby Payne 的名字。當時筆者正在美國進行休假研究，應邀去美國南方一所大學進行學術演講。由於演講中筆者剛好提及臺灣東部原住民學生的教育問題，因此會後便有一位黑人教授熱心趨前與筆者討論相關問題。相談甚歡後，她順口問了筆者是否讀過 Ruby Payne 的書？筆者表示從未聽過這個名字，沒想到她以一種不可置信的眼神驚呼：那可是一本在美國關心弱勢教育者必讀的書呀！雖然過了不久筆者便收到她寄來的書，然而由於當時手邊正在忙其他的事，因此這本書就被遺忘在書架上。

真正驗證到這本書有多麼受重視，是透過另一個機緣。一位在美國中學教書的大學老友知道筆者關心弱勢教育，有一天寄來了一本書。她告訴筆者，在美國參加教師研習，必然會收到一些教師組織所推薦的好書，而這本寄來的的書現在她手邊還有好幾本呢！從它的第一版她就收過這本書，如今都已新修訂到第四版了，還是會在許多進修場合中收到，猜想或許我也會有興趣讀一讀?!筆者一看，果然就是 Ruby Payne 的這本書。這下子，筆者真的對這本書產生好奇心了。

一、誰是教室中的「弱勢」？

Payne（2005）首先定義何謂「貧窮」。她認為，雖然貧窮發生在全世界各個角落，但它其實是一個相對的概念。所謂「貧窮」，就是指「擁有較少資源」的人。一般人可能會認為「經濟」因素是區分貧窮與否的最大關鍵，然而 Payne 卻建議，我們其實需要用更廣義的方式來界定貧窮。以下是她認定的重要「資源」：

1. 經濟上（financial）：指這個人是否有足夠的錢可以得到想要的東西？

2. 情緒上（emotional）：指這個人是否具有掌控情緒的能力？尤其當他遇到不如意的事時，這種內在的心理資源更會決定他究竟是採取傷害性的自毀行為來因應？抑或採取建設性的方式面對？

3. 心智能力上（mental）：指這個人是否具有基本的讀、寫、算能力，以應付日常事務？

4. 性靈上（spiritual）：指這個人是否能夠超越世俗層面，找到精神層次上的意義與解脫？

5. 身體方面（physical）：指這個人是否擁有健全的身體健康與自主的行動能力？

6. 支持系統方面（support systems）：指這個人是否擁有來自朋友、家庭或任何方面的外在資源，使他在有急難時，能夠立即得到這些支援系統的協助？

7. 情感關係上（relationships/role models）：指這個人是否擁有來自長者的照料與關愛，使他們產生情感上的依附？而重要的是，這些長者本身就應該是足以提供良好示範的學習楷模。

8. 對隱藏規則的知識（knowledge of hidden rules）：指這個人是否擁有了解不同族群團體的知識？尤其當上一層階層以一些未曾言明的「隱藏規則」（hidden rules）在運作時，他若不能了解這些隱藏規則，將會嚴重阻礙他跨越貧窮的障礙而晉升至上一階層。

上述對於「資源」一詞的定義確實相當有創意，尤其針對最後一點「對隱藏規則的知識」，Payne（2005）在書中進一步說明，不同階層的人其實是使用相當不同的「隱藏規則」在運作其日常生活（包括金錢使用、飲食需要、對教育的重視……等），例如：對於貧窮的人而言，能夠勉強生存下來就已經很難得了，因此他們生活中舉凡衣食住行種種決定，都是環繞著滿足「當下」（present）的需求來思考。「錢」的功能是拿來作為消費與滿足現實需求之用——對於一個連滿足當下需求都入不敷出的人而言，他哪裡會想得到要儲蓄與投資?!「食物」也是為了吃飽之用，因此重點是在：「數量」夠不夠？至於營養與否？新鮮程度如何？就不是貧

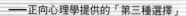
窮的人會優先考量的問題了[102]。相反的,對於中產階級而言,「未來」
(future)才是更重要的考量,除了吃得飽之外,還要吃得好,因此食物
的品質更形重要;錢也需要好好加以管理運用,因此他們會精研理財之
道。至於上層階級,則是一個由富轉而好禮的層次,他們講求的是如何維
持過去美好的「傳統與歷史」(tradition and history),因此食物對他們而
言乃是一種文化展現的方式,從食材的選擇到食器的運用,皆需講究其精
緻性與美感。而多餘的金錢更需加以投資,以使其利潤得到最大效益。

　　我們根據 Payne 的分類,不難理解這三階層的人將以多麼不同的角度
來看待教育。對貧窮的人而言,由於他們無法在現實生活中立即看到或說
出[103]受教育的實用價值,因此他們對於教育所能扮演的角色,基本上是相
當抽象的。身處這一階層的父母通常不會特別看重孩子受教育的重要,他
們的孩子在學校通常也很難心悅誠服地勉強自己用功念書。相對而言,中
產階級的人「相信」[104]教育是社會流動最快速的方式,因此為了攀升至上
一階層,這一個階層的父母會盡可能地讓孩子接受最好的教育。他們不但
會積極配合學校老師的要求督促孩子完成家庭功課,當他們發現孩子需要
額外協助時也會主動與老師聯繫。最後,對於上層社會的人來說,教育的
功能乃在傳承其所深信的傳統文化價值,因此他們會致力於學習那些看來
似乎無甚實用價值的知識;另外,他們也會透過教育來進行其人際網絡的
橫向聯繫,此將更穩固其社會菁英的地位。

　　Payne 在其書中進一步區分兩類貧窮:一類稱為「世代貧窮」(gener-
ational poverty),另一類則是「暫時貧窮」(situational poverty)。根據
Payne 的定義,「世代貧窮」的人是指在他們家族中起碼已經貧窮過兩代
以上了(包括父母這一代以及祖父母這一代),由於長期處於貧窮狀態,

---

[102] 然而這些想法更容易形成惡性循環,因為沒有理財觀念就會讓一個人更陷入貧窮,而沒
　　有衛生習慣則會讓一個人更容易生病,更快降低生產力。
[103] 這是一種相當「現在式」的觀點,所謂「眼見為憑」,亦即看不見教育的當下價值,就
　　以為它的價值並不存在。
[104] 相對於「看得見」或「說得出」,「相信」是相當「未來式」的語法,因為教育的價值
　　雖然不能當下立即體現,但它將在未來中展現其意義。

因此他們會形成一種獨特的信念系統（Payne 以 mindset 稱之，筆者在此譯為「心態」）；相對地，「暫時貧窮」乃因某一暫時事件（如疾病、失業、離婚等）而暫時喪失資源，但所謂「人窮志不窮」，他們並未因此輸掉他們的志向與視野。由於人的許多觀念與價值觀都受到信念系統的影響，這件事並不會因其經濟條件改善而有所改變，因此 Payne 認為，二者的真正差別並不在於「金錢」，而是在於他們的「心態」。是故，「世代貧窮」的人才是真正的弱勢，因為他們的人生態度有著一種根深蒂固的「聽天由命」，他們不但相信「社會對他們是有所虧欠的」，尤其更可悲的是，他們相信：努力是沒有用的！

筆者認為，上述 Payne（2005）的觀點非常獨特，不但超越了傳統對於「弱勢」的定義，也深入指出對於「弱勢者」的協助，不應該停留在消極性的同情憐憫或僅給予社會救濟（例如：給予食物券、教育券）便自滿，而是應該積極改變其宿命式的「心態」。這個理解貧窮與弱勢的架構，筆者認為同時也為臺灣未來在從事弱勢教育時，提供一個具啟發性的方向。因為若以傳統的「弱勢者」定義來看待教室中的學習問題，會發現許多具有挫折經驗的孩子未必符合「弱勢者」的條件[105]，然而他們卻相當缺乏 Payne 所說的重要「資源」——包括情緒上缺乏負面情緒的調適能力，心智能力上缺乏基礎的讀、寫、算能力，情感關係上缺乏依附的對象；更重要的是：對於教育所能扮演的角色缺乏深度理解，導致他們在一連串的學業挫折經驗之後，便愈來愈安於扮演教室中弱勢者的角色[106]。因此對於這些學生，教育工作者確實應該投予更多的關注，並積極改變他們的學習心態。

---

[105] 例如：他們未必是身心障礙者、家庭貧困者或偏遠地區者，此乃參考薛承泰（2003）的定義。

[106] 我們若問一問這些孩子：你相不相信努力是有用的？恐怕他們的答案也會跟「世代貧窮」的人一樣悲哀。

二、誰可以幫助一個人脫離「弱勢」？

在對貧窮與弱勢提出一連串有創意的看法之後，Payne 在其書中談到另一個關鍵性的問題：誰能夠真正幫助一個人脫離弱勢？她認為途徑無他，唯有透過那些能夠幫助他／她了解隱藏在上一個社會階層中的遊戲規則，並教導他們學會使用這些規則的人，才能幫助他們達到成功的表現。因此，Payne 堅信脫離弱勢的最快方式，便是透過教育的力量，尤其透過師生間情感上的依附關係來影響他們。

對於 Payne 的答案，筆者其實並不意外，因為根據學習動機方面的文獻，除了在認知上教學者需要發展學生的最大發展區間（zone of proximal development, ZPD），動機方面亦需開發其 ZPD：認知的 ZPD 在幫助學生「理解」學習內容，動機的 ZPD 則在幫助學生「欣賞」學習所帶來的價值。因此教育工作者應該在情感上給予學生鷹架，使他們一步一步體認到學習的意義與價值（Brophy, 1999）。Payne 的觀點不但提醒我們師生關係的重要，也再一次提醒我們重視學業面向情意教育。而若回到本書一開始所強調的希望感模式，則教育工作者更需要著眼於提升這些弱勢學生的希望感，因此以下再回歸到本書主軸——希望感模式，以作為本書的結論。

第 二 節

以「希望感模式」協助有學業挫折經驗的孩子

教育工作者應該如何協助有學業挫折經驗的孩子呢？筆者對此議題一向關注，當有機會觀察或訪問現場老師時，也總好奇他們是如何在思考這個問題。一般而言，筆者發現，即使是那些非常關心學生、想要積極從事補救教學的老師，也大多僅採取認知角度[107]來思考低成就學生的學習問

---

[107] 層次高者，可能還會針對學生的問題分類，教導相關的學習策略；次之者，則讓學生不斷練習、做題目；最下策者則認為透過不斷考試、競爭與排名，便可讓學生對分數在乎。

題，卻甚少關注於如何涵養其情意素養，尤其前述所言之心態、信念、希望感等議題根本很少予以關注。

然而根據希望感模式（詳見本書第三章），若要具體提高一個人的希望感，則須針對他們的知識信念、學習目標、學習策略以及意志力等方面著手。尤其弱勢學生心態中充滿了「努力是沒有用的」這個想法，如果在教室中繼續增加這些孩子與「別人競爭」的壓力，那麼只會更容易增加他們的挫折感，並且更快自我放棄罷了。因此在進行後續輔導時，除了可考量本書前述（尤其是第五章）的建議之外，筆者認為，更應該針對其固著的思考型態予以挑戰。尤其如果能夠在過程中建立一套讓他們「跟自己比賽」的機制，包括讓他們對自己構築一個較為合理的期待、幫助他們找到較佳的學習策略，並且培養他們對學習產生一種責任感等，這樣的作法皆較可能提升他們的希望感。

此外，教育工作雖然是一個容易耗損心力的工作，但是弱勢教育工作者卻沒有悲觀的權利，因此弱勢教育者本身便需不斷提升其希望感。以下謹以三點提醒作為本書的結語：

第一，弱勢教育者必須先開闊其自身的知識視野。尤其當一個教學者閉門造車與失去遠眺的視野時，這是最可怕的現象——他／她本身就必須先當一個好的學習楷模！

第二，弱勢教育者必須提供學生有效的學習策略。弱勢教育不僅需要愛心，更需要專業能力——一個教學者必須不斷努力精進自己的教學方法與策略，而非僅將學生分級分類後便了事！

第三，弱勢教育者必須幫助學生解放其所受的限制。弱勢學生容易在失敗挫折經驗中放棄自己，然而一個人的發展是無法太早限定的——我們皆應努力幫助弱勢孩子有一個公平的未來！

學習的路是漫長的，然而知識就是力量，教育理論在幫助教育工作者維持高昂的希望感。尤其在平凡／平庸的生活中如何保有源頭活水，教育工作者一定要勤於充實自己。茲以本書與臺灣教育工作者共勉之。

參·考·文·獻

✤中文部分

尹　萍（1995）。出走紐西蘭——一個母親的教育經驗。臺北市：天下文化。

卞娜娜、陳怡君、凱恩（2008）。Rafe Esquith 著。第 56 號教室的奇蹟（Teach like your hair's on fire: The methods and madness inside Room 56）。臺北市：高寶。

文崇一（1989）。調查訪問法。載於楊國樞、文崇一、吳聰賢、李亦園（編），社會及行為科學研究法（頁 550-586）。臺北市：東華。

王正元（主編）（1996）。英語同義詞辨析大詞典。臺北市：中央圖書出版社。

王沂釗（2005）。幽谷中的曙光——正向心理學發展與希望理論在輔導上的應用。教育研究，134，106-117。

王怡靜（2001）。自我肯定訓練對國小低學業失敗容忍力學童影響效果之研究。國立高雄師範大學教育研究所碩士論文，未出版，高雄市。

王萬清（1999）。讀書治療。臺北市：心理。

江文明（2004）。贏在我不認輸——你不知道的黃志雄和朱木炎。臺北市：國語日報。

任世雍、劉開鈴（譯）（1987）。海特著。希臘神話。臺南市：鳳凰城圖書公司。

朱若蘭（2004，11 月 18 日）。考不好鬱卒，玩輸了也鬱卒。聯合報，A6 版。

吳明烈（2004）。邁向富有的人生——成為終身學習者。T & D 飛訊，28，1-28。2010 年 1 月 15 日，取自 http://www.ncsi.gov.tw/NcsiWebFileDocuments/b3fc6376eb95a541a3f79a59ffb693d3.pdf

吳明清（1991）。教育研究——基本觀念與方法分析。臺北市：五南。

吳武典（1997）。輔導的基本理念。載於吳武典等（著），輔導原理（頁 1-44）。臺北市：心理。

吳英長（1986）。從發展觀點論少年小說的適切性與教學應用。高雄市：慈

恩。

吳慧貞（譯）（2001）。R. Coles 著。故事的呼喚（The call of stories）。臺北
　　市：遠流。

李家同（2004）。一切從基本做起。臺北市：圓神。

李振清（2006，12 月 13 日）。英語充電站 55——一流學府的大學生英語文潛
　　能開發。取自 http://cc.shu.edu.tw/~cte/gallery/ccli/abc/abc_055_20061213.htm

李雪莉（2008，4 月）。能力落差愈拉愈大，教改造成新階級。天下雜誌，
　　395，142-144

李麗君（譯）（2007）。M. H. Dembo 著。做個成功學習的大學生——動機與
　　學習自我管理（Motivation and learning strategies for college success: A self-
　　management approach）。臺北市：心理。

李艷秋、李志邦（2007）。走一條快樂學習的路——李艷秋母子的教育手
　　記。臺北市：天下文化。

杜維運（1999）。傳記人物的選擇標準。國史館館刊，27，15-20。

兒童福利聯盟文教基金會（2004，11 月）。另類的貧窮——臺灣「心貧兒」
　　現象觀察報告。臺北市：作者。

周佩儀（2002）。國小教師解讀教科書的方式。國立臺北師範學院學報，
　　15，115-138。

周淑卿（2003）。今是昨非，抑或昨是今非？——教科書一綱多本爭議之分
　　析。國立編譯館刊，31，12-21。

周淑卿（2004）。我是課程發展的專業人員？——教師專業身分認同的分
　　析。教育資料與研究，57，9-16。

林文寶（2000）。臺灣地區兒童閱讀興趣調查研究。臺北市：行政院文化建
　　設委員會。

林生傳（2003）。教育研究法——全方位的統整與分析。臺北市：心理。

凌志軍（2004）。成長——發現最好的自己。臺北市：時報。

姜雪影（譯）（2008）。S. R. Covey 著。7 個習慣教出優秀的孩子（The leader
　　in me）。臺北市：天下文化。

施志雄（2003，11 月）。青少年為什麼要自殺。讀者文摘，11，18-25。

施周明（2008）。國小學童學校生活希望感量表之發展研究。國立新竹教育

大學人資處輔導教學碩士班碩士論文,未出版,新竹市。

施常花(1988)。**臺灣地區兒童文學作品對讀書治療適切性的研究**。高雄市:復文書局。

胡　梓(1995)。解讀傳記圖書的熱潮。**書香月刊,52**,2-4。

唐淑華(2001)。一個「情意教育」加「統整課程」的行動研究。**花蓮師院學報,13**,1-26。

唐淑華(2004a)。論學業面向的情意教育目標及其內容。**研習資訊,21**(5),17-28。

唐淑華(2004b)。**情意教學——故事討論取向**。臺北市:心理。

唐淑華(2004c)。**希望感的提升——另一個進行情意教育的取向(I)**。國科會九十二年度研究計畫成果報告(編號為:NSC 92-2413-H-259-002)。

唐淑華(2004d)。**說故事談情意——《西遊記》在情意教學上的應用**。臺北市:心理。

唐淑華(2005)。**希望感的提升——另一個進行情意教育的取向(II)**。國科會九十三年度研究計畫成果報告(編號為:NSC 93-2413-H-259-002)。

唐淑華(2006a)。會作弊的小孩是「壞」小孩?——目標導向觀點在品格教育上的應用。**課程與教學季刊,9**(3),139-150。

唐淑華(2006b)。我的未來不是夢?——一個以希望感角度探究國中學生學業挫折經驗的研究。**中等教育,57**(3),4-21。

唐淑華(2007)。**以「希望感模式」進行名人傳記之分析及其在學業面向之情意教育的應用(I)**。國科會九十五年度研究計畫成果報告(編號為:NSC 95-2413-H-259-004)。

唐淑華(2008)。從希望感論情緒轉化。載於崔光宙、饒見維(主編),**情緒轉化——美學與正向心理學的饗宴**(頁101-127)。臺北市:五南。

唐淑華、吳盈瑩(2001)。「上國語課了!」——一個以融入方式進行情緒教育課程設計的行動研究。**課程與教學季刊,4**(3),1-34。

唐嘉蓮、唐淑華(2006)。情意議題融入高中國文教學的行動研究。載於**「2006年臺灣教育學術研討會」論文集**,花蓮市。

孫效智(2000)。生命教育的內涵與哲學基礎。載於林思伶(主編),**生命教育的理論與實務**(頁1-22)。臺北市:寰宇。

訓委會人員業務分類與編制（無日期）。2008 年 5 月 7 日，取自 http://www.
　　edu.tw/displ/content.aspx? site_content_sn=7964

張春興（1989）。**張氏心理學辭典**。臺北市：東華。

張美惠（譯）（2003）。D. Goleman 著。**破壞性情緒管理——達賴喇嘛與西
　　方科學大師的智慧**（Destructive emotions）。臺北市：時報。

張郁雯（1999）。情意評量。載於王文中、呂金燮、吳毓瑩、張郁雯、張淑
　　慧（著），**教育測驗與評量——教室學習觀點**。臺北市：五南。

張苙雲（2003）。**臺灣教育長期教育資料庫——第一波（2001）學生資料
　　【公共使用版電子檔】**。臺北市：中央研究院調查研究專題中心。

張敏如（譯）（2000）。R. Stone 著。**沙發上的說話課**（The healing art of stor-
　　ytelling）。臺北市：經典傳訊。

教育部（2003）。**國民中小學九年一貫課程綱要**。臺北市：作者。

教育部生命教育學習網網站（無日期）。**緣起**。2009 年 2 月 7 日，取自 http://
　　life.edu.tw/homepage/091/new_page_1.php? type1=1&type2=1

教育部統計處（2009）。**中華民國教育統計**。2009 年 11 月 26 日，取自 http://
　　www.edu.tw/statistics/content.aspx? site_content_sn=20297

許德便（2006）。九年一貫課程實施的現場問題——九年一貫課程與一綱多
　　本（國中篇）。**臺灣教育，642，**11-20。

陳之華（2008）。**沒有資優班——珍視每個孩子的芬蘭教育**。臺北市：木馬
　　文化。

陳文彥（2005）。教師教科書素養及其提升途徑之分析。**初等教育學刊，
　　20，**67-88。

陳世芳（2001）。**國小國語課本負向情緒的調整策略之內容分析——以三、
　　四、五年級為例**。國立東華大學教育研究所碩士論文，未出版，花蓮
　　縣。

陳伯璋（1985）。**潛在課程研究**。臺北市：五南。

陳明印（2005）。從行政角度談國中小一綱多本之發展。**研習資訊，22
　　（3），**18-36。

陳映竹（2007，11 月 13 日）。北北基一綱一本教部發函並移送監察院。**中廣
　　新聞網**。2008 年 5 月 29 日，取自 http://news.yam.com/bcc/life/200711/

20071113953953.html

陳柏齡（2000）。**國中生生活壓力、失敗容忍力與憂鬱傾向之關係研究**。國
　　立高雄師範大學教育研究所碩士論文，未出版，高雄市。

陳洛薇（2006，4 月 28 日）。北市國小高年級生 1/4 曾想自殺。**中時電子報**。
　　2006 年 4 月 28 日，取自 http://www.tol.com.tw/CT_NS/NS_Context_Print.
　　aspx?nsrc=B&ndate=20060428&nfno=N0112.001&nsno=1&nkeyword=％u53
　　17%u5e02%u570b%u5c0f%u9ad8%u5e74%u7d1a&SearchArgs=Keyword%3d
　　%u5317%u5e02%u570b%u5c0f%u9ad8%u5e74%u7d1a%26Attr%3d%26Src
　　%3d11%26DateFrom%3d20060428%26DateTo%3d20060429%26ShowStyle%
　　3d2%26PageNo%3d1%26ItemsPerPage%3d10&App=NS

陳海賢、陳　洁（2008）。貧困大學生希望特質、應對方式與情緒的結構方
　　程模式研究。**中國臨床心理學**，16（4），392-394。

陳清溪（2005）。升學考試科目不宜實施一綱多本教科書。**研習資訊**，22
　　（3），7-17。

陳祥麟（2009，10 月 26 日）。安親班超時學習　學童吃不消。**國語日報**。
　　2009 年 11 月 19 日，取自 http://www.mdnkids.com/info/news/content.asp?
　　Serial_NO=64064

黃武雄（2002a，10 月 31 日）。**教改怎麼辦？（上）**。取自 http://www.math.
　　ntu.edu.tw/phpbb-2/edu/articles/article_02_12_10.htm

黃武雄（2002b，12 月 6 日）。**教改怎麼辦？（中）**。取自 http://www.math.
　　ntu.edu.tw/phpbb-2/edu/articles/article_02_12_11.htm

黃武雄（2003，12 月 6 日）。**教改怎麼辦？（下）**。取自 http://www.math.ntu.
　　edu.tw/phpbb-2/edu/articles/article_03_01_15.htm

黃德祥、謝龍卿、薛秀宜、洪佩圓（2003）。國小、國中與高中學生希望、
　　樂觀與學業成就之相關研究。**彰化師大教育學報**，5，33-61。

楊振富、潘　勛（譯）（2005）。T. Friedman 著。**世界是平的**（The world is
　　flat）。臺北市：雅言。

楊雲龍、徐慶宏（2007）。社會學習領域教師轉化教科書之研究。**新竹教育
　　大學教育學報**，24（2），1-26。

葉興華（2001）。**臺北地區國民小學九年一貫課程實施之研究**。行政院國科

會專題研究計畫成果報告。2008 年 6 月 5 日，取自 http://grbsearch.stpi.org.
tw/GRB/result.jsp? id=RN9307-0436&plan_no=NSC90-2413-H133-011&plan_
year=90&projkey=PF9007-0456&target=report&highStr= 葉 興 華 &check=1&
pnchDesc=臺北地區國民小學九年一貫課程實施之研究

葉興華（2005）。談國中小學課程「一綱多本」的現在與未來。**研習資訊**，
22（3），54-62。

補習班老師能夠綜合各家版本，讓念書省事又安心（2003，4 月 11 日）。**聯合
報**，B8 版。

廖月娟（譯）（2005）。J. Groopman 著。**希望——戰勝病痛的故事**（The
anatomy of hope: How people prevail in the face of illness）。臺北市：天下。

廖世德（譯）（2001）。M. White & D. Epston 著。**故事、知識、權力——敘
事治療的力量**（Narrative means to therapeutic ends）。臺北市：心靈工
坊。

廖卓成（1998）。論兒童文學的傳記寫作。**臺北師院語文集刊**，3，
127-146。

臺灣心貧兒陰霾不快樂（2004，11 月 18 日）。**中央日報**，14 版。

臺灣教育長期追蹤資料庫電子報第 7 期（2004，6 月 10 日）。**國中與高中職五
專生的心理健康狀況比較**。2008 年 10 月 8 日，取自 http://www.teps.sinica.
edu.tw/TEPSNews/TEPS~News_007.pdf

臺灣教育長期追蹤資料庫電子報第 11 期（2004，8 月 6 日）。**學生的睡眠時間
調查**。2008 年 10 月 8 日，取自 http://www.teps.sinica.edu.tw/TEPSNews/
TEPS~News_011.pdf

臺灣教育長期追蹤資料庫電子報第 15 期（2004，10 月 1 日）。**學生的課後輔
導、補習與家教情況調查**。2008 年 10 月 8 日，取自 http://www.teps.sinica.
edu.tw/TEPSNews/TEPS~News_015.pdf

臺灣教育長期追蹤資料庫電子報第 23 期（2005，1 月 21 日）。**學生的每天運
動休閒時間調查**。2008 年 10 月 8 日，取自 http://www.teps.sinica.edu.tw/
TEPSNews/TEPS~News_023.pdf

臺灣教育長期追蹤資料庫電子報第 33 期（2005，6 月 11 日）。**國中學生快樂
上學與校園情境**。2008 年 10 月 8 日，取自 http://www.teps.sinica.edu.tw/

TEPSNews/TEPS~News_033.pdf

臺灣教育長期追蹤資料庫電子報第 50 期（2006，2 月 10 日）。**孩子，你累了嗎？** 2008 年 10 月 8 日，取自 http://www.teps.sinica.edu.tw/TEPSNews/TEPS~News_050.pdf

臺灣教育長期追蹤資料庫電子報第 51 期（2006，2 月 24 日）。**您的孩子補過頭了嗎？** 2008 年 10 月 8 日，取自 http://www.teps.sinica.edu.tw/TEPSNews/TEPS~News_051.pdf

臺灣教育長期追蹤資料庫電子報第 60 期（2006，6 月 30 日）。**老師、學生，動起來？** 2008 年 10 月 8 日，取自 http://www.teps.sinica.edu.tw/TEPSNews/TEPS~News_060.pdf

臺灣教育長期追蹤資料庫電子報第 61 期（2006，7 月 14 日）。**幸福指數大搜密（一）**。2008 年 10 月 8 日，取自 http://www.teps.sinica.edu.tw/TEPSNews/TEPS~News_061.pdf

臺灣教育長期追蹤資料庫電子報第 65 期（2006，9 月 8 日）。**家庭的教育支出──補習費（一）**。2008 年 10 月 8 日，取自 http://www.teps.sinica.edu.tw/TEPSNews/TEPS~News_065.pdf

臺灣教育長期追蹤資料庫電子報第 66 期（2006，9 月 22 日）。**家庭的教育支出──補習費（二）**。2008 年 10 月 8 日，取自 http://www.teps.sinica.edu.tw/TEPSNews/TEPS~News_066.pdf

趙可式、沈錦惠（譯）（1986）。V. E. Frankl 著。**活出意義來──從集中營說到存在主義**（Man's search for meaning: An introduction to logotherapy）。臺北市：光啟。

齊若蘭（2002）。哪個國家學生閱讀能力最強？**天下雜誌，263**，52-60。

劉曙光、宋景堂、劉志明（譯）（2001）。S. Smiles 著。**品格的力量**（Character）。臺北市：立緒。

歐用生（1998）。學校情意課程與兒童人格建構。**國民教育，38**（4），2-10。

歐用生（2003）。**課程典範再建構**。高雄市：麗文。

蔡穎卿（2007）。**媽媽是最初的老師──一位母親的十年教養札記**。臺北市：天下文化。

薛承泰（2003）。重新定義學習弱勢。2009 年 12 月 31 日，取自 http://old.npf.
org.tw/PUBLICATION/SS/092/SS-C-092-128.htm

薛秀宜（2004）。希望理論在學生輔導上之應用。教育研究，120，94-100。

鍾聖校（2000）。情意溝通教學理論——從建構到實踐。臺北市：五南。

簡　媜（2007）。老師的十二樣見面禮——一個小男孩的美國遊學誌。臺北
市：印刻文化。

魏麗敏（1994）。憂鬱量表的編製及其在輔導上的應用。諮商與輔導，108，
15-19

羅文秀（2005）。希望理論、測量及教育上的應用。中等教育，56（4），
112-123。

❖英文部分

American Federation of Teachers [AFT] (1999). *Making standards matter 1999: An
update on state activity*. Retrieved June 3, 2008, from http://www.aft.org/pubs-
reports/downloads/teachers/policy11.pdf

American Federation of Teachers [AFT] (2001). *Making standards matter 2001: A fif-
ty-state report on efforts to implement a standards-based system*. Retrieved June
3, 2008, from http://www.aft.org/pubs-reports/downloads/teachers/msm2001.
pdf

Anderson, L. W., & Bourke, S. F. (2000). *Assessing affective characteristics in the
schools* (2nd ed.). Mahwah, NJ: Lawrence Erlbaum Associates.

Bandura, A. (1997). *Self-efficacy*. New York, NY: W. H. Freeman and Company.

Blumenthal, R. (2006). Why connecticut sued the federal government over No Child
Left Behind. *Harvard Educational Review, 76*(4), 564-569.

Borkowski, J. W., & Sneed, M. (2006). Will NCLB improve or harm public education?
Harvard Educational Review, 76(4), 503-525.

Brophy, J. (1999). Toward a model of the value aspects of motivation in education: De-
veloping appreciation for particular learning domains. *Educational Psychologist,
34*(2), 75-85.

Bryant, F. B., Smart, C. M., & King, S. P. (2005). Using the past to enhance the present:

Boosting happiness through positive reminiscence. *Journal of Happiness Studies, 6*, 227-260.

Connecticut State Department of Education (n.d.). *Curriculum content areas*. Retrieved June 3, 2008, from http://www.sde.ct.gov/sde/cwp/view.asp?a=2618&q=321696

Cooper, L. (2007). Why closing the research-practice gap is critical to closing student achievement gaps. *Theory into Practice, 46*(4), 317-324.

Cuban, L. (1993). *How teachers taught: Constancy and change in American classrooms 1890-1990* (2nd ed.). New York, NY: Teachers College Press.

Deci, E. L. (1975). *Intrinsic motivation*. New York: Plenum.

Deci, E. L., & Ryan, R. M. (1985). *Intrinsic motivation and self-determination in human behavior*. New York: Plenum.

Deci, E. L., Vallerand, R. J., Pelletier, L. G., & Ryan, R. M. (1991). Motivation and education: The self-determination perspective. *Educational Psychologist, 26*(3 & 4), 325-346.

Delors, J. et al. (1996). *Learning: The treasure within*. Paris: UNESCO.

Doll, B., & Doll, C. (1997). *Bibliotherapy with young people*. Englewood, CO: Libraries Unlimited, Inc.

Dweck, C. S. (2000). *Self-theories: Their role in motivation, personality, and development*. Philadelphia, PA: Psychology Press.

Dweck, C. S. (2002). Message that motivate: How praise molds students' beliefs, motivation, and performance (in surprising ways). In J. Aronson (Ed.), *Improving academic achievement: Impact of psychological factors on education* (pp. 37-60). San Diego, CA: Academic Press.

Dweck, C. S., & Leggett, E. L. (1988). A social-cognitive approach to motivation and personality. *Psychological Review, 95*(2), 256-273.

Eccles, J. S., & Midgley, C. (1989). Stage-environment fit: Developmentally appropriate classrooms for young adolescents. In C. Ames & R. Ames (Eds.), *Research on motivation in education: Goals and cognition* (Vol. 3) (pp. 139-186). San Diego, CA: Academic Press.

Edward, L. M., Rand, K. L., Lopez, S. J., & Snyder, C. R. (2007). Understanding hope: A review of measurement and construct validity research. In A. D. Ong & M. H. M. van Dulmen (Eds.), *Oxford handbook of methods in positive psychology* (pp. 83-95). New York, NY: Oxford University Press.

Engel, S. (1995). *The stories children tell: Making sense of the narratives of childhood*. New York, NY: W. H. Freeman and Company.

Esquith, R. (2007). *Teach like your hair's on fire: The methods and madness inside Room 56*. New York, NY: Penguin.

Ford, M. (1992). *Motivating humans: Goals, emotions, and personal agency beliefs*. Newbury Park, CA: Sage.

Freeman, D. J., & Porter, A. C. (1989). Do textbooks dictate the content of mathematics instruction in elementary schools? *American Educational Research Journal, 26*(3), 403-421.

Gardner, R. A. (1993). *Story-telling in psychotherapy with children*. Northvale, NJ: Jason Aronson Inc.

Goldhaber, D. D., & Brewer, D. J. (1999). Teacher licensing and student achievement. In M. Kanstoroom & C. E. Finn Jr. (Eds.), *Better teachers, better schools* (pp. 83-102). Washington, DC: The Thomas B. Fordham Foundation.

Grewal, P. K., & Porter, J. E. (2007). Hope theory: A framework for understanding suicidal action. *Death Studies, 31*(2), 131-154.

Grossman, P. L., & Stodolsky, S. S. (1995). Content as context: The role of school subjects in secondary school teaching. *Educational Researcher, 24*(8), 5-11.

Haycock, K., & Crawford, C. (2008). Closing the teacher quality gap. *Educational Leadership, 65*(7), 14-19.

Hynes, A. M., & Hynes-Berry, M. (1986). *Bibliotherapy- the interactive process: A Handbook*. Boulder, CO: Westview Press.

Juntunen, C. L., & Wettersten, K. B. (2006). Work hope: Development and initial validation of a measure. *Journal of Counseling Psychology, 53*(1), 94-106.

Juster, N. (1961). *The phantom tollbooth*. New York, NY: Random House.

Kanstoroom, M., & Finn, C. E. Jr. (Eds.) (1999). *Better teachers, better schools*. Washington, DC: The Thomas B. Fordham Foundation.

Kennedy, E. M. (2006). Foreword. *Harvard Educational Review, 76*(4), 453-456.

Krauthammer, C. (1990, February 5). Education: Doing bad and feeling good. *Time*. Retrieved April 24, 2008, from http://find.galegroup.com/itx/start.do? prodId= AONE.

Lazarus, R. S., & Folkman, S. (1984). *Stress, appraisal, and coping*. New York, NY: Springer.

Levine, T. H., & Marcus, A. S. (2007). Closing the achievement gap through teacher collaboration: Facilitating multiple trajectories of teacher learning. *Journal of Advanced Academics, 19*(1), 116-138.

Linn, R. L., & Gronlund, N. E. (1995). *Measurement and assessment in teaching* (7th ed.). Upper Saddle River, NJ: Prentice-Hall.

Little, J. W. (1990). The persistence of privacy: Autonomy and initiative in teachers' professional relations. *Teachers College Record, 91*(4), 509-536.

Little, J. W. (2002). Professional communication and collaboration. In W. D. Hawley & D. L. Rollie (Eds.), *The keys to effective schools: Educational reform as continuous improvement* (pp. 43-55). Thousand Oaks, CA: Corwin Press.

Lopez, S. J., Ciarlelli, R., Coffman, L., Stone, M., & Wyatt, L. (2000). Diagnosing for strengths: On measuring hope building blocks. In C. R. Snyder (Ed.), *Handbook of hope: Theory, measures, and applications* (pp. 57-85). San Diego, CA: Academic Press.

Lopez, S. J., Floyd, R. K., Ulven, J. C., & Snyder, C. R. (2000). Hope therapy: Helping clients build a house of hope. In C.R. Snyder (Ed.), *Handbook of hope: Theory, measures, and applications* (pp. 123-150). San Diego, CA: Academic Press.

Lopez, S., Snyder, C. R., & Pedrotti, J. T. (2003). Hope: Many defintions, many measures. In S. J. Lopez & C. R. Snyder (Eds.), *Positive psychological assessment: A handbook of methods and measures* (pp. 91-107). Washington, DC: American Psychological Association.

Mathews, J. (2008, May 26). Small schools rising. *Newsweek*, 42-44.

Mayer, R. E. (2003). *Learning and instruction*. Upper Saddle River, NJ: Merrill.

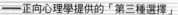

Mayer, R. E. (2008). *Learning and instruction* (2nd ed.). Upper Saddle River, NJ: Merrill.

McCaslin, M. (2006). Student motivational dynamics in the era of school reform. *The Elementary School Journal, 106*(5), 479-490.

McDermont, D., & Snyder, C. R. (1999). *Making hope happen: A workbook for turning possibilities into reality.* Oakland, CA: New Harbinger Publications.

McDermott, D., & Hastings, S. (2000). Children: Raising future hopes. In C. R. Snyder (Ed.), *Handbook of hope: Theory, measures, and applications* (pp. 185-199). San Diego, CA: Academic Press.

McDermott, D., & Snyder, C. R. (2000). *The great big book of hope.* Oakland, CA: New Harbinger Publications.

Miretzky, D. (2007). A view of research from practice: Voices of teachers. *Theory into Practice, 46*(4), 272-280.

Nakamura, J., & Csikszentmihalyi, M. (2002). The concept of flow. In C. R. Snyder & S. L. Lopez (Eds.), *Handbook of positive psychology* (pp. 89-105). New York: Oxford University Press.

Noddings, N. (1999). Caring and competence. In G. A. Griffin (Ed.), *The education of teachers* (pp. 205-220). Chicago, IL: The National Society for the Study of Education.

Noddings, N. (2006). *Critical lessons: What our schools should teach.* New York, NY: Cambridge University Press.

Palmaffy, T. (1999). Measuring the teacher quality problem. In M. Kanstoroom & C. E. Finn Jr. (Eds.), *Better teachers, better schools* (pp. 19-29). Washington, DC: The Thomas B. Fordham Foundation.

Paris, S. G., & Turner, J. C. (1994). Situated motivation. In P. R. Pintrich, D. R. Brown & C. E. Weinstein (Eds.), *Student motivation, cognition, and learning* (pp. 213-237). Hillsdale, NJ: Lawrence Erlbaum Associates.

Payne, R. (2005). *A framework for understanding poverty* (4th ed). Highlands, TX: aha! Process.

Peterson, C. (2006). *A primer in positive psychology.* New York, NY: Oxford University Press.

Pressley, M., & McCormick, C. B. (1995). *Advanced educational psychology: For educators, researchers, and policymakers*. New York: Harper Collins College Publishers.

Randi, J., & Corno, L. (2007). Theory into practice: A matter of transfer. *Theory into Practice, 46*(4), 334-342.

Rimm, S. B. (1986). *Underachievement syndrome: Causes and cures*. Watertown, WI: Apple Publishing Co.

Scheier, M. F., Carver, C. S., & Bridges, M. W. (2001). Optimism, pessimism, and psychological well-being. In E. C. Chang (Ed.), *Optimism and pessimism: Implications for theory, research, and practice* (pp. 189-216). Washington, DC: American Psychological Association.

Schoonmaker, F. (2007). Done size doesn't fit all: Reopening discussion of the research-practice connection. *Theory into Practice, 46*(4), 264-271.

Schunk, D. H., Pintrich, P. R., & Meece, J. L. (2008). *Motivation in education: Theory, research, and applications* (3rd ed.). Upper Saddle River, NJ: Pearson.

Smyth, J. M., & Pennebaker, J. W. (1999). Sharing one's story: Translating emotional experiences into words as a coping tool. In C. R. Snyder (Ed.), *Coping: The psychology of what works* (pp. 70-89). New York, NY: Oxford University Press.

Snyder, C. R. (1994). *The psychology of hope*. New York, NY: Free Press.

Snyder, C. R. (2000). Hypothesis: There is hope. In C. R. Snyder (Ed.), *Handbook of hope: Theory, measures, and applications* (pp. 3-21). San Diego, CA: Academic Press.

Snyder, C. R., & Pulvers, K. M. (2001). Dr. Seuss, the coping machine, and "Oh, the places you'll go". In C. R. Snyder (Ed.), *Coping with stress: Effective people and processes* (pp. 3-29). New York, NY: Oxford University Press.

Snyder, C. R., & Rand, K. L. (2003). The case against false hope. *American Psychologist, 58*(10), 820-822.

Snyder, C. R., Cheaven, J., & Michael, S. T. (1999). Hoping. In C. R. Snyder (Ed.), *Coping: The psychology of what works* (pp. 205-231). New York, NY: Oxford

University Press.

Snyder, C. R., Hoz, B., Pelham, W. E., Rapoff, M., Ware, L., Danovsky, M., Highberger, L., Rubinstein, H., & Stahl, K. J. (1997). The development and validation of the children's hope scale. *Journal of Pediatric Psychology, 22*(3), 399-421.

Snyder, C. R., Lopez, S. J., Shorey, H. S., Rand, K. L., & Feldman, D. B. (2003). Hope theory, measurement, and applications to school psychology. *School Psychology Quarterly, 18*(2), 122-139.

Snyder, C. R., Rand, K. L., & Sigmon, D. R. (2002). Hope theory. In C. R. Snyder & S. J. Lopez (Eds.), *Handbook of positive psychology* (pp. 257-276). New York, NY: Oxford University Press.

Snyder, C. R., Rand, K. L., King, W. A., Feldman, D. B., & Woodward, J. T. (2002). "False" hope. *Journal of Clinical Psychology, 58*(9), 1003-1022.

Sosniak, L. A., & Stodolsky, S. S. (1993). Teachers and textbooks: Materials use in four fourth-grade classrooms. *The Elementary School Journal, 93*(3), 249-275.

Spear-Swerling, L. (2007). The research-practice divide in beginning reading. *Theory into Practice, 46*(4), 301-308.

Stodolsky, S. S. (1999). Is teaching really by the book? In M. J. Early & K. J. Rehage (Eds.), *Issues in curriculum: A selection of chapters from past NSSE yearbooks* (Ninety-eighth yearbook of the National Society for the Study of Education, Part II) (pp. 143-168). Chicago, IL: The National Society for the Study of Education.

Strauss, R. (1999). Who gets hired to teach? The case of Pennsylvaniz. In M. Kanstoroom & C. E. Finn Jr. (Eds.), *Better teachers, better schools* (pp. 103-130). Washington, DC: The Thomas B. Fordham Foundation.

Tanner, D. (1999). The textbook controversies. In M. J. Early & K. J. Rehage (Eds.), *Issues in curriculum: A selection of chapters from past NSSE yearbooks* (Ninety-eighth yearbook of the National Society for the Study of Education, Part II) (pp. 115-140). Chicago, IL: The National Society for the Study of Education.

The Thomas B. Fordham Institute (2004). *The mad, mad world of textbook adoption*. Retrieved January 15, 2010, from http://www.edexcellence.net/doc/Mad%20World_Test2.pdf

U.S. Department of Education (2004). *Adequate yearly progress.* Retrieved February 27, 2008, from http://answers.ed.gov/cgi-bin/education.cfg/php/enduser/std_adp. php? p_faqid=6&p_created=1095256734&p_sid=biCz1Gli&p_lva=&p_sp=cF9 zcmNoPSZwX3NvcnRfYnk9JnBfZ3JpZHNvcnQ9JnBfcm93X2NudD0xMTU mcF9wcm9kcz0mcF9jYXRzPSZwX3B2PSZwX2N2PSZwX3BhZ2U9MQ**& p_li=&p_topview=1

U.S. Department of Education (2006). *Teacher professional development in 1999- 2000.* Retrieved September 6, 2010, from http://nces.ed.gov/pubs2006/2006305. pdf

Valle, M. F., Huebner, E. S., & Suldo, S. M. (2006). An analysis of hope as a psychological strength. *Journal of School Psychology, 44*, 393-406.

Valli, L., & Hawley, W. D. (2002). Designing and implementing school-based professional development. In W. D. Hawley & D. L. Rollie (Eds.), *The keys to effective schools: Educational reform as continuous improvement* (pp. 86-96). Thousand Oaks, CA: Corwin Press.

Walsh, K., Glaser, D., & Wilcox, D. D. (2006). What education schools aren't teaching about reading and what elementary teachers aren't learning. *National Council on Teacher Quality.* Retrieved June 1, 2008, from http://www.nctq.org/nctq/images/ nctq_reading_study_exec_summ.pdf

Wigfield, A., & Eccles, J. S. (2002). Students' motivation during the middle school years. In J. Aronson (Ed.), *Improving academic achievement: Impact of psychological factors on education* (pp. 159-184). San Diego, CA: Academic Press.

Wigfield, A. (1994). The role of children's achievement values in the self-regulation of their learning outcomes. In D. H. Schunk & B. J. Zimmerman (Eds.), *Self-regulation of learning and performance* (pp. 101-124). Hillsdale, NJ: Lawrence Erlbaum Associates.

Wigfield, A. (1997). Reading motivation: A domain-specific approach to motivation. *Educational Psychologist, 32*(2), 59-68.

Wood, D. R. (2007). Professional learning communities: Teachers, knowledge, and knowing. *Theory into Practice, 46*(4), 281-290.

Woodward, A., & Elliott, D. L. (1990). Textbook use and teacher professionalism. In
     D. L. Elliott & A. Woodward (Eds.), *Textbooks and schooling in the United States*
     (Eighty-ninth yearbook of the National Society for the Study of Education, Part
     I) (pp. 178-193). Chicago, IL: University of Chicago Press.

筆記欄

筆記欄

筆記欄

筆記欄

筆記欄

國家圖書館出版品預行編目資料

從希望感模式論學業挫折之調適與因應——
　正向心理學提供的「第三種選擇」/ 唐淑華著.
-- 初版. -- 臺北市：心理, 2010.10
　　面；　公分. --（教育現場系列；41135）

ISBN 978-986-191-384-1（平裝）

1.教育心理學　2.學習困境　3.挫折　4.調適

521　　　　　　　　　　　　　　　　　　99015599

教育現場系列 41135

從希望感模式論學業挫折之調適與因應——
正向心理學提供的「第三種選擇」

著作財產權人：國立東華大學
著　作　人：唐淑華
責任編輯：郭佳玲
總　編　輯：林敬堯
發　行　人：洪有義
出　版　者：心理出版社股份有限公司
地　　　址：台北市大安區和平東路一段 180 號 7 樓
電　　　話：(02) 23671490
傳　　　真：(02) 23671457
郵撥帳號：19293172　心理出版社股份有限公司
網　　　址：http://www.psy.com.tw
電子信箱：psychoco@ms15.hinet.net
駐美代表：Lisa Wu（Tel: 973 546-5845）
排　版　者：辰皓國際出版製作有限公司
印　刷　者：東縉彩色印刷有限公司
初版一刷：2010 年 10 月
Ｉ Ｓ Ｂ Ｎ：978-986-191-384-1
定　　　價：新台幣 320 元